城市轨道交通安检理论与实务

CHENGSHI GUIDAO JIAOTONG ANJIAN
LILUN YU SHIWU

《城市轨道交通安检理论与实务》编委会 ◎ 编著

人民交通出版社

北京

内 容 提 要

本书紧密围绕城市轨道交通安检工作的实际需求，系统地阐述了安检工作的核心要素，内容涵盖安检的基本概念、危险品及禁止限制携带物品的识别技巧、安检设施设备的详细操作方法、禁止限制携带物品的处置流程、突发应急事件及防火防涝的应对策略与处置方法。此外，书中还详细地介绍了安检人员的服务礼仪基础与防卫训练技巧，以及安检相关的法律法规与职业道德规范。最后，针对安检过程中常见的问题，本书提供了实用的应对策略和建议。本书注重理论与实践的紧密结合，不仅全面阐述了安检的岗位职责、工作技能，还深入探讨了应急处置措施和个人素质提升路径。

本书不仅适用于交通运输工程、城市轨道交通等相关专业人员的培训，同时也可供轨道交通运营管理领域的工程技术人员和运营管理人员参考和学习。

本书版权归重庆城市综合交通枢纽(集团)有限公司、重庆通邑卫士智慧生活服务有限公司所有。

图书在版编目(CIP)数据

城市轨道交通安检理论与实务／《城市轨道交通安检理论与实务》编委会编著. — 北京：人民交通出版社股份有限公司，2025.1. — ISBN 978-7-114-19706-2

Ⅰ．U239.5；U298

中国国家版本馆 CIP 数据核字第 20240HS026 号

书　　名：	城市轨道交通安检理论与实务
著　作　者：	《城市轨道交通安检理论与实务》编委会
责任编辑：	郭红蕊　单籽跃
责任校对：	赵媛媛　卢　弦
责任印制：	张　凯
出版发行：	人民交通出版社
地　　址：	(100011)北京市朝阳区安定门外外馆斜街3号
网　　址：	http://www.ccpcl.com.cn
销售电话：	(010)85285857
总　经　销：	人民交通出版社发行部
经　　销：	各地新华书店
印　　刷：	北京市密东印刷有限公司
开　　本：	787×1092　1/16
印　　张：	18.75
字　　数：	430千
版　　次：	2025年1月　第1版
印　　次：	2025年1月　第1次印刷
书　　号：	ISBN 978-7-114-19706-2
定　　价：	58.00元

(有印刷、装订质量问题的图书，由本社负责调换)

《城市轨道交通安检理论与实务》编委会

主　　任：程　龙
副 主 任：乐　梅　郑波涛　马　虎　蒋　山　张　军　薛胜超　盛　勇
　　　　　李永成
主　　编：肖长江
副 主 编：张雁珍　施海波　张　枨　沈　娜　曾　超
主　　审：李以南
顾　　问：廖祺硕　程　娜　王小波　程小科　郑金磊
参编人员：姚　明　漆　君　黄建明　谭隆友　江京东　陈祥华　邹剑锋
　　　　　蒋可一　林　伟　刘　涛　吴先勤　翟雨凡　乔　昊　杨佳莺
　　　　　黄子虓　王　飞　幸　敏
参编单位：重庆城市交通开发投资(集团)有限公司
　　　　　重庆城市综合交通枢纽(集团)有限公司
　　　　　重庆市轨道交通(集团)有限公司
　　　　　重庆市铁路集团有限公司
　　　　　重庆交通大学
　　　　　重庆公共运输职业学院
　　　　　重庆通邑卫士智慧生活服务有限公司
　　　　　重庆航天职业技术学院
　　　　　重庆市公路学会静态交通专业委员会
　　　　　重庆市保安协会
　　　　　同方威视技术股份有限公司

随着城市轨道交通事业的快速发展,人民群众对城市轨道交通系统安全高效运营的需求与期望日益提升,城市轨道交通安检工作越来越受到政府及轨道交通运营企业的高度重视,安检工作对保护乘客、保证轨道交通正常运营、维护社会稳定、保障人民生命财产安全、预防及打击恐怖主义等违法活动等方面起到了重要作用。因此,培养城市轨道交通领域合格的安检人才,提升安检人才的综合素养是推动该项工作高质量发展的基础保障。本书在总结城市轨道交通安检工作现状、归纳工作经验与技巧的基础上,以"深化产教融合、加强校企合作、强化课程思政"为导向进行编写,着力培养城市轨道交通安检领域高素质技能人才。

本书紧扣城市轨道交通安检实践与安检人员考核标准,从城市轨道交通安检基本概念、发展现状、安检工作流程、安检岗位职责等方面使读者快速掌握安检岗位的相关内容。在违禁品识别及安检设施设备操作方面,详细介绍了危险品及禁止限制携带物品的分类及鉴别方法,对安检岗位所涉及的安检设施设备的工作原理及操作维护方法进行系统讲解,突出安检工作岗位所需技能的实用性;在安检工作岗位流程方面,针对安检工作过程中所涉及的人身及行李检查流程、禁止限制携带品及可疑人员、物品的处置原则流程进行介绍,结合城市轨道交通运营过程中所涉及的典型突发事件,介绍应急处置流程方法、紧急救援基础知识及防火防涝安全知识;在安检人员个人素质提升方面,从安检人员服务礼仪、安检人员基础防卫训练、安检相关法律法规及职业道德等方面进行系统的介绍。最后,针对安检工作中常见的问题,介绍针对性的处理对策及方法。

伴随科学技术的快速发展,城市轨道交通安全检查工作也迎来了新契机。例如人脸识别、生物识别、大数据分析、人工智能等新科技为城市轨道交通安全检查提供了更加先进、更加智能、更加高效、更加人性化的安检设备及检查方式,有效提升了安全检查的精度与效率,降低了人为干涉与错误判断,提高了乘客满意度。本书突出城市轨道交通领域职业特点,并考虑到安检工作继续教育中读者认知的特点,将专业知识、实践技能、正确价值观的培养有机结合。结合课程思政理念，有机融入法治意识和安全教育案例，弘扬精益求精的专业精神、工匠精神，引导读者树立正确的世界观、人生观和价值观。本书由重庆城市交通开发投资(集团)有限公司、重庆城市综合交通枢纽(集团)有限公司、重庆通邑卫士智慧生活服务有限公司、重庆市轨道交通(集团)有限公司、重庆市铁路集团有限公司、重庆交通大学、重庆公共运输职业学院、重庆航天职业技术学院、重庆市公路学会静态交通专业委员会、重庆市保安协会、同方威视技术股份有限公司等单位基于产教融合理念共同编写完成。

  本书在编写过程中，得到了重庆市公安局治安管理总队、重庆市公安局轨道交通分局在技术及资料方面的大力支持，得到了本书编委会专家及行业同仁的悉心指导，在此表示衷心的感谢。本书除所列参考文献外，还参考引用了网络和媒体资料及相关学术论文资料，在此一并向作者表示谢意。由于编写团队水平有限，书中疏漏之处在所难免，恳请广大读者批评指正。

《城市轨道交通安检理论与实务》编委会
2025 年 1 月

目录 Contents

第1章 城市轨道交通安检总论 ··· 1
导读 ··· 1
1.1 城市轨道交通安检概述 ··· 2
1.1.1 城市轨道交通安检基本概念 ··· 2
1.1.2 城市轨道交通安检的性质及作用 ··· 3
1.1.3 国内外城市轨道交通安检状况 ··· 4
1.2 城市轨道交通安检工作流程 ··· 6
1.2.1 安检工作流程 ··· 6
1.2.2 安检工作管理 ··· 8
1.2.3 安检工作程序 ··· 9
1.3 城市轨道交通安检岗位职责 ··· 11
1.3.1 安检工作特点 ··· 11
1.3.2 安检岗位职责 ··· 13
1.3.3 安检岗位权限 ··· 13
回顾 ··· 14

第2章 危险品及禁止限制携带物品识别 ··· 15
导读 ··· 15
2.1 危险品分类及介绍 ··· 16
2.1.1 危险品的定义及标志 ··· 16
2.1.2 危险品的分类及特性 ··· 20
2.2 禁止携带物品分类及介绍 ··· 37
2.2.1 管制器具 ··· 37
2.2.2 枪支 ··· 39
2.3 限制携带物品分类及介绍 ··· 42
2.3.1 民用生活生产工具 ··· 42
2.3.2 含有易燃易爆物质的生活用品 ··· 43

  2.3.3 其他物品 ··· 43
 回顾 ··· 44

第3章 安检设施设备及操作 ·· 45
 导读 ··· 45
 3.1 安检机 ·· 45
  3.1.1 通道式X射线安检机的工作原理 ··· 47
  3.1.2 通道式X射线安检机的结构及主要功能 ···································· 49
  3.1.3 通道式X射线安检机的使用操作 ·· 57
  3.1.4 X射线图像识别的主要方法 ·· 62
  3.1.5 危险品及禁止限制携带物品X射线图像识别 ······························ 67
  3.1.6 通道式X射线安检机的维护 ··· 75
 3.2 金属探测门 ·· 78
  3.2.1 金属探测门的工作原理 ·· 79
  3.2.2 金属探测门的结构及功能特点 ··· 79
  3.2.3 金属探测门的使用操作 ·· 85
 3.3 危险液体检测仪 ··· 86
  3.3.1 手持式危险液体检测仪 ·· 86
  3.3.2 台式危险液体检测仪 ·· 88
 3.4 爆炸物及毒品检测仪 ·· 92
  3.4.1 台式爆炸物及毒品检测仪 ··· 92
  3.4.2 便携式爆炸物及毒品检测仪 ··· 98
 3.5 手持式金属探测器 ··· 100
  3.5.1 手持式金属探测器原理 ·· 100
  3.5.2 手持式金属探测器结构及功能特点 ·· 100
  3.5.3 手持式金属探测器的操作 ·· 102
  3.5.4 手持式金属探测器的维护及故障排除方法 ······························· 103
 3.6 智慧安防安检系统 ··· 104
  3.6.1 智慧安防安检系统 ·· 104
  3.6.2 智慧安防安检设施设备 ·· 107
  3.6.3 智慧安防安检的需求及发展趋势 ··· 114
 回顾 ··· 116

第4章 安检流程及禁止限制携带物品处置 ·· 118
 导读 ··· 118
 4.1 人身检查流程 ··· 118
  4.1.1 人身检查概述 ·· 118
  4.1.2 仪器人身检查 ·· 119

4.1.3　手工人身检查 …………………………………………………… 120
4.2　行李检查流程 ……………………………………………………………… 121
　　4.2.1　行李检查概述 …………………………………………………… 121
　　4.2.2　行李检查方法及流程 …………………………………………… 123
　　4.2.3　常见物品的检查方法 …………………………………………… 126
4.3　禁止限制携带物品处置 …………………………………………………… 127
　　4.3.1　处置原则 …………………………………………………………… 127
　　4.3.2　处置措施 …………………………………………………………… 128
4.4　可疑人员及可疑物品的处置 …………………………………………… 130
　　4.4.1　可疑人员处置流程 ……………………………………………… 131
　　4.4.2　可疑物品处置流程 ……………………………………………… 131
回顾 ………………………………………………………………………………… 132

第5章　突发事件应急处置 ……………………………………………… 133

导读 ………………………………………………………………………………… 133
5.1　应急处置原则及处置要点 ………………………………………………… 133
　　5.1.1　应急处置原则 ……………………………………………………… 133
　　5.1.2　应急处置的人员组成及处置报告 ……………………………… 134
5.2　各类应急事件处置流程与方法 …………………………………………… 135
　　5.2.1　大客流的应急处置 ………………………………………………… 135
　　5.2.2　发现无人认领箱包的应急处置 ………………………………… 136
　　5.2.3　打架斗殴事件的应急处置 ……………………………………… 137
　　5.2.4　冲闯事件的应急处置 …………………………………………… 139
　　5.2.5　机器故障的应急处置 …………………………………………… 140
　　5.2.6　城市轨道交通延误的应急处置 ………………………………… 140
　　5.2.7　停电事件的应急处置 …………………………………………… 140
　　5.2.8　精神病患者的应急处置 ………………………………………… 141
　　5.2.9　发现爆炸物的应急处置 ………………………………………… 142
　　5.2.10　犯罪分子携带凶器、炸药，劫持人质的应急处置 ………… 143
　　5.2.11　新型恐怖威胁的应急处置 …………………………………… 143
　　5.2.12　毒气袭击的应急处置 ………………………………………… 144
5.3　紧急求助与现场急救常识 ………………………………………………… 145
　　5.3.1　"110"报警求助 …………………………………………………… 145
　　5.3.2　"120"急救求助 …………………………………………………… 146
　　5.3.3　意外事故的紧急救助措施 ……………………………………… 146
　　5.3.4　常用的紧急救助方法 …………………………………………… 152
　　5.3.5　现场救助注意事项 ……………………………………………… 158
回顾 ………………………………………………………………………………… 159

第6章 防火防涝安全知识 ……………………………………………………… 160
导读 …………………………………………………………………………… 160
6.1 火灾预防与扑救 ……………………………………………………… 161
6.1.1 城市轨道交通火灾特点及起因 ……………………………… 161
6.1.2 火灾的基本知识与防火常识 ………………………………… 162
6.1.3 消防标志 ……………………………………………………… 165
6.1.4 火灾初期扑救的基本原则及方法 …………………………… 169
6.1.5 灭火器材的分类及使用 ……………………………………… 171
6.2 火灾自救与逃生 ……………………………………………………… 175
6.2.1 站场发生火灾的自救与逃生 ………………………………… 175
6.2.2 车辆发生火灾的自救与逃生 ………………………………… 176
6.2.3 火场逃生方法 ………………………………………………… 177
6.3 防洪防涝处置方法 …………………………………………………… 177
6.3.1 地铁内涝形成原因 …………………………………………… 177
6.3.2 轨道交通站点防涝设施设备 ………………………………… 179
6.3.3 防涝措施及职责 ……………………………………………… 180
回顾 …………………………………………………………………………… 181

第7章 安检人员服务礼仪 …………………………………………………… 182
导读 …………………………………………………………………………… 182
7.1 服务礼仪规范 ………………………………………………………… 183
7.1.1 服务礼仪概述 ………………………………………………… 183
7.1.2 服务礼仪的表现形式 ………………………………………… 183
7.2 服务用语规范 ………………………………………………………… 188
7.2.1 安检人员的语言规范 ………………………………………… 188
7.2.2 礼貌用语与忌语 ……………………………………………… 189
7.2.3 安检各岗位情景用语规范 …………………………………… 189
7.3 服务动作规范 ………………………………………………………… 190
7.3.1 引导岗服务姿势规范 ………………………………………… 190
7.3.2 值机岗服务姿势规范 ………………………………………… 192
7.3.3 手检岗服务姿势规范 ………………………………………… 193
7.3.4 身检岗服务姿势规范 ………………………………………… 194
7.4 心理压力调适 ………………………………………………………… 196
7.4.1 安检过程中乘客的心理状态 ………………………………… 196
7.4.2 安检服务的心理压力 ………………………………………… 196
7.4.3 安检工作心理压力调适 ……………………………………… 197
回顾 …………………………………………………………………………… 197

第8章　安检人员基础防卫训练 ... 199
导读 ... 199
8.1　队列与引导训练 ... 199
8.1.1　队列基本动作 ... 200
8.1.2　礼仪基本动作 ... 202
8.1.3　引导训练 ... 202
8.2　体能与防卫基础训练 ... 204
8.2.1　体能基础训练 ... 204
8.2.2　防卫基础训练 ... 205
8.3　防暴器材使用训练 ... 209
8.3.1　防暴器材的使用条件 ... 209
8.3.2　防暴器材的使用方法 ... 209
回顾 ... 215

第9章　安检相关法律法规及职业道德 ... 216
导读 ... 216
9.1　安检相关法律法规 ... 217
9.1.1　公民的基本权利及义务 ... 217
9.1.2　安检工作相关国家级法律法规摘录 ... 219
9.1.3　部门及行业相关法律法规 ... 223
9.2　安检人员法律素养和禁止行为 ... 224
9.2.1　安检人员应具备的法律素养 ... 224
9.2.2　安检人员的禁止行为 ... 225
9.3　安检人员职业道德 ... 226
9.3.1　职业道德的基本知识 ... 226
9.3.2　安检人员职业道德规范 ... 228
回顾 ... 232

第10章　安检常见问题及应对策略 ... 234
导读 ... 234
10.1　客户投诉 ... 234
10.1.1　客户投诉管理办法 ... 234
10.1.2　客户投诉处理 ... 235
10.2　物品移交 ... 236
10.2.1　乘客物品移交 ... 236
10.2.2　移交手续办理程序 ... 236
10.3　其他问题及应对策略 ... 237
10.3.1　乘客不配合安检 ... 237

  10.3.2 捡到乘客物品 ·· 237
  10.3.3 乘客受伤 ·· 237
  10.3.4 安检执行标准不统一 ·· 238
 回顾 ·· 238

附录 ·· 239
 附录1 《城市轨道交通运营管理规定》 ··· 239
 附录2 代表性城市轨道交通乘坐管理法律及规范(节选) ··················· 247
 附录3 城市轨道交通禁止限制携带物品 ·· 256
 附录4 城市轨道交通安检禁限带物品图集 ·· 258
 附录5 城市轨道交通安检人员能力测试评分表 ·································· 259
 附录6 城市轨道交通安检人员实用英语 ·· 260
 附录7 实训 ·· 262

参考答案 ·· 276

参考文献 ·· 286

第1章
城市轨道交通安检总论

导读

知识目标

1. 了解城市轨道交通安检相关概念、发展历程、工作特点及作用，构建城市轨道交通安检的整体科学框架。

2. 掌握城市轨道交通安检的工作流程、管理流程，为后续章节的深入学习奠定基础。

3. 了解城市轨道交通安检工作的特点、职责及岗位权限，对其形成清晰的整体认知。

案例分析

1. 案例描述

2022年11月25日19时30分左右，13岁的小乐在某市地铁1号线某站登上列车时，突然踩到地板上的不明液体滑倒，导致衣服被不明液体溶解、皮肤灼伤，小乐在地铁工作人员的陪同下立即到医院就诊。

警方查明，26岁的李某从体育西站进站，偷偷携带了100mL强酸性溶液，且未向工作人员说明。没想到乘车过程中，李某携带的强酸液体发生渗漏。李某发现后，既没有留守现场也没有告知地铁工作人员就下车了。某市地铁公司称，在地铁安检管理方面存在疏漏，没能有效地识别出李某携带的强酸性溶液，因此对受伤的乘客道歉，将全力配合受害者家属处理治疗事宜。

2. 案例分析

在此案例中，由于安检工作人员的疏忽致使乘客携带危险物品乘车，并发生了泄漏事件，对乘客的人身安全造成了严重的损害。城市轨道交通安检是保障公众出行安全的重要防线，由于该案例发生地地铁站空间狭小，出口数量有限且道路狭窄，疏散难度大，入口处的安全检查显得尤为重要。

3. 案例思考

(1) 城市轨道交通有哪些特点？为什么要进行安检？

(2) 安检工作有哪些岗位？分别有哪些工作职责及流程？

1.1 城市轨道交通安检概述

1.1.1 城市轨道交通安检基本概念

1）城市轨道交通

城市轨道交通为采用轨道结构进行承重和导向的车辆运输系统,依据城市交通总体规划的要求,设置全封闭或部分封闭的专用轨道线路,以列车或单车形式运送相当规模客流量的公共交通方式。城市轨道交通系统包括地铁系统、轻轨系统、市域快速轨道交通系统、单轨系统、有轨电车系统、自动导向轨道(APM)系统、磁浮系统等,并按照核定的线路、站点、时间、票价运营,为公众提供基本的出行服务。城市轨道交通是城市基础设施的重要组成部分,在经济发展、城市建设和社会生活中占有重要地位。

2）安全检查

安全检查通常简称"安检",是指在机场、车站、码头、剧场、大型活动现场等范围内实施的为防止危害公共安全事件的发生,为保障人员安全、财产安全所采取的一种强制性安全技术性检查工作。

但不同的轨道交通场所,对安检的定义有所不同。如《铁路旅客运输安全检查管理办法》规定,安检是指铁路运输企业在车站、乘降所、旅客列车对旅客及其随身携带、托运的物品进行禁限物品检查的活动;《北京市城市轨道交通安全检查操作规范(试行)》中所称的安检,是指对进入轨道交通车站人员所携物品进行的专业性检查。

在中华人民共和国公安部2018年发布的《城市轨道交通安全防范要求》(GA/T 1467—2018)中,也要求应按照"安全便捷并重"的原则,在城市轨道交通划定安检区域,配备设施和人员,对所有进入车站的人员和物品严格实施安检。

3）安检人员

安检人员是指经过专门培训取得上岗检查资格,具有检查危险物品、禁止限制携带物品方面的专业知识,掌握安检设备操作技能的工作人员。安检人员需定期参加相关培训、演练等,做到听从指挥、服从管理、严格检查、认真负责,牢牢把好安全检查关卡,把守护公共安全放在第一位。安检人员的任务是对进入公共场所的人员,根据现场情况采取引导、提示、手检、机检、判别、劝阻、上报等方式,确保城市轨道交通区域内的正常运营及人身安全、财产安全。

4）安检点

轨道交通安检点是指设置在监控摄像头全覆盖区域内的轨道交通车站的非付费区域,用于对进入轨道交通车站的乘客及携带物品进行安全检查的站点。以城市轨道交通为例,安检点通常设置在轨道交通站点入口处或人群密集地入口处,按照相关标准配置安检设备和安检专业人员,对乘客身体、身份和随身携带的行李物品进行检查,目的是确保公众的安全,防止可疑人员或危险物品进入。常见的安检设备主要包括通道式X射线安检机、液体检测仪、金属探测器及其他辅助安检设备。

1.1.2 城市轨道交通安检的性质及作用

1）城市轨道交通安检的性质

城市轨道交通安检工作的性质是保障轨道交通的安全和正常运行,保证乘客的人身安全和财产安全,在城市轨道交通系统中,安检工作广泛实施于城市轨道交通站点,是一种专业性较强的技术工作,需要安检人员受到过专业化的技术培训和规范化的操作训练,熟练使用多种安检设备和工具,以保证轨道交通的正常运行和乘客的安全。

以城市轨道交通安检为例,《城市轨道交通运营管理规定》第二十三条规定:"城市轨道交通运营主管部门应当制定城市轨道交通乘客乘车规范,乘客应当遵守。拒不遵守的,运营单位有权劝阻和制止,制止无效的,报告公安机关依法处理。"《重庆市轨道交通条例》第三十二条规定:"轨道交通运营单位应当设置安全检查设施,对乘客携带的物品进行安全检查。对拒绝接受安全检查或者携带危害轨道交通安全的危险品的乘客,有权阻止其进站或者责令其出站;对强行进站或者扰乱安全检查现场秩序的,由公安机关依法处理。"

城市轨道交通安检工作是必要的公共服务,其主要工作内容包括:

(1) 检查乘客以及携带的行李物品,防止携带危险品或违禁品上车,例如管制刀具、易燃易爆物品、毒品等。

(2) 识别乘客中的可疑人员并及时上报,配合车站民警进行人员身份核查。

(3) 设置安全防范设施,针对可能出现的风险情况采取相应的防范措施。

(4) 应对各种紧急情况和突发事件,协助相关工作人员进行应急处置和抢险救援。

城市轨道交通安检工作需要具备相关的技术和管理能力,注重安全防范、服务质量和效率。同时,安检人员还要具备良好的公民素质、法治素质和安全意识,以确保安检工作的准确性、可靠性和高效性。乘客进站乘车必须接受安检,目的是防止企图携带危险品、违禁品进站的人员将物品藏匿于行李或箱包内;防止乘客无意携带易燃易爆等危险品或管制刀具等违禁品;防止个别人员出于各种目的使用易燃易爆等危险品破坏城市轨道交通安全。

2）城市轨道交通安检的作用

(1) 城市轨道交通安检是为了确保轨道交通系统的安全,防止恐怖袭击、暴力事件和其他犯罪行为的发生。

(2) 城市轨道交通安检可以筛查出潜在的隐患,有效地减少安全隐患,防止携带危险物品、违禁品进入轨道交通工具和站点,保护人民群众的生命财产安全。

(3) 城市轨道交通安检可以起到一定的威慑作用,对于有意破坏公共秩序和制造骚乱的人员起到遏制作用,提高社会治安水平。

(4) 城市轨道交通安检的规范化、高效化可以提高公众对城市轨道交通系统的信任度,增强公众对城市轨道交通系统的使用意愿,扩大城市轨道交通的用户群体,促进城市轨道交通的发展,彰显城市的管理水平和安全保障水平,增强城市形象和公众信心。

总之,城市轨道交通安检是保障轨道交通系统正常运行和保护市民出行安全的重要措施之一,是城市轨道公共安全体系的重要组成部分。

1.1.3 国内外城市轨道交通安检状况

1)国外主要城市轨道交通安检状况

美国、日本和欧洲多数国家基于各自国情,在综合研判恐怖事件发生概率及城市轨道交通安检成本的基础上,通常不对城市轨道交通实行大规模安检。如伦敦地铁、巴黎地铁一般是通过巡警带着警犬巡逻的方式对可疑对象实施检查,并辅以严密的监控系统及醒目的报警标志。为防范恐怖袭击,2015 年起莫斯科地铁、伦敦地铁等在部分人流密集的站点进行了安检初步的尝试。国外主要城市地铁站如图 1-1 所示。

a) 莫斯科地铁

b) 新加坡地铁

c) 伦敦地铁

图 1-1 国外主要城市地铁站安检场景

(1)伦敦地铁。

伦敦七七爆炸案发生后,恐怖袭击威胁不断,城市轨道交通伤人事件逐年攀升,使政府对公共交通安全的警惕性提升。2008年,伦敦政府决定在地铁站和火车站增设巡逻警犬和警员,以防类似事件再次发生。2018年,由于持刀犯罪率持续攀升,伦敦多处火车站,如南伦敦Victoria线的Vauxhall站、牛津街地铁站开始尝试安装机场常用的安检门。该金属探测门的主要功能为探测乘客有无携带刀具等金属类禁止限制携带物品。

(2) 莫斯科地铁。

2010年前后,莫斯科地铁没有实施针对乘客携带手提包的安全检查措施,普通地铁站里虽有巡逻警察,但他们只针对可疑人员开展特别检查,即使携带危险物品的人员也可在地铁站中畅行无阻。直至2015年起,莫斯科地铁站开始加强反恐安保措施,在所有站点都设有检查区,包括金属探测器、防爆容器、爆炸物品探测器、辐射监测装置和透射装置等。当检测装置的警报响起时,乘客就会被邀请至检查区例行检查。但莫斯科地铁安全检查力度与机场安检不同,钥匙、手机等小型金属物并不会触发警报,只有发现大量金属时才会发出警报。安检人员有权对可疑乘客开展特殊检查。

(3) 新加坡地铁。

自2018年11月12日起,新加坡进行了为期6个月的地铁站安检。乘客在小印度站、勿洛站、宏茂桥站、义顺站和武吉班让站会被要求通过金属探测门,所携带的物品也必须经过X射线仪器扫描。通常在安检口设有4~6名工作人员,待安检的乘客需要通过金属探测门,将携带的物品放到X射线仪器扫描。扫描通过后,乘客才可以"通关"乘坐地铁。2021年4月1日起,为进一步提升交通安全水平,避免潜在危机发生,新加坡的多个地铁站增设包括金属探测门、X射线扫描仪等安检设备。

2) 国内主要城市轨道交通安检

(1) 北京地铁。

北京地铁全路网实施"人物同检"安检,即乘客进站时,需要配合安全检查,不仅要检查随身携带的物品,而且乘客也要通过金属探测门。

(2) 上海地铁。

2017年起,上海地铁将安检原则提升为"高峰时段安检率最高、平峰时段逢包必查"。2018年,上海地铁在徐家汇站等44座车站的64个进站口试点运行"分道安检"。这些站点采用金属隔离栏将安检通道设置为"有包、无包"或"大包、小包、无包"通道。

(3) 广州地铁。

2017年起,广州地铁采取3种安检模式,以降低对乘客出行的影响。"一机一门"安检模式,即在满足乘客通行要求的安检点,设置1台通道式X射线安检机和1个金属探测门进行安检;"一机多门"安检模式,在具备设置快速通道且客流较大的车站,在"一机一门"安检模式基础上增设安检门,方便未携带行李的乘客快速通行;"机检+人检"安检模式,针对实施常态化客流控制、潮汐客流明显的车站,采用"机检+人检"的方式,加派人员手持金属探测器,对未携带行李箱及携带小件行李的乘客进行快速安检。

(4) 深圳地铁。

按照"逢包必检、逢液必检、逢疑必检"的安检方式,不分客流高、低平峰时段一律实施安检,防止各类违禁物品进入地铁,确保地铁区域的公共安全。

1.2 城市轨道交通安检工作流程

1.2.1 安检工作流程

每日安检工作流程见表 1-1。

每日安检工作流程　　　　　　　　　　表 1-1

序号	时间	流程	内容及标准
1	运营前	早班签到	安检人员应于上班前到所在车站签到
2		检查着装	着装整齐,仪容良好
3		清点设备	确保设备齐全,性能良好
4	运营中	开展安检工作	按作业规范进行
5	非高峰时段	工间休息	按照各站实际情况安排时间
6	高峰时段	全员上岗	按作业规范进行
7	交接班时刻	早晚交接班	早班安检人员与晚班安检人员进行工作交接,履行交接班手续
8	安检点卫生时段	晚、平低峰期间	对安检区域(安检设备)卫生进行清洁
9	运营结束	离站	做好当日安检工作数据统计和物品处理工作,关闭设备断电后签离

城市轨道交通安检工作流程如下:

1) 运营前

(1) 现场签到:安检人员应提前到达执勤现场完成签到,不得代签、补签。

(2) 检查设备及器材:调试安检设备,检查器材及相关用品是否齐全、完好,确定设备的使用分工,装备有问题须及时向值班站长报告。

(3) 检查着装:各岗位员工相互检测仪容仪表,整理好着装。

城市轨道交通安检人员相互整理着装如图 1-2 所示。

图 1-2　城市轨道交通安检人员相互整理着装

(4)岗前训示:安检当班负责人下达上级通知或要求,警示岗位职责、注意事项等。

2)运营中

(1)安检人员应按各岗位职责规范开展安检工作。

城市轨道交通安检人员各岗位有序开展工作的情况如图1-3所示。

图1-3　城市轨道交通安检人员各岗位有序开展工作

(2)发现不接受安检执意进站者,安检人员须立即上报给值班站长。

(3)发现可疑物品或者无法确认的物品,安检人员须立即请对方配合手检。安检人员排除可疑后,对乘客放行。如果测出乘客携带的物品不属于法律法规规定的违禁物品,但其对列车运行存在安全隐患,安检人员应告知乘客可自弃或者改乘其他交通工具,拒不接受者,安检人员应当拒绝其进站。

(4)发现重大违禁物品,安检人员须按重大违禁物品流程处置。

3)交接班

(1)交接班员工要在规定的时间内到达执勤地点,并穿着规定的安检制服履行交接班手续,当面交接设备情况、需注意的事项、上级指示、问题等。

城市轨道交通安检人员交接班如图1-4所示。

图1-4　城市轨道交通安检人员交接班

(2)因错交、漏交对工作造成影响的,由交班员工负责;因交接不清,接班人没认真核对确认而对工作造成影响,由接班员工负责。

4)运营结束

(1)关闭设备,做好设备断电、防雨、防破坏等保管工作。

(2)整理好当天安检工作的统计数据和物品处理工作。

(3)若有借用车站相关备品的情况,需要在下班前及时归还。

1.2.2 安检工作管理

1)常见的安检方式

(1)人身检查。

城市轨道交通安检过程中,针对人身检查的基本流程如下:

①将身上的金属制品(如钥匙、手表、手机等)放置于安检托盘(图1-5)中。若外衣影响人身检查,需单独放置于安检托盘中。如遇特殊情况,需要对高筒靴等鞋类进行脱鞋安检,需请乘客脱鞋走过安检门(图1-6),将鞋靴单独通过通道式X射线安检机进行检查。安检人员也可使用专门扫描鞋的X射线安检仪对乘客鞋靴进行检查。

图1-5 安检托盘

图1-6 安检门

②乘客通过安检门(图1-6)。如果遇到安检门报警情况,安检人员需使用手持式金属探测器对乘客进行人工复查。针对不同的安检级别,需采用不同的安检手段。安检级别的提高通常与国际事件、重大安全事件等有关。

(2)行李检查。

针对乘客随身行李的检查,依据被检物品的种类不同,采用不同的检查流程。其基本流程如下:

①对于笔记本电脑,大部分城市轨道交通安检不要求对其单独进行检查。如在检查中发现笔记本电脑存在一定的安全隐患,可将其单独放在安检托盘里,通过通道式X射线安检机进行检查,如图1-7所示。

②对于液体,单独封装且小于100mL的可接受开瓶检查;大于100mL的液体可采用液体检查设备检查。目前市场上常见的有基于微波技术、拉曼光谱技术以及X射线技术的液体检查设备。

③将乘客随身手提行李通过通道式X射线安检机进行检查。

图 1-7 通道式 X 射线安检机

④如发现乘客携带的行李可疑,安检人员需将其行李重新通过通道式 X 射线安检机,或采取手工打开行李检查。在安检级别较高的情况下,可使用"擦拭纸"的方式对人身或行李、包裹进行爆炸物和毒品痕量的检测。

⑤如发现可疑物品,交由相关部门人员进行专业处置。国外已有部分机场使用 CT 型物品检查设备,其可以做到更精准的检查和自动报警。在部分场所还会使用放射性物质检测设备,对人、车辆或者行李中的放射性物质进行检测。

2) 城市轨道交通安检模式

城市轨道交通安检工作的执行包括常态安检模式、加强安检模式和特别安检模式 3 种。

(1) 常态安检模式。常态安检模式主要适用于日常运营,执行标准为"逢包必检、逢液必检"。若遇有突发事件或纠纷等其他情况,应及时联系该城市轨道交通站点的民警。

(2) 加强安检模式。加强安检模式主要适用于重要节假日期间,执行标准为"逢包必检、逢液必检、逢疑必检",同时开展人身安全检查工作。

(3) 特别安检模式。特别安检模式主要适用于特殊时期,按照政府和公安机关的要求,需要重点防范时,执行标准为"逢包必检、逢液必检、逢人必检",同时开展人身安全检查工作。各安全检查点每班至少增设 1 名安检人员。安检点的安检工作由民警指导,应有武警、特警等力量参与。

1.2.3 安检工作程序

安检人员按照观察识疑、引导劝阻、监视辨别、定性处置、登记保存的程序,规范操作各种安检设备,应当坚持"安全第一、预防为主、依法实施、按章操作"的方针,按照"逢包必检、逢液必检、逢疑必查"的原则进行检查。

1) 观察识疑

引导岗的安检人员要面向进站乘客,主动观察每一名进站乘客及其所携带的物品,注意发现可疑情况,并对重点对象进行检查。

可疑情况主要包括 6 类:

(1) 汽油涌、油漆桶、压缩钢瓶等明显的危险品。

(2) 盛装液体的桶罐瓶等较大的容器。

(3) 没有密封包扎的各种较大口袋。

(4)长度、宽度、体积和随身携带特征不相符的物品。
(5)反季着装、衣冠不整的乘客及其携带的物品。
(6)反复逗留、犹豫不前等与正常乘车行为不符的乘客及其携带的物品。

安检重点关注对象主要包括：
(1)精神恐慌、言行可疑、伪装镇静者。
(2)冒充熟人、假献殷勤、接受检查过于热情者。
(3)表现异常、催促检查或态度蛮横不愿接受检查者。
(4)着装与其身份明显不符或与季节不适宜者。
(5)公安部门、安全检查站所掌握的嫌疑分子和群众检举的嫌疑分子。
(6)上级通报的来自恐怖活动频繁的国家和地区的人员。
(7)在检查中发现有可疑问题者。

2)引导劝阻

引导岗的安检人员宣传安检相关的规定要求，提醒携带行李物品的乘客接受通道式X射线安检机检查，并及时取走物品，防止错拿、漏拿、误拿。观察人流动向，对无包乘客进行分流，向值机员预警可疑人员及其携带物品。发现可疑物品，要引导乘客按照不同情况进行检查。对于不接受安检的乘客要劝阻进站，遇有拒绝安检强行进站的乘客要及时报告民警到场处理。

3)监视辨别

值机岗的安检人员要通过X射线安检机辨别监视物品的图像，注意发现物品的情况。在检测中发现金属利器、电线钟表、多瓶液态、疑似子弹、较大容器和图像模糊不清无法判断性质的物品，要及时提出要求做进一步开包检查。在监测检查中要仔细辨别显示出的物品特征，按照违禁品目录及时、准确地发现可疑物，并将重点检查物品准确告知手检岗。不得遗漏检查，确保检查质量。

4)定性处置

在定性过程中，手检岗安检人员应根据公安部门发布的《禁止限制携带物品目录》的相关规定，准确地对受检物品进行界定，并按违禁品处置程序进行处置。

检查中发现乘客携带一般禁止携带物品或限带物品的，由安检人员向其讲明规定，对其进行劝离或自弃。经说明仍不接受的、经劝导拒不出站或滞留现场扰乱秩序的乘客，上报给值班站长，并报告所辖区域民警处置。乘客如若主动放弃，则应对乘客自弃的物品做好记录。

检查中发现乘客携带液体的，应通过液体检测仪进行检测确认。如检查发现异常，应立即复检，并询问乘客携带的是何种液体。若仍是异常，应待车站民警到达现场后，连人带物一并移交处理。

检查中发现乘客非法携带枪支弹药、管制器具、毒害类物品及爆炸类物品的，迅速按照"人物分离"原则实施控制，并及时报告值班站长和车站民警，待车站民警到达现场后，连人带物一并移交处理。

检查中发现图像模糊不清，无法准确判断受检物品性质，或者发现疑似含有电源(电池)、导线、钟表以及块状、柱状、粉末状、液态状、枪弹状物品时,必须经检查排除嫌疑且确保安全后,方可放行。

若遇公安民警、军人等特殊身份人员携带枪支及警用器械的,应及时通知车站民警核验身份,经确认无误后方可放行。

5)登记保存

乘客主动自弃的危险品、违禁品,安检人员要做好登记工作,注明乘客身份信息,以及物品的类别、数量、时间、地点等内容,并将危险品、违禁品存放在专用回收箱内进行临时保存,下班后移交给相关负责人。

> **知识链接**
>
> **对影响城市轨道交通安全运行的相关处罚规定**
>
> 第二十三条 有下列行为之一的,处警告或者二百元以下罚款;情节较重的,处五日以上十日以下拘留,可以并处五百元以下罚款:
>
> (一)扰乱机关、团体、企业、事业单位秩序,致使工作、生产、营业、医疗、教学、科研不能正常进行,尚未造成严重损失的;
>
> (二)扰乱车站、港口、码头、机场、商场、公园、展览馆或者其他公共场所秩序的;
>
> (三)扰乱公共汽车、电车、火车、船舶、航空器或者其他公共交通工具上的秩序的;
>
> (四)非法拦截或者强登、扒乘机动车、船舶、航空器以及其他交通工具,影响交通工具正常行驶的。
>
> 第三十条 违反国家规定,制造、买卖、储存、运输、邮寄、携带、使用、提供、处置爆炸性、毒害性、放射性、腐蚀性物质或者传染病病原体等危险物质的,处十日以上十五日以下拘留;情节较轻的,处五日以上十日以下拘留。
>
> 第三十一条 爆炸性、毒害性、放射性、腐蚀性物质或者传染病病原体等危险物质被盗、被抢或者丢失,未按规定报告的,处五日以下拘留;故意隐瞒不报的,处五日以上十日以下拘留。
>
> 第三十二条 非法携带枪支、弹药或者弩、匕首等国家规定的管制器具的,处五日以下拘留,可以并处五百元以下罚款;情节较轻的,处警告或者二百元以下罚款。非法携带枪支、弹药或者弩、匕首等国家规定的管制器具进入公共场所或者公共交通工具的,处五日以上十日以下拘留,可以并处五百元以下罚款。
>
> (资料来源:《中华人民共和国治安管理处罚法》)

1.3 城市轨道交通安检岗位职责

1.3.1 安检工作特点

城市轨道交通安检工作以公开的安全检查为主要手段,是确保人身、财产安全的必要措施,是一项非常重要的工作。安检工作要求在较短时间内完成对乘客、行李物品的安全检查,而且要确保安全,一旦漏测漏检,造成失误,发生危害公共安全的事件,后果严重,损失巨大。因此,城市轨道交通安检工作具有责任性强、政策性强、时间性强、专业性强及风险性大等特点。

1)责任重大

安检工作是防范各类易燃易爆和其他威胁城市轨道交通安全的违禁品的第一道防线,也是最重要的防线,安检人员工作的任何疏忽都有可能带来不可挽回的损失。

2)工作强度高

安检人员的工作时间与城市轨道交通运营时间一致。城市轨道交通车站的客流量巨大,尤其是高峰时期,需要高效、准确的工作效率和快速的安检流程,这导致安检工作具有较高的工作强度。

城市轨道交通安检高峰时段如图1-8所示。

图1-8　城市轨道交通安检高峰时段

3)专业性强

城市轨道交通安检工作必须借助高科技设备和熟练的个人技能才能有效完成。安检人员必须经过专业的培训、自身的努力和长时间的工作积累才能出色地完成工作。

城市轨道交通安检人员技术专业工作场景如图1-9所示。

图1-9　城市轨道交通安检人员从事技术专业工作场景

4)易发生纠纷

城市轨道交通安检工作是与公众接触最多的工作之一,这项工作常常不被乘客理解,且容易产生纠纷。这就要求安检人员须具备良好的心理素质和处事应变的能力。

1.3.2 安检岗位职责

以《北京市城市轨道交通安全检查操作规范(试行)》为例,在第十一条中要求轨道交通安检人员要按照作业单元标准进行组织。安检作业单元人员标准配置为:每1台通道式X射线安检机配备4~5名安检人员,其中包括指挥员1人、值机员1人、手检员1人、引导员1人、安全员1人。

运营企业可以根据乘客流量和安检设备通过能力等实际情况,对各安检工作站(点)安检人员配置进行适当调配,但每个安检工作站(点)的人员配置最低不得少于2人,其中包括指挥员1人、值机员1人。

上述规范的第十二条中对安检人员岗位职责分工和工作做出要求:

(1)引导员:引导员位于安检通道前1m左右处,负责宣传、引导、提示乘客接受安检;协助受检乘客将被检物品放置在传送带上,同时观察受检乘客的神态、动作,遇有可疑情况,示意值机员实施重点检查。

(2)值机员:值机员负责辨别通道式安检机监视器上受检行李图像中的物品形状、种类,将需要开行李检查的行李及重点检查部位通知手检员。

值机员连续操机工作时间不得超过40min,每个工作日值机时间累计不超过6h。

(3)手检员:手检员位于通道式X射线安检机后,对经通道式X射线安检机发现的可疑物品使用爆炸物及毒品检测仪、危险液体检测仪、金属探测器等设备进一步检查,并随时观察受检乘客的神态、动作,保持警惕。

(4)安全员:安全员负责维护安检区秩序,在直视范围内与受检乘客保持适当距离,控制安检中发现的可疑物品,观察并掌握可疑人员动向,遇有突发事件应迅速采取措施进行先期处置并报告指挥员。

(5)指挥员:指挥员负责安检乘客站位、协调安检相关工作、并协助引导乘客接受安检。定时向安检指挥机构报告情况,遇有紧急情况立即报告。

运营企业对安检人员配置进行调配时,应当按照调配后的人员配置情况,对各岗位分工进行再划定,明确调配后安检人员的具体职责,做到人员减少后原岗位职责无疏漏,确保安检工作顺利进行。

1.3.3 安检岗位权限

1)检查权

检查权包括2项内容:

(1)对乘客的人身检查权,包括使用仪器检查、手工检查及对身体的搜索检查。

(2)对随身携带行李物品的检查权,包括使用相关安检仪器检查以及人工开箱包检查。

2)拒绝进入权

拒绝进入权包括3项内容:

(1)在对乘客及行李物品的安全检查过程中,一旦发现有故意隐藏危险品、违禁品及其他限制携带物品等可能用于犯罪活动的乘客时,安检部门有权拒绝该乘客进入,并将人与物一并移交公安机关审查处理。

(2)对怀疑为危险物品,但受客观条件限制又无法认定其性质的,乘客又不能提供该物品性质和可以携带乘坐城市轨道交通工具运输的证明时,城市轨道交通运输企业有权拒绝其进站乘车。

(3)在安全检查过程中,对于拒绝接受检查的乘客,安检部门有权拒绝其进入安保区域。

回顾

一、填空题

1. 安检岗位的权限有_____权和_____权。
2. 安检岗位按照职责可分为_____员、_____员、_____员、_____员和_____员。
3. 城市轨道交通安检的工作特点有_____、_____、_____和_____。
4. 常见的安检设备包括_____、_____、_____等。
5. 城市轨道交通安检工作的执行包括_____模式、_____模式和_____模式三种。
6. 安检人员应坚持的安检工作方针是"_____、_____、_____、_____"。

二、选择题

1. 安检工作程序的先后顺序为(   )。
   A. "监视辨别—观察识疑—引导劝阻—定性处置—登记保存"
   B. "观察识疑—引导劝阻—监视辨别—定性处置—登记保存"
   C. "监视辨别—引导劝阻—观察识疑—登记保存—定性处置"
   D. "引导劝阻—监视辨别—观察识疑—定性处置—登记保存"
2. 安检作业单元人员标准配置为:每1台通道式安检机配备(   )名安检人员,最低不得少于(   )名安检人员。
   A. 6~7;3 B. 2~3;2 C. 4~5;2 D. 5~6;1
3. 下列场所中不属于安检点的是(   )。
   A. 机场 B. 火车站 C. 城市轨道站 D. 学校

三、简答题

1. 请简述安检的作用。
2. 请简述安检岗位的权限有哪些。
3. 请简述3种不同安检模式下安检标准的区别。
4. 请列举安检工作观察识疑中的可疑情况和重点关注对象。

第2章
危险品及禁止限制携带物品识别

导读

知识目标

1. 掌握危险品的分类和标志。
2. 掌握常见危险品、禁止限制携带物品的外观特征及其性质。
3. 培养鉴别危险品、禁止限制携带物品的能力。
4. 通过对危险品的认知牢记安检的重要性。

案例分析

1. 案例描述

2023年10月16日16时,一名男性乘客手持金属火药枪欲进某地铁站,液检岗拦下该乘客并解释乘车规定。乘客表示不能理解,值机员立即通知小队长。小队长到达现场后复查火药枪,发现转轮处还有火药残留,便安抚乘客情绪。乘客仍表示不能理解,并说其他地铁站安检人员告知只要没有携带火药即可通行,现因两边安检执行力度不统一、培训不一导致其无法乘车,欲向民警咨询。小队长再次向乘客致歉并给予安抚,同时通知车站值班员及值班民警。等待民警时,乘客再次询问文件规定。小队长带乘客到禁止限制携带物品目录处再次解释,乘客还是认为两边执行力度不统一。16时40分左右,辅警到达现场确认物品、询问经过并告知乘客换乘其他交通工具。16时50分左右,该乘客出站换乘其他交通工具。

2. 案例分析

在上述案例中,安检人员及时发现乘客携带的禁止限制携带物品并予以阻拦,消除了将火药枪带进车辆可能导致的安全隐患,保障了城市轨道交通的安全。面对乘客的质疑,安检人员为其讲述有关法律规定,并报告车站民警进行协调,处理妥当。

3. 案例思考

(1)哪些物品属于危险品、禁止限制携带物品?其分别有什么性质和特点?
(2)如何分辨危险品、禁止限制携带物品?

2.1 危险品分类及介绍

2.1.1 危险品的定义及标志

危险品是易燃、易爆、有强烈腐蚀性、有毒和放射性等物品的总称。这些物品如果被携带进站,可能会对城市轨道交通的正常运行构成风险,对乘客的人身安全造成威胁。安检人员必须要掌握这些危险品的特点和性能,以便及时辨别和检查出乘客携带的违禁品。

危险品标志是用来表示危险品的物理、化学性质,以及危险程度的标志。它可提醒人们在运输、储存、保管、搬运等活动中加以注意。

根据中华人民共和国国家标准《危险货物包装标志》(GB 190—2009)所示的危险品标志见表2-1。

危险品标志 表2-1

序号	标签名称	标签图形
1	爆炸性物质或物品	(符号:黑色,底色:橙红色) **项号的位置——如果爆炸性是次要危险性,留空白。 *配装组字母的位置——如果爆炸性是次要危险性,留空白
2	易燃气体	(符号:黑色,底色:正红色)　(符号:白色,底色:正红色)

注:危险货物也称危险物品或危险品,其三者虽然在定义、法规依据、涉及环节有所区别,但在城市轨道交通领域大体可视为同一概念。

续上表

序号	标签名称	标签图形	
2	非易燃无毒气体	(符号:黑色,底色:绿色)	(符号:白色,底色:绿色)
	毒性气体	(符号:黑色,底色:白色)	
3	易燃液体	(符号:黑色,底色:正红色)	(符号:白色,底色:正红色)
	易燃固体	(符号:黑色,底色:白色红条)	
4	易于自燃的物质	(符号:黑色,底色:上白下红)	
	遇水放出易燃气体的物质	(符号:黑色,底色:蓝色)	(符号:白色,底色:蓝色)

续上表

序号	标签名称	标签图形
5	氧化性物质	(符号:黑色,底色:柠檬黄色)
	有机过氧化物	(符号:黑色,底色:红色和柠檬黄色)　(符号:白色,底色:红色和柠檬黄色)
6	毒性物质	(符号:黑色,底色:白色)
	感染性物质	(符号:黑色,底色:白色)
7	一级放射性物质	(符号:黑色,底色:白色,附一条红竖条) 黑色文字,在标签下半部分写上: "放射性" "内装物_____" "放射性强度_____" 在"放射性"字样之后还应有一条红竖条

续上表

序号	标签名称	标签图形
7	二级放射性物质	(符号:黑色,底色:上黄下白,附两条红竖条) 黑色文字,在标签下半部分写上: "放射性" "内装物_____" "放射性强度_____" 在一个黑边框格内写上:"运输指数" 在"放射性"字样之后还应有两条红竖条
	三级放射性物质	(符号:黑色,底色:上黄下白,附三条红竖条) 黑色文字,在标签下半部分写上: "放射性" "内装物_____" "放射性强度_____" 在一个黑边框格内写上:"运输指数" 在"放射性"字样之后还应有三条红竖条
	裂变性物质	(符号:黑色,底色:白色) 黑色文字 在标签上半部分写上:"易裂变" 在标签下半部分的一个黑边 框格内写上:"临界安全指数"

续上表

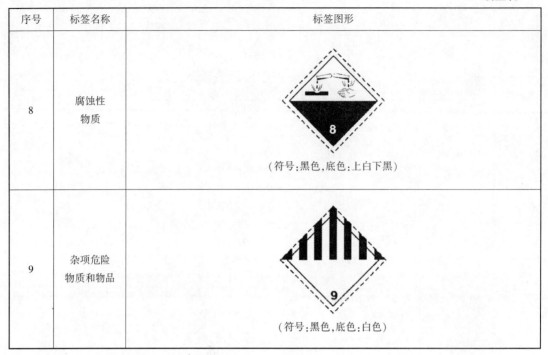

序号	标签名称	标签图形
8	腐蚀性物质	（符号：黑色，底色：上白下黑）
9	杂项危险物质和物品	（符号：黑色，底色：白色）

2.1.2 危险品的分类及特性

1）爆炸品

爆炸品是指在受热、受压、撞击的外界作用下，能发生剧烈化学反应，瞬时产生大量的气体和热量，使周围压力急剧上升而发生爆炸的物品。爆炸品还包括无整体爆炸危险，但具有燃烧、抛射及较小爆炸危险的物品，或仅产生热、光、音响或烟雾等一种或几种作用的烟火物品。

（1）爆炸品的分类。

爆炸品分为民用爆炸品和军用爆炸品两大类，我们常见的多为民用爆炸品。

民用爆炸品是指用于非军事目的或列入民用爆炸品品名表的各类火药、炸药及其制品和雷管、导火索等点火、起爆器材。

以炸药为例：

①按炸药的组成，炸药可以分为单质炸药和混合炸药两大类。

②按炸药的用途，炸药可以分为起爆药、猛炸药、发射药及烟火剂四大类。

③按炸药的物理状态，炸药可以分为固体炸药、液体炸药和塑性炸药。

（2）常见爆炸品的介绍。

①弹药：炸弹、催泪弹、照明弹、燃烧弹、毒气弹、手雷、地雷、手榴弹等，见表2-2。

②爆破器材：炸药、雷管、导火索、导爆索等，见表2-3。

③烟火制品：烟花爆竹、黑火药、引火线等，见表2-4。

④射钉弹、发令弹等含火药的制品，见表2-5。

弹药 表2-2

图示	名称及介绍
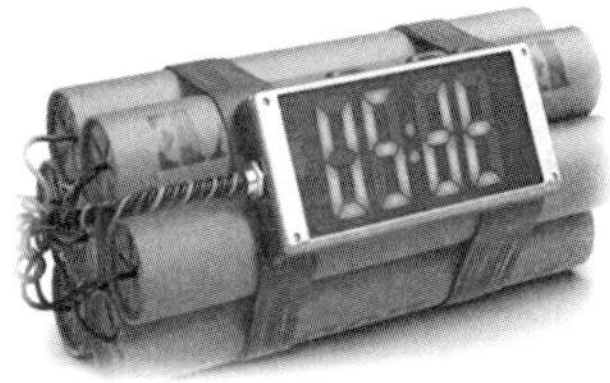	**炸弹** 一种爆炸装置，通常外壳由铁等金属材料制成，内部装有炸药，触动引信就爆炸。炸弹是一种填充有爆炸性物质的武器。炸弹主要利用爆炸产生的巨大冲击波、热辐射与破片对攻击目标造成破坏，控制炸弹引爆的装置有定时器、遥控器、各种传感器、激光等
	**燃烧弹** 燃烧弹又称纵火弹，是装有燃烧剂的航空炸弹、炮弹、火箭弹、枪榴弹和手榴弹的统称。它主要用于烧伤敌方有生力量，烧毁易燃的军事技术装备和设备
	**催泪弹** 催泪弹是一种装载催泪性刺激剂，可以由喷射或手榴弹形式发射的非致命性化学武器。催泪弹中装有易挥发的液溴，能刺激人的敏感部位——眼、鼻等器官黏膜，催人泪下。有时还装有毒剂——西埃斯，使人大量流泪，剧烈咳嗽，喷嚏不止，令人难以忍受
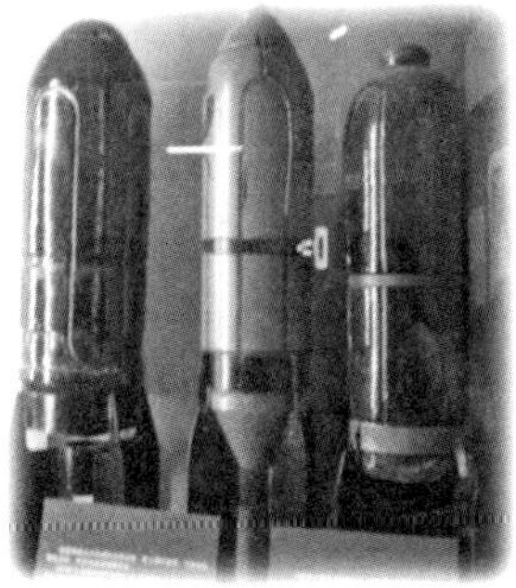	**毒气弹** 毒气弹是装填着毒剂和毒气的弹药，是一种大规模杀伤性生化武器，包括催嚏性毒气弹、催泪性毒气弹、糜烂性毒气弹、窒息性毒气弹、神经性毒剂、全身中毒性毒剂、失能性毒剂、窒息性毒剂等
	**手榴弹** 手榴弹是一种能攻能防的小型手投弹药，也是使用较广、用量较大的弹药，由弹体和引信（或发火件）两部分组成。弹体形状通常为圆柱形、卵形和桶形等。有的还有手柄，弹体内装炸药或其他装填物

爆破器材　　　　　　　　　　　　　　　　　　　　　　　　　　　表 2-3

图示	名称及介绍
	**炸药**　　炸药是能在极短时间内剧烈燃烧(即爆炸)，并在一定的外界能量的作用下，由自身能量发生爆炸的物质。一般情况下，炸药的化学及物理性质稳定，但不论环境是否密封、药量多少，甚至在外界零供氧的情况下，只要有较强的能量(起爆药提供)激发，炸药就会对外界进行稳定的爆轰式做功。炸药爆炸时，能释放出大量的热能并产生高温高压气体，对周围物质起破坏、抛掷、压缩等作用
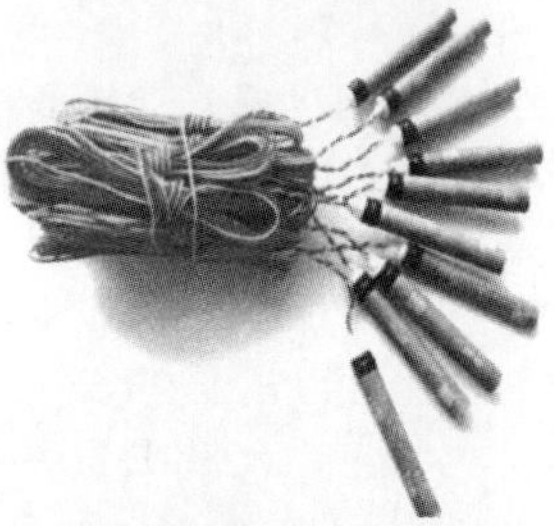	**雷管**　　雷管是爆破工程的主要起爆材料，它的作用是产生起爆能来引爆各种炸药及导爆索、传爆管。雷管分为火雷管和电雷管两种。雷管常作为弹药、炸药包等的发火装置。一般用雷汞等容易发火的化学药品装在金属管里制成
	**导火索**　　导火索主要用于引燃火雷管或黑火药，也常用作延期电雷管中的延期元件。导火索受外力挤压时，药芯密度改变导致燃速变化甚至爆燃，造成爆破事故

烟火制品　　　　　　　　　　　　　　　　　　　　　　　　　　　表 2-4

图示	名称及介绍
	**烟花爆竹**　　烟花爆竹是指以烟火药为原料配制成的物品，通过着火源作用燃烧(爆炸)并伴有声、光、色、烟、雾等效果的娱乐产品，包括礼花弹、烟花、鞭炮、摔炮等
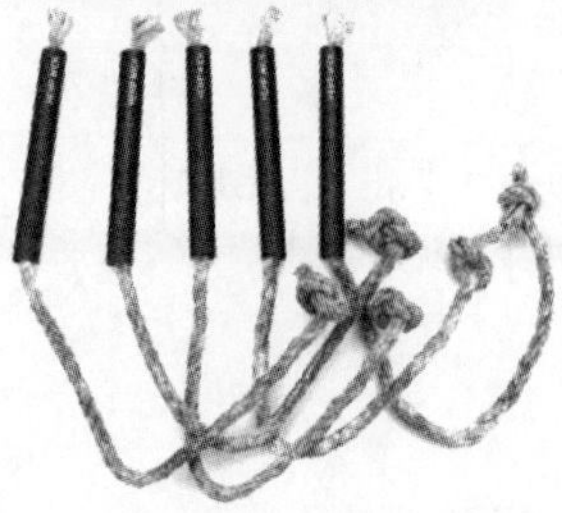	**引火线**　　引火线是指用于点火、传火、控制时间的烟火药制品。烟花爆竹用的引火线有纸引、安全引、棉纱引、碳精引、无烟引等。根据其燃烧速度可分为快速引火线和慢速引火线

续上表

图示	名称及介绍
	黑火药 在适当的外界能量作用下,黑火药能进行迅速而有规律地燃烧,同时生成大量高温易燃的物质。在军事上主要用作枪弹、炮弹的发射药和火箭的推进剂及其他驱动装置的能源,是弹药的重要组成部分

含火药制品　　　　　　　　　　　　　　　　　　　　表2-5

图示	名称及介绍
	射钉弹 射钉弹属于非军用子弹,内含火药,杀伤力大,极易被改装为枪用子弹。射钉弹的主要成分是硝化纤维、安定剂、溶剂和化学颜料
	发令弹 发令弹是发令枪的弹药,主要成分有为硫黄、木炭(燃烧物)、氯酸钾或硝酸钾(助燃剂)

知识链接

如何正确处置爆炸品

爆炸品一般都有专门或临时的储存仓库。这类物品由于内部结构含有爆炸性基因,受摩擦、撞击、震动、高温等外界因素激发,极易发生爆炸,遇明火则更危险。遇爆炸物品火灾时,一般应采取以下基本对策。

①迅速判断和查明再次发生爆炸的可能性和危险性,紧紧抓住爆炸后和再次发生爆炸之前的有利时机,采取一切可能的措施,全力制止再次爆炸的发生。

②切忌用沙土盖压,以免增强爆炸物品爆炸时的威力。

③如果有疏散可能,人身安全上确有可靠保障,应立即组织力量及时疏散着火区域周围的爆炸品,使着火区周围形成一个隔离带。

④扑救爆炸品堆垛时,水流应采用吊射,避免强力水流直接冲击堆垛,以免堆垛倒塌引起再次爆炸。

⑤灭火人员应尽量利用现场现成的掩蔽体或采用卧姿等低姿射水,尽可能地采取自我保护措施。消防车辆不要停靠在离爆炸物品太近的水源处。

⑥灭火人员发现有发生再次爆炸的危险时,应立即向现场指挥报告,现场指挥应迅速做出准确地判断,确有发生再次爆炸征兆或危险时,应立即下达撤退命令。灭火人员看到或听到撤退信号后,应迅速撤至安全地带;来不及撤退时,应就地卧倒。

2)易燃品

(1)易燃品的分类。

①易燃液体。在《化学品分类和危险性公示 通则》(GB 13690—2009)中,易燃液体是指闪点不高于93℃的液体。易燃液体的燃烧是通过其挥发的蒸气与空气形成可燃混合物,达到一定的浓度后遇火源而实现的。易燃液体按照闪点大小可分为3类:低闪点液体,指闭杯试验闪点<-18℃的液体;中闪点液体,指-18℃≤闭杯试验闪点<23℃的液体;高闪点液体,指23℃≤闭杯试验闪点≤61℃的液体。易燃液体的特点是:易燃液体及其所挥发的可燃气体,遇火迅速燃烧;所挥发的可燃气体在空气中的浓度达到爆炸极限时,遇火星即发生爆炸;存放密闭容器中的易燃液体,受热后易使容器爆裂而引起燃烧;大量可燃气体扩散到空气中,能使人畜中毒或窒息。

②易燃气体。易燃气体,是指在101.3kPa标准压力下,在与空气的混合物中按其体积占13%或更少时,无论燃烧下限值如何,可燃范围至少为12%的气体,此类气体泄漏时,遇明火、高温或光照,会发生燃烧或爆炸。在通常条件下以气态存在的极易燃烧的物质,经压缩后使它的体积缩小或变成液体而装入耐压容器的物质,叫作压缩气体或液化气体。

> **知识链接**
>
> **几种不同物理状态的气体**
>
> (1)压缩气体:温度在-50℃下,加压包装供运输时完全呈现气态的气体,包括临界温度小于或等于-50℃的所有气体。
>
> (2)液化气体:温度大于-50℃下,加压包装供运输时部分地呈现液态的气体,可分为:
>
> ①高压液化气体:临界温度在-50~65℃之间的气体;
>
> ②低压液化气体:临界温度大于65℃的气体。
>
> (3)冷冻液化气体:包装供运输时,由于其温度低而部分呈液态的气体。
>
> (4)溶解气体:加压包装供运输时,溶解于溶剂中的气体。
>
> (5)吸附气体:包装供运输时吸附到固体多孔材料,导致内部容器压力在20℃时低于101.3kPa和在50℃时低于300kPa的气体。
>
> [资料来源:《危险货物分类和品名编号》(GB 6944—2012)]

③易燃固体。易燃固体是指燃烧点低,遇火、受热、撞击、摩擦或与氧化剂接触后,极易引起急剧燃烧或爆炸的固态物质。有的某些易燃固体发生燃烧时会放出有毒气体。

④易于自燃的物品。易于自燃的物品是指自燃点低,在空气中易发生物理、化学或生物反应,放出热量,而自行燃烧的物品,包括发火物质和自热物质。

a. 发火物质:即使只有少量与空气接触,不到5min时间便燃烧的物质,包括混合物和溶液(固体或液体);

b. 自热物质:发火物质以外的与空气接触便能自发热的物质。

⑤遇湿易燃物品。遇湿易燃物品是指遇水或受潮时,发生剧烈化学反应,放出大量易燃气体和热量的物品。有的不需明火,即能燃烧或爆炸。

⑥氧化剂和有机过氧化物。氧化剂是指处于高氧状态、具有强氧化性,易分解并释放出氧气和热量的物质,包括含有过氧基的无机物,其本身不一定可燃,但能导致可燃物的燃烧,与松软的粉末状可燃物能组成爆炸性混合物,对热、摩擦较敏感,遇酸、碱,或遇潮湿、高热、摩擦、冲击,或与易燃物、有机物还原剂等接触,能发生分解并可能引起燃烧或爆炸。有机过氧化物指分子组成中含有过氧基的有机物,其本身易燃、易爆,极易分解,对热、摩擦极为敏感。

(2)常见易燃品的介绍。

①易燃液体:汽油、乙醇(酒精)、苯、松香油、香蕉水等,见表2-6。

易燃液体 表2-6

图示	名称及介绍
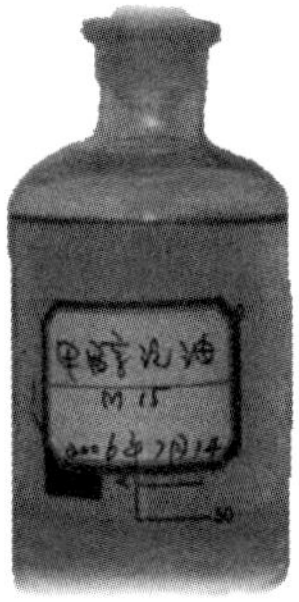	汽油 汽油,是从石油里分馏、裂解出来的具有挥发性、可燃性的烃类混合物液体,可用作燃料。外观为透明液体,可燃,馏程为30~220℃,主要成分为C5~C12脂肪烃和环烷烃,及一定量芳香烃。汽油具有较高的辛烷值(有抗爆震燃烧性能)
	乙醇 乙醇在常温常压下是一种易挥发的无色透明液体,低毒性,纯液体,不可直接饮用。乙醇的水溶液具有酒香的气味,并略带刺激性,味甘。乙醇易燃,其蒸气能与空气形成爆炸性混合物。乙醇能与水以任意比互溶,能与氯仿、乙醚、甲醇、丙酮和其他多数有机溶剂混溶

续上表

图示	名称及介绍
	**苯** 苯是一种有机化合物,是最简单的芳烃,是有致癌毒性的无色透明液体,并带有强烈的芳香气味。它微溶于水,易溶于有机溶剂,本身也可作为有机溶剂。苯是一种石油化工基本原料
	**松香油** 松香油,白醇的俗称,主要是脂肪烃类,一种从石油中提取的有机溶剂,也作松香水。其黏性较大,容易干结,常用于新彩和普通粉彩颜料调色,还用于稀释油漆,极易燃
	**香蕉水** 香蕉水又名天那水、梨油,因有乙酸戊酯或乙酸异戊酯的香蕉味,故得名香蕉水。香蕉水是由多种有机溶剂配制而成的无色透明易挥发的液体,主要成分有甲苯、醋酸丁酯、环己酮、醋酸异戊酯、乙二醇乙醚醋酸酯。其微溶于水,能溶于各种有机溶剂,易燃,主要用作喷漆的溶剂和稀释剂。在许多化工产品、涂料、黏合剂的生产过程中都要用到香蕉水作溶剂。现今的香蕉水已经不是单一化学品的俗称,而是泛指多种有机溶剂的混合物

②易燃气体:氢气、液化石油气、甲烷、丁烷、氟利昂、氯乙烯等,见表2-7。

易燃气体 表2-7

图示	名称及介绍
	**氢气** 氢气是氢元素形成的一种单质,在高压低温下为无色液体,微溶于水,极易燃烧,与空气混合遇火能发生猛烈爆炸。如与氯混合在阳光照射下能自燃爆炸;与氟混合在暗处即能爆炸;装在钢瓶内的氢受热时也能爆炸

续上表

图示	名称及介绍
	**液化石油气** 液化石油气是由天然气或石油进行加压降温液化所得到的一种无色挥发性液体,其主要成分是丙烷和丁烷。它极易自燃,当其在空气中的含量达到了一定的浓度范围后,遇到明火就能爆炸
	**甲烷** 甲烷是一种有机化合物,是最简单的有机物,也是含碳量最小(含氢量最大)的烃。甲烷在自然界的分布很广,是天然气、沼气、坑气等的主要成分,俗称瓦斯。它可作为燃料及制造氢气、炭黑、一氧化碳、乙炔、氢氰酸及甲醛等物质的原料
	**丁烷** 丁烷,有机化合物,一种常见的烷烃,易燃,无色,容易被液化的气体
	**氟利昂** 氟利昂是一种常见的制冷剂,种类繁多,一般在常温常压下均为气体,略有芳香味。在低温加压情况下,氟利昂是呈透明状的液体。其能与卤代烃、一元醇或其他有机溶剂以任何比例混溶,氟制冷剂之间也能互溶。由于氟利昂化学稳定性较强、热稳定性较强、表面张力小、汽液两相变化容易、无毒、亲油、价廉等特点,被广泛应用于制冷、发泡、溶剂、喷雾剂、电子元件的清洗
	**氯乙烯** 氯乙烯又名乙烯基氯,是一种应用于高分子化工的重要的单体,可由乙烯或乙炔制得。其为无色、易液化气体,沸点为 -13.9℃,临界温度为142℃,临界压力为5.22MPa。氯乙烯是有毒物质,若人体长期吸入和接触氯乙烯,易造成肝癌。它与空气形成爆炸混合物,爆炸极限为4%~22%(体积),在压力下更易爆炸

③易燃固体:红磷、闪光粉、硫黄、赛璐珞、松香等,见表2-8。

易燃固体 表2-8

图示	名称及介绍
	红磷 红磷又名赤磷,为紫红色无定形粉末,有光泽,无毒。在高压下热至590℃时,其开始熔化,若不加压会产生升华,汽化后再冷凝形成白磷。红磷具有较强的稳定性,不溶于水、二硫化碳,微溶于无水乙醇,溶于碱液。红磷常用于生产安全火柴、有机磷农药、制磷青铜等
	闪光粉 闪光粉就是镁粉,是元素镁的粉末状态。其外观为银白色粉末,具有金属光泽,性活泼,遇湿易燃。镁粉主要用作还原剂、闪光粉、铅合金、冶金中的脱硫剂、有机合成、照明剂等。它主要由电解熔融氯化镁和电解熔融脱水光卤石制得
	硫黄 硫黄,别名硫。在室温下,纯硫为无臭的淡黄色晶体,质脆,易被磨成粉末,不溶于水;当将其加热到110~119℃时,即熔化为易流动的黄色液体;当温度继续升高时,变为黏稠的暗棕色硫;当温度升到300℃时,又恢复为易流动的液体;当温度升到444.4℃时,沸腾,生成橙黄色的硫蒸气。硫蒸气被急剧冷却时,得到硫的粉末,其与空气混合能产生粉尘爆炸;与卤素、金属粉末接触会发生剧烈反应;与氧化剂接触能形成爆炸性混合物;遇明火、高温易发生燃烧,燃烧时散发有毒、有刺激性气味的二氧化硫气体
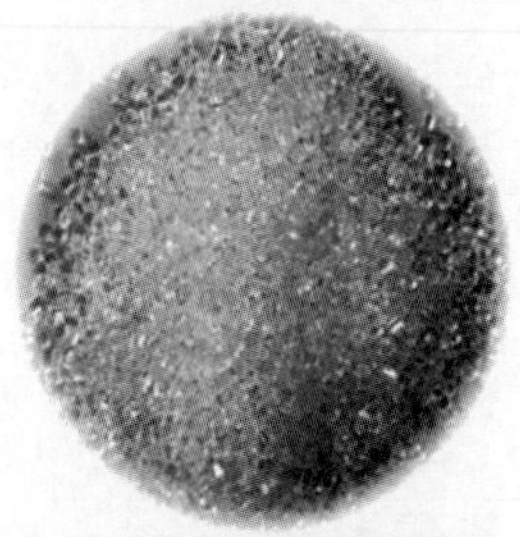	赛璐珞 赛璐珞即硝化纤维塑料,是商业上最早生产的合成塑料,无色透明。其主要成分是纤维素硝酸酯,以及乙醇、樟脑等,具有很强的抗张强度,且耐水、耐油、耐酸。其缺点是易燃,而且燃烧时会释放大量刺激性有毒气体。由于其遇到明火、高热极易燃烧,它最常见的用途是做乒乓球、饰品头饰、乐器装饰和拨片
	松香 松香是松树科植物中的一种油树松脂,外观为淡黄色至淡棕色,有玻璃状光泽,带松节油气味,密度为1.060~1.085g/cm^3。它属于非晶体,没有熔点,软化点(环球法)在72~76℃之间,沸点约300℃(0.67kPa),玻璃化温度T_g为30~38℃,折射率为1.5453。闪点(开杯)为216℃,燃点为480~500℃。在空气中易氧化,色泽变深

④自燃物品:黄磷、白磷、硝化纤维(含胶片)、油纸及其制品等,见表2-9。

自燃物品　　　　　　　　　　　　　　　　　表2-9

图示	名称及介绍
	黄磷 黄磷为白色或浅黄色半透明的固体,有大蒜一样的臭味。暴露空气中在暗处产生绿色磷光和白烟。在湿空气中约40℃时,它会着火;在干燥的空气中,着火温度条件稍高。它的熔点为44.1℃,沸点为280℃,蒸气相对密度为4.3,不溶于水,易溶于脂肪及二硫化碳等有机溶剂
	白磷 白磷是一种磷的单质,化学式为 P_4。其外观为白色或浅黄色半透明的固体,质软,见光颜色变深。其暴露在空气中,在暗处产生绿色磷光和白烟。在湿空气中约40℃时,它会着火;在干燥的空气中,着火温度条件稍高
	硝化纤维 硝化纤维又称纤维素硝酸酯,呈微黄色,外观像纤维。暴露在空气中,能自燃。遇明火、高热情况,极易燃烧、爆炸。与氧化剂和大多数有机胺接触能发生强烈反应,引起燃烧或爆炸
	油纸 油纸是用较韧的原纸,涂上桐油或其他干性油制成的一种加工纸,具有耐折及防水性能,且吸水性好,不反光,不易打滑

⑤遇湿易燃物品:钾、碳化钙、镁铝粉等,见表2-10。

遇湿易燃物品 表2-10

图示	名称及介绍
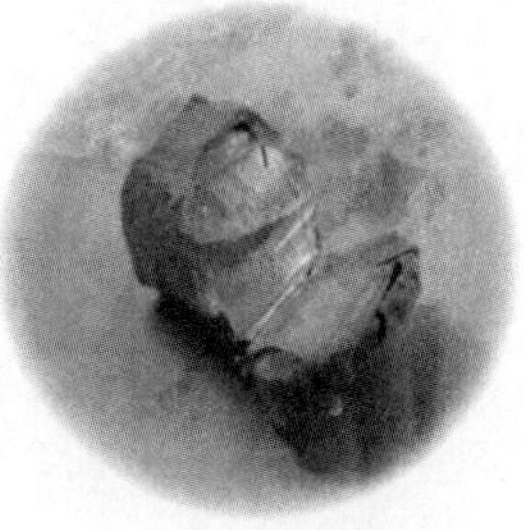	**钾** 钾是一种银白色的软质金属,蜡状,可用小刀切割,熔沸点低,密度比水小,化学性质极度活泼,刚切开的金属钾的表面是银白色的,在空气中暴露几分钟后变灰暗,常储存在煤油里。钾能与氧气化合,生成白色的氧化钾;遇水发生猛烈的化学反应,放出氢气,生成氢氧化钾,甚至燃烧、爆炸
	**碳化钙** 碳化钙,是一种无机化合物,是电石的主要成分,为白色结晶性粉末。其工业品为灰黑色块状物,断面为紫色或灰色。它遇水立即发生激烈反应,生成乙炔,并放出热量
	**镁铝粉** 镁铝粉俗称"银粉",即银色的金属颜料,以纯铝箔加入少量润滑剂,经捣击压碎为鳞状粉末,再经抛光而成。镁铝粉质轻、漂浮力高、遮盖力强、对光和热的反射性能好,经处理可成为非浮型铝粉,可以用来鉴别指纹,还可以制作烟花

⑥氧化剂和有机过氧化物:过氧化钠、过氧化氢(双氧水)、高锰酸钾、氯酸钾等,见表2-11。

氧化剂和有机过氧化物 表2-11

图示	名称及介绍
	**过氧化钠** 过氧化钠为淡黄色颗粒或粉末,加热时变为黄色,极易潮解;与潮湿空气接触,分解为过氧化氢,失效。溶解于水中生成氢氧化钠,释放出氧和大量的热量。过氧化钠具有强腐蚀性,对人体皮肤、眼睛都有害。过氧化钠是强氧化性物品,与乙醇、可燃液体及有机酸类接触,会引起着火和爆炸;遇热或遇水,会分解释放氧气;与有机物及镁、铝、锌粉接触时或撞击、摩擦时,会引起着火或爆炸

续上表

图示	名称及介绍
	过氧化氢 过氧化氢是一种无机化合物,纯过氧化氢是淡蓝色的黏稠液体,可任意比例与水混溶,是一种强氧化剂,其水溶液俗称双氧水,为无色透明液体,适用于医用伤口消毒、环境消毒和食品消毒
	高锰酸钾 高锰酸钾是一种强氧化剂,为黑紫色结晶,带蓝色的金属光泽,无臭,与某些有机物或易氧化物接触,易发生爆炸,溶于水、碱液,微溶于甲醇、丙酮、硫酸。在化学品生产中,广泛用作氧化剂。高锰酸钾可助燃,具腐蚀性、刺激性,可致人体皮肤灼伤
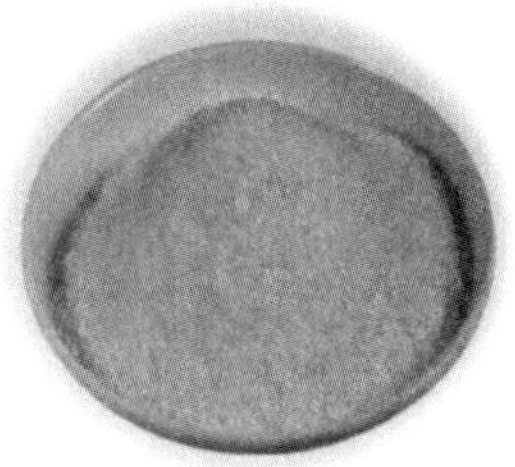	氯酸钾 氯酸钾是一种无机化合物,化学式为 $KClO_3$,为无色或白色结晶性粉末,是强氧化剂。其在常温下稳定,在400℃以上,则分解并释放氧气;与还原剂、有机物、易燃物如硫、磷或金属粉末等混合,可形成爆炸性混合物;急剧加热时,可发生爆炸

3) 毒害品

毒害品是指当其物质进入人体后,累积达一定的量,能与人体体液和器官组织发生生物化学作用或生物物理作用,扰乱或破坏机体的正常生理功能,引起某些器官和系统暂时性或持久性的病理改变,甚至危及生命的物品。

知识链接

毒害品毒性及范围

毒害品包括满足下列条件之一的毒性物质(固体或液体):

1. 口服毒性(急性口服毒性:$LD_{50} \leq 300mg/kg$)

急性口服毒性的 LD_{50} 值(半数致死剂量)是用统计方法得出一种物质的单一剂量。该剂量预期可使50%口服该物质的年轻成年白鼠在14d内死亡。LD_{50} 值以试验物质的质量与试验动物的质量比值表示(mg/kg)。

2. 皮肤接触毒性（急性皮肤接触毒性 $LD_{50} \leqslant 1000mg/kg$）

急性皮肤接触毒性的 LD_{50} 值是使白兔的裸露皮肤持续接触一种物质24h，最可能引起这些试验动物在14d内死亡一半数量的物质剂量。试验动物的数量必须足够大以使结果具有统计意义，并且与良好的药理实践相一致，其结果以 mg/kg 表示。

3. 吸入毒性（急性吸入粉尘和烟雾毒性：$LC_{50} \leqslant 4mg/L$；急性吸入蒸气毒性：$LC_{50} \leqslant 5000mL/m^3$，且在20℃和标准大气压力下的饱和蒸汽浓度大于或等于 $1/5LC_{50}$）

急性吸入毒性的 LC_{50} 值是使雌/雄成年白鼠连续吸入一种物质1h后，最可能引起这些试验动物在14d内死亡一半数量的蒸气、粉尘或烟雾的浓度。就粉尘和烟雾而言，试验结果以 mg/L 空气表示；就蒸气而言，试验结果以 mL/m^3 空气表示。

[资料来源：《危险货物分类和品名编号》（GB 6944—2012）与《危险废物鉴别标准 急性毒性初筛》（GB 5085.2—2007）]

毒害品包含氰化物、三氧化二砷（砒霜）、苯酚、农药等，见表2-12。

毒害品 表2-12

图示	名称及介绍
	氰化物 氰化物特指带有氰基的化合物，分为无机氰化物，如氢氰酸、氰化钾（钠）、氯化氰等，有机氰化物，如乙腈、丙烯腈、正丁腈等，以上均能在体内很快析出离子，均属高毒类。很多氰化物，凡能在加热或与酸作用后或在空气中与组织中释放出氰化氢或氰离子的都具有与氰化氢同样的剧毒作用。氰化氢是一种无色气体，带有淡淡的苦杏仁味。氰化钾和氰化钠都是无色晶体，在潮湿的空气中水解产生氢氰酸，而具有苦杏仁味
	三氧化二砷 三氧化二砷，俗称砒霜，是一种无机化合物，有剧毒，是最具商业价值的砷化合物。它也是最古老的毒物之一，无臭无味，为白色霜状粉末
	苯酚 苯酚俗称石炭酸，是一种有机化合物，具有特殊气味的无色针状晶体，有毒，是生产某些树脂、杀菌剂、防腐剂以及药物（如阿司匹林）的重要原料

续上表

图示	名称及介绍
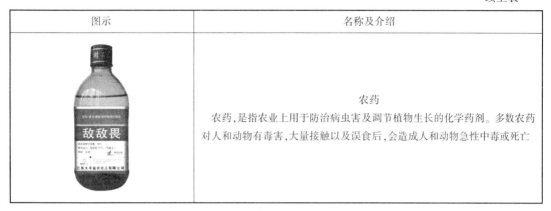	农药 农药,是指农业上用于防治病虫害及调节植物生长的化学药剂。多数农药对人和动物有毒害,大量接触以及误食后,会造成人和动物急性中毒或死亡

> **知识链接**
>
> **扑救毒害品和腐蚀品的对策**
>
> 　　毒害品和腐蚀品对人体都有一定危害。毒害品主要经口吸入蒸气或通过皮肤接触引起人体中毒的。腐蚀品是通过皮肤接触使人体形成化学灼伤。毒害品、腐蚀品有些本身能着火,有的本身并不着火,但与其他可燃物品接触后能着火。这类物品发生火灾一般应采取以下基本对策。
>
> 　　灭火人员必须穿防护服,佩戴防护面具。一般情况下采取全身防护即可,对有特殊要求的物品火灾,应使用专用防护服。考虑到过滤式防毒面具防毒范围的局限性,在扑救毒害品火灾时应尽量使用隔绝式氧气或空气面具。为了在火场上灭火人员能正确使用和适应,平时应进行严格的适应性训练。
>
> 　　积极抢救受伤和被困人员,限制燃烧范围。毒害品、腐蚀品火灾极易造成人员伤亡,灭火人员在采取防护措施后,应立即投入寻找和抢救受伤、被困人员的工作,并努力限制燃烧范围。
>
> 　　扑救时应尽量使用低压水流或雾状水,避免腐蚀品、毒害品溅出。遇酸类或碱类的腐蚀品最好调制相应的中和剂,稀释中和。遇毒害品、腐蚀品容器泄漏,在扑灭火势后应采取堵漏措施。腐蚀品需用防腐材料堵漏。浓硫酸遇水能放出大量的热,会导致沸腾飞溅,需特别注意防护。扑救浓硫酸与其他可燃物品接触发生火灾时,如果浓硫酸数量不多,可用大量低压水快速扑救;如果浓硫酸量很大,应先用二氧化碳、干粉、卤代烷等灭火,然后再把着火物品与浓硫酸分开。

4)腐蚀性物品

腐蚀性物品是指通过化学作用使生物组织接触时造成严重损伤,或在渗漏时会严重损害甚至毁坏其他货物或运载工具的物质,包括满足下列条件之一的物质:

(1)使完好皮肤组织在暴露超过60min、但不超过4h之后开始的最多14d观察期内全厚度毁损的物质。

(2)被判定不引起完好皮肤组织全厚度毁损,但在55℃试验温度下,对钢或铝的表面腐蚀率超过 6.25mm/a 的物质。

常见的腐蚀性物品有盐酸、硫酸、氢氧化钠、碱性蓄电池等,见表 2-13。

腐蚀性物品　　　　　　　　　　　　表 2-13

图示	名称及介绍
	**盐酸** 　　盐酸是氯化氢的水溶液,为无色透明的液体,有强烈的刺鼻气味,具有较强的腐蚀性
	**硫酸** 　　硫酸是一种无机化合物,纯净的硫酸为无色油状液体,在 10.36℃ 条件下结晶。若不慎让硫酸接触到眼睛,可能会造成永久性失明;若不慎误服,则会对体内器官造成不可逆的伤害,甚至会致命。虽然硫酸并不易燃,但当其与金属发生反应后,会释出易燃的氢气,有可能导致爆炸
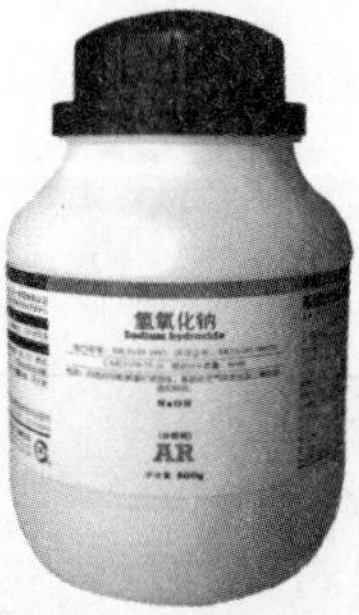	**氢氧化钠** 　　氢氧化钠也称苛性钠、烧碱、火碱,外观为白色结晶性粉末,是一种无机化合物,具有强碱性,腐蚀性极强
	**碱性蓄电池** 　　碱性蓄电池,即电解液是碱性溶液的一种蓄电池。蓄电池的危险在于内部蓄存有电能,运输过程中,电极短路会引起着火,内部酸或碱性介质泄漏而引起腐蚀

5)放射性物质

放射性物质是指含有放射性核素的任何物质。放射性物质一般都是原子质量很高的金属,如铀、镭等。放射性物质放出的射线主要有α射线、β射线和γ射线,射线强度和能量越大、受照射时间越长,人体受伤害的程度就越大。人受到大量射线照射时,可能会产生诸如头晕乏力、食欲减退、恶心、呕吐等症状,严重时会造成身体损伤,基因突变,甚至死亡。

放射性物品包含夜光粉、铀、镭等,见表2-14。

放射性物品　　　　　　　　　　　　　　　　　　表2-14

图示	名称及介绍
	夜光粉 夜光粉(荧光粉)通常分为光致储能夜光粉和带有放射性的夜光粉两类。光致储能夜光粉是荧光粉在受到自然光、日光灯光、紫外光等照射后,把光能储存起来,在停止光照射后,再缓慢地以荧光的方式释放出来。带有放射性的夜光粉,是在荧光粉中掺入放射物质,利用放射性物质不断发出的射线激发荧光粉发光,这类夜光粉发光时间很长,但有毒有害,污染环境
	铀 铀是自然产生的最重的金属,呈银白色,具有硬度强、密度高、可延展、有放射性等特征。一般在铀与氧、氧化物或硅酸盐的结合中能发现铀。铀原子能发生裂变反应,释放大量能量从而可以应用于发电、核武器制造等领域
	镭 镭是银白色有光泽的软金属,具有强放射性。纯的金属镭是几乎无色的,但是暴露在空气中会与氮气反应产生黑色的氮化镭。镭的所有同位素都具有强烈的放射性。当镭衰变时,会产生电离辐射,使得荧光物质发光。镭是居里夫人发现的新元素,该物质的发现对科学界贡献巨大

知识链接

扑救放射性物质火灾的基本对策

放射性物质是一类发射出人类肉眼看不见但却能严重损害人类生命和健康的α射线、β射线、γ射线和中子流的特殊物质。扑救这类物质引发的火灾必须采取特殊的能防护射线照射的措施。平时生产、经营、储存、运输、使用这类物质的单位及消防部门,应配备一定数量防护装备和放射性测试仪器。遇到这类物质引发的火灾,一般应采取以下基本对策。

> 先派出精干人员携带放射性测试仪器,测试辐射(剂)量和范围。测试人员应尽可能地采取不同的防护措施。
>
> 对辐射(剂)量超过 0.0387C/kg 的区域,应设置写有"危及生命、禁止进入"的警告标志牌。灭火人员不能深入辐射源纵深灭火。
>
> 对辐射(剂)量小于 0.0387C/kg 的区域,应设置写有"辐射危险、请勿接近"的警告标志牌。测试人员还应进行不间断的巡回监测。灭火人员可快速用水灭火或用泡沫、二氧化碳、干粉、卤代烷扑救,并积极抢救受伤人员。

6)感染性物品

感染性物品主要包括以下几类:

(1)感染性物质:已知含有或有理由认为含有病原体的物质。病菌是指会使人类或动物感染疾病的微生物(包括细菌、病毒、立克次氏体、寄生虫、真菌等)或其他媒介物,如朊病毒。

(2)生物制品:生物制品指应用普通的或以基因工程、细胞工程、蛋白质工程、发酵工程等生物技术获得的微生物、细胞及各种动物、人源组织或液体等生物材料制备的产品,常用于人类疾病预防、治疗和诊断,或者用于与此类活动有关的开发、试验或调查目的的药品。生物制品包括但不限于成品或未完成品,如疫苗等。

(3)培养物:培养物指在一定时间、一定空间内微生物生成的细胞群或生长物。如微生物的斜面培养物、摇瓶培养物等,或在人为规定的条件下培养、繁殖得到的微生物群体。

(4)病患标本:为了研究、诊断、调查活动及疾病治疗与预防为目的,直接从人或动物身上采集的人体或动物体物质。

(5)医学或临床废弃物:对动物或人进行医疗、生物研究等生产的废弃物。

感染性物质包含细菌(表 2-15)、病毒、寄生虫、真菌、病患标本等。

感染性物质 表 2-15

图示	名称及介绍
	细菌 细菌是指生物的主要类群之一,细菌的形状相当多样,主要有球状、杆状以及螺旋状。细菌是许多疾病的病原体,可以通过各种方式,如接触、消化道、呼吸道、昆虫叮咬等在正常人体间传播疾病,具有较强的传染性,对社会危害极大

7)杂项危险物质和物品

杂项危险物质和物品是指存在危险但不能满足其他类别定义的物质和物品,包括:

(1) 以细微粉尘吸入可危害健康的物质,如 UN2212、UN2590。

(2) 会放出易燃气体的物质,如 UN2211、UN3314。

(3) 锂电池组,如 UN3090、UN3091、UN3481。

(4) 救生设备,如 UN2990、UN3072、UN3268。

(5) 一旦发生火灾可形成二噁英的物质和物品,如 UN2315、UN3432、UN3151、UN3152。

(6) 在高温下运输或交付运输的物质,是指在液态温度达到或超过 100℃,或固态温度达到或超过 240℃ 条件下运输的物质,如 UN3257、UN3258。

(7) 危害环境物质,包括污染水生环境的液体或固体物质,以及这类物质的混合物(如制剂和废物),如 UN3077、UN3082。

(8) 不符合毒害品或者感染性物质定义的经基因修改的微生物和生物体,如 UN3245。

(9) 其他,如 UN1841、UN1845、UN1931、UN1941、UN1990、UN2071、UN2216、UN2807、UN2969、UN3166、UN3171、UN3316、UN3334、UN3335、UN3359、UN3363。

联合国危险货物编号对应的物质见中华人民共和国国家标准《危险货物品名表》(GB 12268—2012)。

2.2 禁止携带物品分类及介绍

2.2.1 管制器具

1) 管制刀具

各地对管制刀具的规定不一致,公安部关于印发《管制刀具认定标准》的通知(公通字〔2007〕2 号)中发布的《管制刀具认定标准》适用于更多城市。以重庆为例,《重庆市轨道交通禁止限制携带物品目录》中明确规定管制刀具(匕首、三棱刮刀、带有自锁装置的弹簧刀(跳刀),刀尖角度小于 60°、刀身长度超过 150mm 的各类单刃、双刃和多刃刀具,刀尖角度大于 60°,刀身长度超过 220mm 的各类单刃、双刃和多刃刀具,以及符合上述条件的陶瓷类刀具等)禁止携带进入轨道交通安保区域。

(1) 刀具的术语说明。

①刀柄:是指刀上被用于握持的部分。

②刀格(挡手):是指刀上用于隔离刀柄与刀身的部分。

③刀身:是指刀上用于完成切、削、刺等功能的部分。

④血槽:指刀身上的专用刻槽。

⑤刀尖角度:是指刀刃与刀背(另一侧刀刃)上距离刀尖顶点 10mm 的点与刀尖顶点形成的角度。

⑥刀刃(刃口):是指刀身上用于切削砍的一边,一般情况下刃口厚度小于 0.5mm。

(2) 各类刀具说明。

①匕首:带有刀柄、刀格和血槽的刀具,刀尖角度小于 60°的单刃、双刃或多刃尖刀,如图 2-1 所示。

② 三棱刮刀：具有 3 个刀刃的机械加工刀具，如图 2-2 所示。

图 2-1　匕首　　　　　　　　图 2-2　三棱刮刀

③ 带有自锁装置的弹簧刀（跳刀）：刀身展开或弹出后，可被刀柄内的弹簧或卡锁固定自锁的折叠刀具，如图 2-3 所示。

图 2-3　带有自锁装置的弹簧刀（跳刀）

④ 其他相类似的单刃、双刃、三棱尖刀：刀尖角度小于 60°，刀身长度超过 150mm 的各类单刃、双刃和多刃刀具，如图 2-4 所示。

图 2-4　其他相类似的单刃、双刃、三棱尖刀

⑤ 其他刀尖角度大于 60°，刀身长度超过 220mm 的各类单刃、双刃和多刃刀具，如图 2-5 所示。

图 2-5　其他符合条件的刀具

⑥ 未开刀刃且刀尖倒角半径大于 2.5mm 的各类武术、工艺、礼品等刀具，不属于管制刀具范畴，如图 2-6 所示。

a) 武术刀具　　　　b) 工艺刀具　　　　c) 礼品刀具

图 2-6　武术、工艺、礼品刀具

⑦ 少数民族使用的藏刀、腰刀、靴刀、马刀等刀具的管制范围认定标准，由少数民族自治区（自治州、自治县）人民政府公安机关参照本标准制定，如图 2-7 所示。

a) 藏刀　　　　　　　b) 腰刀　　　　　　　c) 马刀

图 2-7　少数民族使用的藏刀、腰刀、马刀

2）其他器具

其他器具如警棍、甩棍、手铐、电击器、警绳等，如图 2-8 所示。

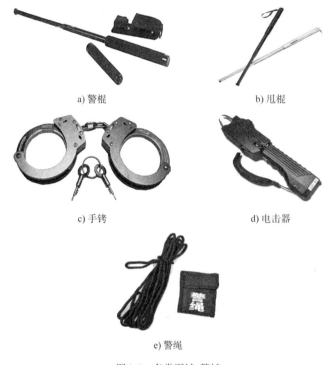

a) 警棍　　　　　　　　　　b) 甩棍

c) 手铐　　　　　　　　　　d) 电击器

e) 警绳

图 2-8　各类军械、警械

2.2.2　枪支

枪支是指利用火药燃气能量发射弹丸，口径小于 20mm（口径大于 20mm 定义为火炮）的身管射击武器。枪支以发射枪弹、打击无防护或者弱防护的有生目标为主，是步兵的主要武器，也是其他兵种的辅助武器。在民间，枪支还广泛用于治安警卫、狩猎、体育比赛。

1）各类枪支及其实物图

（1）军用枪、公务用枪：手枪、步枪、冲锋枪、机枪、防暴枪等及各类配用子弹，如图 2-9 所示。

（2）民用枪：气枪、猎枪、运动枪、麻醉注射枪等及各类配用子弹，如图 2-10 所示。

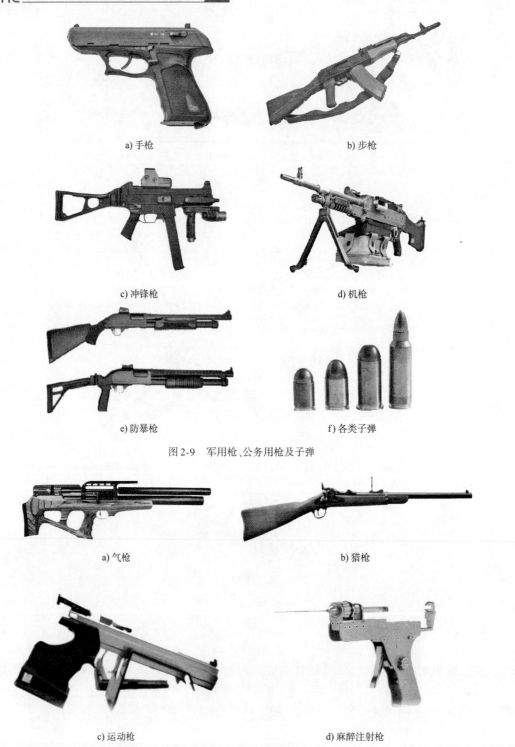

图 2-9 军用枪、公务用枪及子弹

图 2-10 各类民用枪

(3)其他枪:道具枪、发令枪、钢珠枪、电击枪、催泪枪等及各类配用子弹,如图 2-11 所示。

图 2-11 其他枪

（4）上述物品的样品、仿制品。

> **知识链接**
>
> ### 仿真枪认定标准
>
> 一、凡符合以下条件之一的，可以认定为仿真枪：
>
> 1. 符合《中华人民共和国枪支管理法》规定的枪支构成要件，所发射金属弹丸或其他物质的枪口比动能小于 $1.8J/cm^2$（不含本数）、大于 $0.16J/cm^2$（不含本数）的。
>
> 2. 具备枪支外形特征，并且具有与制式枪支材质和功能相似的枪管、枪机、机匣或者击发等机构之一的。
>
> 3. 外形、颜色与制式枪支相同或者近似，并且外形长度尺寸介于相应制式枪支全枪长度尺寸的 1/2 与 1 倍之间的。

二、枪口比动能的计算

按照《枪支致伤力的法庭科学鉴定判据》规定的计算方法执行。

三、术语解释

1. 制式枪支：国内制造的制式枪支是指已完成定型试验，并且经军队或国家有关主管部门批准投入装备、使用(含外贸出口)的各类枪支。国外制造的制式枪支是指制造商已完成定型试验，并且装备、使用或投入市场销售的各类枪支。

2. 全枪长：是指从枪管口部至枪托或枪机框(适用于无枪托的枪支)底部的长度。

（资料来源：公安部关于印发《仿真枪认定标准》的通知）

2.3 限制携带物品分类及介绍

2.3.1 民用生活生产工具

（1）菜刀、水果刀、餐刀、剪刀、工艺刀、工具刀等刀具，菜刀单品刀刃部分在20cm以下，其他单品刀刃部分在10cm以下，并且在包装完好或采取其他必要防护措施情况下，单品限量携带1把，累计限量携带不得超过3把，如图2-12所示。

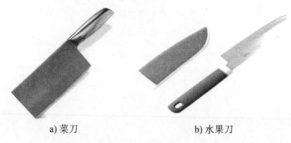

a) 菜刀　　　　　　b) 水果刀

图2-12　菜刀、水果刀

（2）斧头、锤子、钢(铁)锉、锥子(尖锐物)、铁棍等锐器、钝器，长度在25cm以下，并且在包装完好或采取其他必要防护措施情况下，单品限量携带1把，累计限量携带不得超过3把，如图2-13所示。

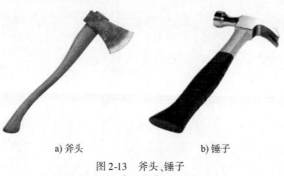

a) 斧头　　　　　　b) 锤子

图2-13　斧头、锤子

2.3.2 含有易燃易爆物质的生活用品

(1) 包装密封完好、标识清晰且酒精体积百分含量大于或等于24%、小于或等于70%的酒类饮品累计不超过3000mL。

(2) 香水、花露水、喷雾、凝胶等含易燃成分的非自喷压力容器日用品,单体容器容积不超过100mL,每种限带1件,如图2-14所示。

(3) 指甲油、去光剂累计不超过50mL。

(4) 冷烫精、染发剂、摩丝、发胶、杀虫剂、空气清新剂等自喷压力容器,单体容器容积不超过150mL,每种限带1件,累计不超过600mL,如图2-15所示。

a) 香水　　　　b) 凝胶　　　　　　　a) 摩丝　　　　b) 空气清新剂

图2-14　非自喷压力容器日用品　　　　图2-15　自喷压力容器

(5) 安全火柴不超过2小盒,普通打火机不超过2个。

(6) 标志清晰的充电宝、锂电池数量不超过5块,单块额定能量不超过100W·h(如未直接标注额定能量W·h,则可以按照W·h = V×mA·h/1000计算),含有锂电池的电动轮椅除外,如图2-16所示。

a) 充电宝　　　　b) 锂电池

图2-16　充电宝、锂电池

2.3.3 其他物品

(1) 有强烈刺激性或恶臭气味的物品。
(2) 容易引起乘客恐慌情绪的物品。
(3) 活动物(导盲犬、军警犬除外),如宠物、家禽等。
(4) 可能干扰列车运行的强磁化物。

注意:乘客携带的物品重量不得超过20kg,长、宽、高之和不得超过2m。

回顾

一、选择题

1. 标志清晰的充电宝、锂电池单块额定能量不超过(　　)W·h。
   A. 50　　　　　　B. 75　　　　　　C. 100　　　　　　D. 125

2. 包装密封完好、标识清晰且酒精体积百分含量大于或等于24%、小于或等于70%的酒类饮品累计不超过(　　)mL。
   A. 1000　　　　　B. 2000　　　　　C. 3000　　　　　D. 4000

3. 带有刀柄、刀格和血槽、刀尖角度小于(　　)的单刃、双刃或多刃尖刀属于管制刀具。
   A. 50°　　　　　　B. 60°　　　　　　C. 70°　　　　　　D. 80°

4. 下列属于毒害品的是(　　)。
   A. 赛璐珞　　　　B. 香蕉水　　　　C. 松香油　　　　D. 苯酚

5. 限制携带物品中,打火机累计携带不得超过(　　)个。
   A. 2　　　　　　　B. 3　　　　　　　C. 4　　　　　　　D. 5

二、简答题

1. 说明危险品的分类,并列举对应物品(每类任意3项)。
2. 举例说明限制携带物品的类别及常见对应物品(每类任意3项)。
3. 易燃液体有何特点?
4. 简述管制刀具的规格。

第3章
安检设施设备及操作

导读

知识目标

1. 掌握通道式X射线安检机、金属探测门、液体检测仪、爆炸物及毒品检测仪、手持式金属探测器的工作原理及相关使用操作基础知识。
2. 掌握危险品及禁止限制携带物品在通道式X射线安检机中的图像识别方法。
3. 熟悉各类安检设备的维修及保养要点。
4. 了解智慧安防、智慧安检系统的技术发展新趋势。

案例分析

1. 案例描述

2017年11月8日18时20分许,某地地铁三号线某站C入口安检机发生故障,乘客被导流到另一入口处等待安检进站。恰逢交通晚高峰,等候进站的乘客排起长队。除C口的乘客外,还有大量乘客从其他入口进站,有个别乘客因排队秩序发生争执,工作人员一边解释一边忙着维持秩序。18时30分,维修人员对安检机进行维修,维修时间大约需要1h。

2. 案例分析

在上述案例中,因安检机发生故障导致大量乘客滞留拥堵,严重影响了城市轨道交通的通行质量,造成时间延误,影响了乘客的日常出行。

3. 案例思考

(1)安检工作都涉及哪些安检设施设备?分别有怎样的功能和操作流程?
(2)安检设备发生故障时应如何解决?

3.1　安检机

安检机是安检过程中最常见的安全检查设备,广泛应用于机场、车站、城市轨道交通站点及商业建筑、政府机构等公共场所的安全检查工作。安检机按检测原理可分为X射线安检机、毫米波安检仪、太赫兹成像仪等多种类型。其中,使用最广泛的X射线安检机又可分通道式和便携式两种。本章主要以通道式 X 射线安检机为例进行讲解，如图 3-1 所示。通道式 X 射线安检机利用 X 射线技术能够透过包装显示物品内部结构图像,采用点、线扫描原理生成影像以检测是否存在危险品。

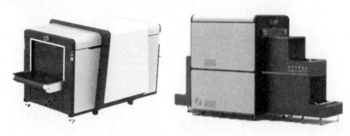

图 3-1　通道式 X 射线安检机

通过 X 射线技术,能够检测出金属物品、液体、塑料、陶瓷、爆炸物质、毒品、武器等乘客所携带的非法物品。一些先进的通道式 X 射线安检机具备自动识别算法,能够自动识别被扫描物体内的可疑物品并发出警报,提高了安检效率。

通道式 X 射线安检机的辐射剂量在国际安全标准范围内,属于低危险射线装置,辐射量远小于医学 X 光机,不会对人体造成伤害。使用通道式 X 射线安检机时,必须遵守相关安全规定和操作规程,以保证操作人员和被检人员的安全。在通道式 X 射线安检机的使用过程中,安检人员应加强安检机的管理和维护,定期对设备进行检查和维修,确保设备的正常运行。同时,应遵守相关法规和隐私保护政策,确保个人隐私安全。

通道式 X 射线安检机按尺寸类型、检测物品类型、使用场景等特征可分为小型通道、中型通道和大型通道 3 种类型,见表 3-1。

通道式 X 射线安检机分类　　　　　　　　　　表 3-1

通道类型	常见通道尺寸	产品图	被检测物品类型	常见的使用场景
小型通道	420mm×330mm 500mm×300mm 650mm×550mm		检测行李包裹、随身物品	客运量较小的城市轨道交通站点,室内展馆等
中型通道	100mm×100mm 100mm×80mm		检测行李包裹、行李箱等乘客大件物品	客运量较大的高速铁路车站及城市轨道交通站点
大型通道	140mm×100mm 150mm×180mm		检测大型货物包裹	铁路货运等

3.1.1 通道式 X 射线安检机的工作原理

1) X 射线的概念

X 射线是一种频率极高、波长极短、能量很大的电磁波,其波长范围为 0.001~10nm。它的波长比可见光的波长短,介于紫外线和 γ 射线之间。它的光子能量比可见光的光子能量大几万倍至几十万倍。波长大于 0.1nm 的 X 射线被称为软 X 射线;波长短于 0.1nm 的 X 射线被称为硬 X 射线。波长较短的硬 X 射线能量较高,穿透性较强,适用于金属部件的无损探伤及金属物相分析;波长较长的软 X 射线能量较低,穿透力弱,可用于非金属的分析。见表 3-2。

电磁波谱示意表 表 3-2

波段		波长
γ 射线		<0.001nm
X 射线	硬 X 射线	0.001~0.1nm
	软 X 射线	0.1~10nm
紫外线		10nm~0.38μm
可见光(0.38~0.76μm)	紫色	0.38~0.43μm
	蓝色	0.43~0.47μm
	青色	0.47~0.50μm
	绿色	0.50~0.56μm
	黄色	0.56~0.59μm
	橙色	0.59~0.62μm
	红色	0.62~0.76μm
红外波段(0.76~1000μm)	近红外	0.76~3μm
	中红外	3~6μm
	远红外	6~15μm
	超远红外	15~1000μm
微波		1mm~1m
无线电波	超短波	1~10m
	短波和中波	10~3000m
	长波	>3000m

2) X 射线的物理特性

(1) 穿透作用:X 射线通过物质时,因其波长短、能量大,大部分不会被物质吸收,而由原子间隙透过。X 射线的穿透力与物质密度有关,利用差别吸收性质可以把密度不同的物质区分开来。不同射线穿透能力示意图如图 3-2 所示。

(2) 感光作用:同可见光一样,X 射线能使胶片感光。当 X 射线照射到胶片上的溴化银时,能使银离子被还原成金属银,并沉积于胶片的胶膜内,从而产生感光作用。

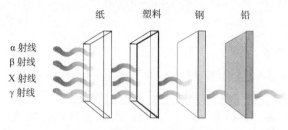

图3-2 不同射线穿透能力示意图

(3)荧光作用:X射线波长很短,远低于可见光400~780nm的波长范围。它照射到某些化合物如磷、铂氰化钡、硫化锌镉、钨酸钙等时,可使物质产生荧光作用,利用荧光作用可制成荧光屏。

(4)电离作用:物质受X射线照射时,可使核外电子脱离原子轨道产生电离。利用电离电荷的多少可测定X射线的照射量,根据这一原理制成了X射线测量仪器。

3)设备原理及图像形成

通道式X射线安检机是利用X射线的穿透性对被检物品进行成像,物品进入安检机通道后,检测装置将相关信息送至控制单元,安检机的X射线管经通电加热使钨丝制成的阴极发射热电子,经高压电场作用下加速轰击靶极(通常由高熔点金属钨制成)从而产生一束高能量的X射线。X射线经过射线管后穿透被检物体并照射到探测器上,被探测器接收和记录。探测器将接收到的X射线信号转化成电信号,并传递给信号处理系统。信号处理系统对电信号进行处理,通过算法将接收到的X射线信号转化为图像。生成的图像显示在监视屏上,安检人员通过图像来判断被检物品是否是可疑物品。通道式X射线安检机工作原理及流程图如图3-3所示。

通道式X射线安检机之所以能使物品在监视屏上形成影像,是基于X射线的穿透性、荧光性和感光效应。同时通道式X射线安检机根据物质具有的不同的原子序数,赋予物质不同的颜色,密度大的物质,对X射线吸收多,透少;密度小者,吸少,透过多。尺寸越厚的物质越不容易穿透,有效原子序数越大的物质越不容易穿透。X射线一般对不同物质的穿透力不一样,因此,成像的颜色存在差异。X射线正是基于行李物品中不同物质对X射线吸收特性的差异,通过检测物质的有效原子序数,根据自身的图像处理功能和色彩配置方案,呈现行李物品的X射线图像。

通道式X射线安检机图像颜色根据行李物品材料的不同分为橙色、绿色和蓝色3类,其中,橙色代表有效原子序数小于10的轻质元素及其组成的有机物,如食品、纺织品、水、炸药等;绿色一般代表有效原子序数为10~18的中质量元素,如钠、钾、硫、磷等;蓝色代表有效原子序数大于18的重质金属,如铁、锌、镍等。

需要注意的是,在实际工作中,物质往往都是混合叠加的,同时因尺寸各异,对X射线的吸收特性也存在较大差异,并不严格遵循上述规律。因此,在通道式X射线安检机检查中,密度或尺寸过大的物品,其X射线图像将呈现黑色或黑红色。通道式X射线安检机只能提供被检行李物品的图像,安检人员要通过观察X射线图像呈现的物品颜色和轮廓判断被检物品种类。因此,为了保障检查的准确度和检查效率,通道式 X 射线安检机的操作人员需要具备相关的知识背景,尤其是长期积累的丰富工作经验。

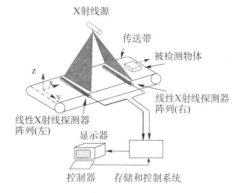

a) 通道式X射线安检机工作原理图

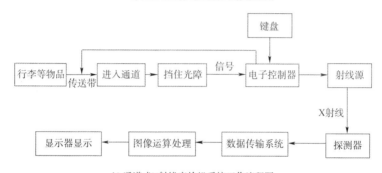

b) 通道式X射线安检机系统工作流程图

图 3-3　通道式 X 射线安检机工作原理及流程图

3.1.2　通道式 X 射线安检机的结构及主要功能

1) 通道式 X 射线安检机的结构

(1) 通道式 X 射线安检机外观结构。

常见的通道式 X 射线安检机的整体外观、部分设备外观、元器件布置图、操作按键分布分别如图 3-4～图 3-7 所示。

图 3-4　通道式 X 射线安检机整体外观图

a) 通道式X射线安检机通道正面图

b) 通道式X射线安检机操作计算机

c) 通道式X射线安检机识图工作台

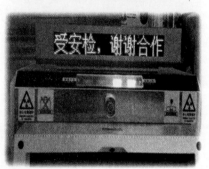
d) LED显示屏

图 3-5　通道式 X 射线安检机部分设备外观图

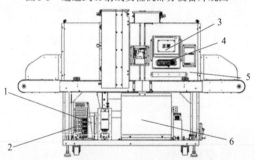

图 3-6　通道式 X 射线安检机电器元件布置图

1-变压器；2-工控机；3-主控制电路板；4-配电板；5-直流电源；6-X 射线发射器

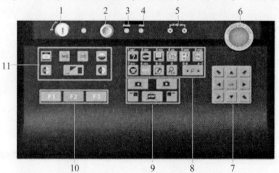

图 3-7　通道式 X 射线安检机操作控制盘各功能键分布

1-钥匙开关；2-电源按钮；3-电源指示灯；4-自检等待指示灯；5-X 射线指示灯；6-紧急停止开关；7-导航键区；8-功能键；9-传送控制键；10-自定义功能组键；11-图像处理功能键

（2）通道式 X 射线安检机系统结构。

通道式 X 射线安检机的系统由硬件系统和软件系统两部分组成。

①硬件系统组成。

通道式 X 射线安检机硬件部分主要由 X 光机分系统、探测器和数据采集分系统、机械传送分系统、电气控制分系统、运行检查分系统和辐射防护分系统组成，如图 3-8 所示。

A. X 光机分系统。

X 光机分系统产生辐射成像所需的 X 射线。它采用 X 射线发射器和 X 射线控制器一体化设计。

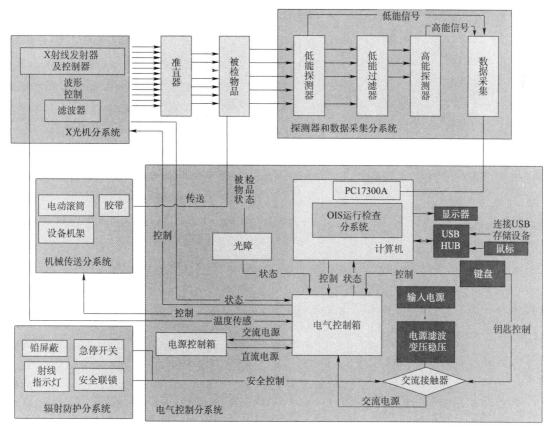

图 3-8　通道式 X 射线安检机系统结构组成和功能框图

X 射线发射器主要包括 X 射线管、高压硅堆、高压电容、高压变压器、分压器、铅屏蔽、高压发生器和全封闭油冷装置。其中 X 射线管是核心部件，用于产生 X 射线。

X 射线控制器主要包括高压和管电流控制电路。高压调节主要用于控制 X 射线能谱分布，管电流调节主要用于控制 X 射线强度。

B. 探测器和数据采集分系统。

探测器模块采用 L 形分布排列，可以探测通道内整个成像截面的射线信号，通道内不存在扫描死角。

图像采集系统是将探测器输出的微弱电流信号转换为数字图像信号，获得用于图像重建所需的数据,然后通过外接通信模块将数据传送到计算机。

C. 机械传送分系统。

机械传送分系统以恒定速度(0.2m/s)传送被检物品,使被检物品以线扫描工作方式进行成像。

机械传送分系统主要包括电动滚筒、胶带、胶带张紧和跑偏调节装置等。

D. 电气控制分系统。

电气控制分系统提供人机交互功能,实现机械传送系统的电气控制,控制并同步X光机分系统出束和信号采集处理过程,同时提供系统安全联锁机制,其主要由工控机、配电板、主控制电路板、转接电路、光电传感器、变压器、稳压器、变频器、不间断电源(UPS)等组成。

E. 运行检查分系统。

运行检查分系统主要指光学成像稳定器(OIS)运行检查软件,实现图像重建、增强处理和图像管理等功能,同时控制并记录系统运行状态。

F. 辐射防护分系统。

辐射防护分系统保证设备环境辐射剂量率符合所有国际、国内已发布的健康安全标准,同时提供系统安全联锁和警示装置。辐射防护分系统主要采取以下方法和安全装置保障系统辐射安全:

a. 提供全封闭的铅屏蔽,包括通道进出口端的双层铅门帘防护,阻止射线泄漏,铅门帘如图3-9所示。

图3-9　通道式X射线安检机铅门帘

b. 通道进出口的防护罩能够防止乘客取、放包裹时误将手伸入通道内,从而有效防止误照射的发生。

c. 通道进出口端及专用键盘都配置急停开关,按下后可迅速切断X射线发射器和传送装置电源。

d. X光机分系统两侧罩板都配置安全联锁开关,罩板未完全闭合时X射线发生器和皮带滚筒无法上电,从而不会有射线泄漏。

e. 设备通道进出口端及专用键盘都配置X射线出束指示灯,当X射线出束时,指示灯亮起,起到警示作用。

② 软件系统组成。

软件系统主要由操作系统、驱动程序、安检系统软件组成。

由软件将传输过来的信号进行复杂的数据处理,将处理后的图像显示在屏幕上,供操作人员进行物品的辨别。软件提供边缘增强、反色显示、伪彩色、局部穿透增强等图像处理功能,便于对违禁物品进行识别,同时具有图像回拉、放大等图像处理功能及图像存储功能。

以 CX6550BI 型安检机为例介绍通道式 X 射线安检机的各类指标及功能参数见表 3-3。

CX6550BI 型安检机各类指标及功能参数　　　　　表 3-3

基本技术指标	
通道尺寸	655mm(宽)×503mm(高)
传送速度	0.20m/s
传送带高度	680mm
最大载荷	160kg(均匀分布)
主要性能指标	
丝分辨力	40AWG(0.787mm 金属丝)
穿透力	40mm 钢板
单次检查剂量	<2μSv
显示分辨率	1280×1024
图像处理功能	
图像处理	黑白、反色、高能穿透、低能穿透、有机物剔除、无机物剔除、超级增强、可变吸收率、伪彩色等
物质分辨	有机物(橙色);无机物(蓝色);混合物和轻金属(绿色)
选区与放大	任意选区,放大 1~32 倍,支持连续放大
图像回拉	已检查图像回放
图像存储能力	至少 50000 幅图像
辅助功能	日期/时间显示,行李计数,用户管理,系统工作计时,射线出束计时,上电自检,图像存储检索,维护诊断,双向扫描
辐射安全	
X 射线泄漏剂量率	<1μSv/h(距离外壳5cm 处)
胶卷安全	符合 ASA/ISO1600 标准胶卷安全
安装数据	
外形尺寸	2042mm(长)×920mm(宽)×1400mm(高)
重量	600kg
储藏温度/相对湿度	-40~+60℃/5%~95%(不结露)
运行温度/相对湿度	0~+40℃/5%~95%(不结露)
电源	交流 220V(-15%~+10%),50Hz±3Hz
功耗	1kV·A

2)通道式 X 射线安检机的主要功能

(1)图像处理功能。

安检机系统软件提供多种实用的图像处理功能,辅助图像识别和判断。

①彩色显示。分别用橙色、蓝色、绿色显示有机物、无机物和混合物(或轻金属),颜色的饱和度表现物体的吸收率。

②黑白显示。用不同灰度级表现物体不同的吸收率。系统综合利用高能和低能探测器采集的数据,可以同时增强高吸收率物质区域和低吸收率物质区域的分辨能力。

③有机物剔除。有机物显示为灰度图像;无机物和被较薄有机物覆盖的无机物颜色不变,将被突出显示。

④无机物剔除。无机物显示为灰度图像;有机物和被较薄无机物覆盖的有机物颜色不变,将被突出显示。

⑤有机物显示。无机物及混合物(或轻金属)显示为灰度图像,有机物颜色不变,将被突出显示。

⑥高能穿透。增强高吸收率物质(难穿透物质)的对比度,突出难穿透物质背景下的细节显示效果。

⑦对数变换。通过非线性变换增强高吸收率物质(难穿透物质)的对比度,物质吸收率越高,显示对比度越高,可以增强难穿透物质背景下的细节显示效果,如图 3-10 所示。

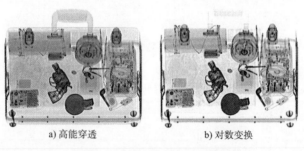

a) 高能穿透　　　　b) 对数变换

图 3-10　高能穿透和对数变换图

⑧低能穿透。提高低吸收率物质(易穿透物质)的对比度,使易穿透物质显示更加清晰。

⑨指数变换。通过非线性变换提高低吸收率物质(易穿透物质)的对比度,物体吸收率越低,显示对比度越高,图像越清晰。

⑩图像反色。彩色图像颜色基调不变,饱和度取反,黑白图像灰度值取反,即吸收率高的物体显示为亮或白色,吸收率低的物体显示为深色或黑色。因为人眼对亮色或白色图像的分辨能力更高,所以图像反色功能可以增强高吸收率物体(密度或厚度较高)区域的图像显示效果,如图 3-11 所示。

⑪图像渐变。连续改变黑白图像的灰度值,使物体结构轮廓更加清晰可辨。

⑫锐化处理。增强图像边缘和灰度跳变区域对比度,使图像中结构轮廓信息更加突出清晰。

⑬平滑处理。过滤去除图像噪声,使图像显示更流畅自然,如图 3-12 所示。

⑭超级增强。同时增强易穿透物质和难穿透物质的显示效果,获得整幅图像的最佳对

比度,如图3-13所示。

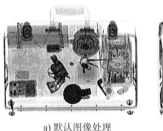 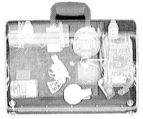

a) 默认图像处理　　　　　　b) 图像反色

图3-11　图像反色对比图

a) 锐化处理　　　　　　b) 平滑处理

图3-12　锐化处理和平滑处理图

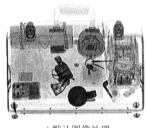 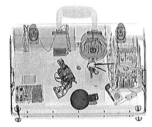

a) 默认图像处理　　　　　　b) 超级增强

图3-13　超级增强对比图

⑮可变吸收率。增强图像中某一段吸收率范围的显示对比度。可以向高吸收率方向或低吸收率方向移动突出显示的吸收率范围,吸收率越高的区域,突出显示范围越窄。

⑯伪彩色显示。因为人眼对图像中不同颜色的分辨能力要好于对不同灰度值的区分,所以伪彩色显示,即将不同吸收率的物质(不同灰度值)用不同的颜色表现出来,可以提高物体结构轮廓的清晰度,图像层次感更好。此外,不同的颜色配置方案,可以实现对吸收率较高物质或吸收率较低物质的突出显示。

⑰图像放大。支持普通放大、连续放大和局部放大(类似放大镜功能)多种放大方式。其中,连续放大可以通过转动鼠标滑轮实现,放大区域可以任意选取,操作简单方便;局部放大类似放大镜功能,只有鼠标中心附近区域图像被放大显示,如图3-14所示。

(2)辅助探测功能。

①OIS运行检查软件提供爆炸物和毒品辅助探测功能,当根据有效原子序数信息判断被检物品含疑似爆炸物或毒品物质时,系统报警并用指定颜色方框标记嫌疑区域。

②OIS 运行检查软件同时具备高密度报警功能,当被检物品吸收率很高造成图像无法分辨时,系统报警并用指定颜色方框标记穿不透区域。

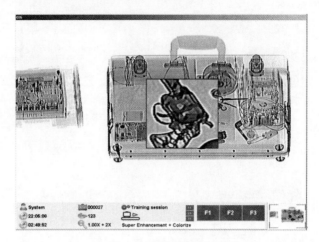

图 3-14 图像局部放大

(3)图像管理功能。

①通过自动保存、手动保存、嫌疑保存多种方式存储物体扫描图像;存储空间不足时,自动删除自动保存方式存储的历史图像。

②可以根据扫描时间、操作人员 ID、图像存储方式等检索条件进行图像查询。

③提供图像转存功能,可以将专用 X 射线图像格式转存为 JPG、BMP、TIF、GIF 等通用图像格式。

(4)危险品图像插入功能。

①危险品图像插入功能可以自动、随机在被检物品检查过程中插入虚拟的危险品图像,帮助训练和考核操作人员的图像识别能力。

②危险品图像可以选择在被检物品图像之间插入虚拟包裹图像方式,也可以选择将虚拟危险品插入到被检物品图像中。

③高级管理人员可以指定插入危险品图像的类别和频率。

(5)用户管理功能。

①用户按照权限可以分为操作人员、管理人员和维修人员 3 类。

②系统管理人员可以新建、删除用户或修改用户信息。

③默认权限设置下,管理人员除操作人员权限外,还具备系统设置和管理权限;维修人员除操作人员权限外,还具备系统维护诊断权限;此外,用户权限还可以由管理人员根据使用要求进行增减。

④设备启动时可以选择用户登录方式或默认用户登录方式,默认用户登录方式无须输入用户名和密码,即可直接登录 OIS 运行检查软件。

(6)日志管理功能。

①系统日志记录所有用户登录、注销、检查包裹数、图像标记数、TIP 考核以及 X 光机出束时间等信息。

②可以根据用户 ID、时间范围等条件检索日志信息。

③日志提供按照天、周、月、季度等时间单位进行信息统计汇总功能,汇总信息可以通过 USB 存储设备导出。

(7)设备诊断功能。

①提供设备上电自诊断功能。

②提供 X 射线源高压、束流等主要指标的监测与诊断,并可以查询射线源累积上电及出束时间。

③提供探测器阵列测试诊断功能。

④提供专用键盘测试功能。

⑤提供胶带控制及红外光障测试诊断功能。

⑥提供设备通信测试功能。

3.1.3 通道式 X 射线安检机的使用操作

1)通道式 X 射线安检机操作流程

(1)开机前检查流程。

①检查通道式 X 射线安检机的外壳面板、盖板、铅门帘、传送带是否完好,传送带表面是否有开裂现象,入口铅门帘是否有明显间隙和破损。

②检查通道内是否有杂物、遗留物品,是否有物体遮挡住光障,如图 3-15 所示。

图 3-15　系统清空通道检查提示框

③检查 3 个急停开关是否可以按动,并处于旋起状态。

④检查设备是否接地:

A. 交流电源规格:单相三线(L、N、PE),220V AC(-15% , +10%),50Hz(±3Hz),电源容量不小于 1.5kV·A,配备可选件变频器后,可适用于电源频率 50Hz/60Hz(±3Hz),配备可选件变压器后,可适用丁电源电压 100~240V;

B. 确认现场提供的电源的规格与本系统规定的相符合;

C. 确认现场提供的电源插座有可靠的接地线,接地电阻小于 4Ω;

D. 认真检查设备各部分的电气连接,确保连接正确,电源没有短路及断路等故障。

⑤检查电缆有无损伤、是否连接。如果有损伤,严禁通电。

⑥检查显示器、鼠标、键盘是否完好。

(2)开机流程。

①打开电源开关,连接主电源。

②插入钥匙并顺时针旋动钥匙开关,按下绿色启动按钮,如图 3-16 所示。

图 3-16　启动按钮

③观察机身和键盘上电源指示灯的亮起,等待计算机程序启动,如图 3-17 所示。

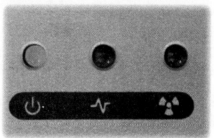

图 3-17　电源指示灯

④开启安检机的输送带,自检程序正常运行后,开始检查工作。

(3)关机流程。

①按下"停止"按钮,停止安检机输送带运转。

②退出系统程序,关闭计算机。

③逆时针旋动钥匙开关。

④关闭电源开关。

图 3-18　通道式 X 射线安检机系统登录界面

(4)系统登录和注销。

针对不同等级的操作员与管理员,通道式 X 射线安检机检查系统可设置不同的操作权限。每位操作人员和管理人员都可设置自己唯一的账号和密码登录系统。通道式 X 射线安检机开机完成后,进入登录界面(图 3-18)。操作人员只需要在键盘上输入自己账号和密码,即可完成登录;注销时,只需要按下注销按钮,即可回到登录界面。

2)通道式 X 射线安检机功能键使用

当通道式 X 射线安检机图像出现时,值机人员应根据检查要求,使用功能键来帮助识别图像中物品的特征和性质,以提高判图准确性。键盘按键功能区通常由电气控制区、多功能按键区、传送控制区、图像处理区、自定义功能按键区和导航键区组成,如图 3-19 所示。本节在按钮处添加圆圈数字标识以便功能介绍。

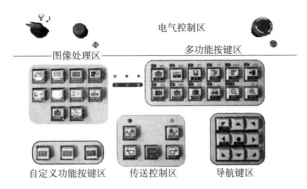

图 3-19 键盘按键功能区

(1) 多功能控制区。

多功能控制区按钮分布如图 3-20 所示,各按钮功能介绍如下。

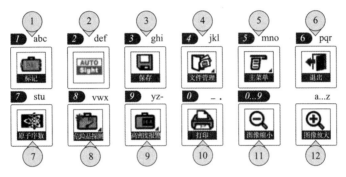

图 3-20 多功能控制区按钮分布

① 标记按钮:标记可疑物品。

② X 射线自动检测开关:显示/隐藏 X 射线自动检测功能。

③ 保存按钮:保存当前屏幕图像。

④ 文件管理按钮:进入文件管理界面。

⑤ 系统主菜单按钮:打开系统主菜单。

⑥ 退出系统按钮:在菜单模式下,退出菜单界面。

⑦ 原子序数扫描模式按钮:显示原子序数为 7、8、9 的物质。

⑧ 危险品辅助探测按钮:设置危险品辅助探测功能。

⑨ 高密度自动报警按钮：进入高密度自动报警设置的窗口。

⑩ 打印图像按钮：打印图像。

⑪ 缩小/输入模式切换按钮：缩小当前屏幕图像/在输入模式下，切换为数字输入模式。

⑫ 放大/输入模式切换按钮：放大当前屏幕图像/在输入模式下，切换为符号输入模式。

（2）传送带控制区。

传送带控制区按钮分布如图 3-21 所示，各按钮功能介绍如下。

⑬ 向左输送按钮：按下后，传送带向左走带，上方绿色指示灯亮。

⑭ 向右输送按钮：按下后，传送带向右走带，上方绿色指示灯亮。

⑮ 停止按钮：按下停止按钮，传送带停止运转。

（3）图像处理区。

图像处理区按钮分布如图 3-22 所示，各按钮功能介绍如下。

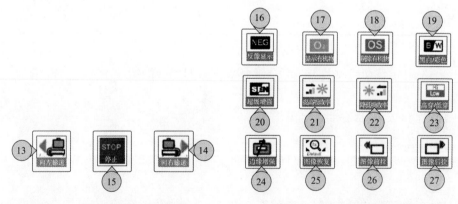

图 3-21　传送带控制区按钮分布　　　图 3-22　图像处理区按钮分布

⑯ 反像显示按钮：对吸收率高的物体显示为亮色，对吸收率低的物体显示为深色，较小或较细的高密度物体（如金属丝）将变得更加清晰。

⑰ 有机物显示按钮：显示有机物。图像显示剔除无机物，即突出显示有机物图像，无机物以灰度方式显示，橙色的有机物以彩色显示。

⑱ 有机物剔除按钮：剔除有机物。图像显示剔除有机物，即突出显示无机物图像，有机物以灰度方式显示，蓝色的无机物以彩色显示。

⑲ 黑白显示按钮：执行彩色显示和黑白图像之间的切换。黑白显示将图像用 256 种不同的、由白到黑的亮度级（灰度级）显示出。高密度物体或者较厚的低密度物体呈高吸收率，显现为深色或黑色。低密度和较薄的物体吸收率低，显现为明亮的色彩或白色。

⑳ 超级增强按钮：可在整幅 X 射线图像上获得最佳的对比度，并改变 X 射线图像中各物体的轮廓边缘，使物体更加清晰地显示，获得高穿透力和高分辨率的图像。

㉑ 吸收率降低按钮：将图像在降低吸收率范围内渐变显示，使图像从高穿到低穿状态间逐渐变化。

㉒ 吸收率提高按钮：将图像在提高吸收率范围内渐变显示，经过软件处理，使图像从低穿到高穿状态间逐渐变化。

㉓ 高穿/低穿切换按钮：提高易/难穿透的物质（即对应于不同亮度的图像区域）的对比度，从而使易/难穿透的物质显示更加清晰。

㉔ 边缘增强按钮：用于加强和改善图像中不同灰度区域之间的边界和轮廓特征。

㉕ 图像恢复按钮：在图像以超级增强、不同灰度级、多能量等方式显示时，按下此键，图像显示恢复到原来状态。

㉖ 向前浏览按钮：图像回拉模式下，浏览前一幅 X 射线图像。可向前浏览图片，并可对回拉图像进行实时图像处理。

㉗ 向后浏览按钮：图像回拉模式下，浏览后一幅 X 射线图像。可向后浏览图片，并可对回拉图像进行实时图像处理。

（4）自定义功能键区。

自定义功能键区按钮分布如图 3-23 所示，各按钮功能介绍如下。

图 3-23 自定义功能键区按钮分布

㉘～㉚ [F1] [F2] [F3] 功能键 F1～F3：在物品扫描界面中，按下此键后，可以实现已定义的图像处理功能组合；在软件设置界面中，按下按键后，可以实现屏幕上提示的功能。

（5）导航键区。

导航键区按钮分布如图 3-24 所示，各按钮功能介绍如下。

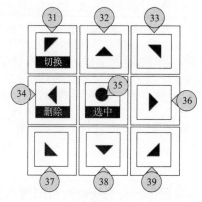

图 3-24　导航键区按钮分布

㉛ [切换]：在菜单模式下，控件焦点切换；在图像放大时，向左上方移动图像。

㉜ [▲]：在图像放大时，向上方移动图像。

㉝ [◥]：在图像放大时，向右上方移动图像。

㉞ [◀删除]：在编辑模式下，删除输入的字符；在图像放大时，向左方移动图像。

㉟ [●选中]：在菜单模式下，确认、激活菜单；在对话框模式下，选中指定的选项。

㊱ [▶]：在图像放大时，向右方移动图像。

㊲ [◣]：在图像放大时，向左下方移动图像。

㊳ [▼]：在图像放大时，向下方移动图像。

㊴ [◢]：在图像放大时，向右下方移动图像。

3.1.4　X 射线图像识别的主要方法

1）物品摆放位置对 X 射线图像的影响

物品的摆放会对 X 射线图像产生一定的影响。以下是几个常见的摆放方向对 X 射线图像的影响。

(1) 平行放置：如果物品平行放置于扫描平面上，X 射线图像往往能够清晰地显示出物体的轮廓和内部结构。这样的摆放方式更容易识别物体并判断是否存在可疑物品。

(2) 垂直放置：物品垂直放置于扫描平面上时，X 射线图像一般会呈现出物体的纵向结构。这种摆放方式适用于某些需要更详细确认纵向信息的物体，如行李箱、背包等。行李放置方式如图 3-25 所示。

a) 行李平行放置　　　　　　b) 行李竖直放置

图 3-25　行李放置方式

(3) 倾斜放置：如果物品倾斜放置于扫描平面上，X 射线图像会呈现出物体的倾斜结构。这可能会导致图像中的某些部分变得模糊或难以识别。在这种情况下，安检人员可能需要通过不同角度的扫描来获取更全面的信息。一般应避免物品倾斜放置。

不同摆放方向可能会影响图像的解读和分析，对于复杂的物体或区域，安检人员需要结合多个角度的图像，以获取更准确的信息。此外，倾斜放置的物体可能会导致物体的某些区域被阻挡或遮挡，这就需要考虑不同摆放方向对图像分析的影响。因此，在安检过程中，安检人员应根据需要与经验进行判断，选择最合适的摆放方式和角度，获取有效的 X 射线图像。不同视角下物品的 X 射线图如图 3-26 所示。

  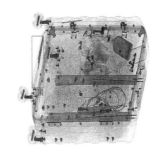

a) 行李平行放置　　　b) 行李竖直放置　　　c) 行李倾斜放置

图 3-26　不同视角下物品的 X 射线图

2) 识别图像的主要方法

对于 X 射线图像的识别，从理论上讲，就是通过观察其在显示器上的颜色和形状进行判断，而实际操作过程中可能会遇到很多问题。图像的识别方法多种多样，要在日常工作中注意归纳总结。

（1）整体判读法：由中间到四周对图像进行判读。观察图像的每个细节，判读图像中的物品是否相联系，有无电源、导线、定时装置、起爆装置和可疑物品。

（2）颜色分析法：根据通道式 X 射线安检机对物质颜色的定义，通过图像呈现的颜色来判断物体的性质。

（3）形状分析法：通过图像中物体的轮廓来判断，有些物体 X 射线穿不透，但轮廓清晰，可直接判断其性质，如图 3-27 所示（以锤子为例）。

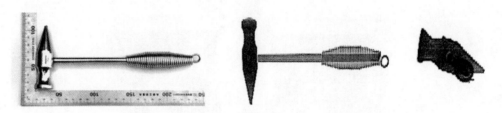

图 3-27　X 射线无法穿透但可通过轮廓判断的物体

（4）功能键分析法：充分利用功能键的分析功能，对图像进行综合分析比较。反转键有利于看清颜色较浅物品的轮廓，有机物/无机物剔除键有利于判断物体的性质。

（5）重点分析法：抓住图像中难以判明性质、射线穿不透的物体，对有疑点的区域重点分析，如复杂包裹重点分析、简单包裹快速分析。其主要应用于液体、配件、电子产品的检查，如图 3-28 所示。

a) 复杂包裹重点分析　　　　　　　　b) 简单包裹快速分析

图 3-28　重点分析法

（6）对称分析法：根据图像中行李的结构特点找对称点，主要针对行李结构中不对称的点状物体或线状物体进行分析比较，以发现可疑物体。

（7）共性分析法：举一反三，抓住某个物体的结构特征来推断其他同类物品。

（8）特征分析法：也称结构分析法，是指抓住某个物体结构中的一些特征来判断。

（9）联想分析法：通过图像中一个可判明的物体来推断另一个物体。

（10）观察分析法：通过观察被检人员来判断其所携带的物品是否可疑。

（11）常规分析法：判别图像中显示的物体是否有违反常规的现象。

（12）排除法：排除已经判断的物品，对其他物品进行重点分析、检查。

（13）角度分析法：联系物品各种角度的图像特征进行分析、判断，例如采用该方法发现试图用笔记本电脑遮挡的危险液体，如图 3-29 所示。

（14）综合分析法：利用上述方法中的几种情况，结合图像进行分析、判断。

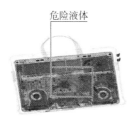 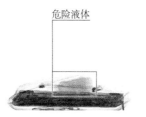 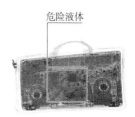

图 3-29 危险液体角度分析

3)安检人员识别图像时的要求

(1)从图像中间向四周进行判别。

(2)按照图像颜色的不同进行判别。

(3)按照图像所呈现的层次进行判别。

(4)结合图像辨别方法辅助进行判别。

(5)图像模糊不清无法判断物品性质时,可调整物体摆放位置后再检查。

(6)发现疑似电池、导线、钟表、粉末状物、块状物、液体、枪弹状物及其他可疑物体的,应采用综合分析法结合重点分析法等进行认真检查,类似物品如图 3-30 所示。

  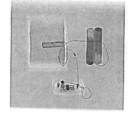

a)枪弹状物　　　　　　b)各种疑似电池、导线、块状物

图 3-30　枪弹状物以及各种疑似电池、导线、块状物

(7)发现容器、仪表、瓷器等物体时,应在利用功能键帮助分析的情况下进一步识别,如仍不能确定性质,应打开箱包检查。

(8)照相机、收音机、录音机、录像机及电子计算机等电器的检查,应仔细分析其内部结构是否存在异常,如有异常或不能判明性质的物品,应打开箱包检查。

(9)遇乘客声明的不能用通道式 X 射线安检机检查的物体时,应按相关规定或情况处理,在了解情况后,如可以采用通道式 X 射线安检机进行检查,应仔细分析物体的内部结构是否存在异常。

4)对可能隐含危险品的物体的识别

以下物体可能含有危险品,安检人员应在检查工作中加强识别。

(1)野营设备:可能含有易燃气体,如丁烷、丙烷等;易燃液体,如煤油、汽油等;易燃固体,如固体酒精等。常见的野营设备之一点火器及其 X 射线图如图 3-31 所示。

(2)探险设备:可能含有爆炸品,如信号弹等;易燃液体,如汽油等;易燃气体,如野营燃气;其他危险物品。信号弹及其 X 射线图如图 3-32 所示。

(3)热气球:可能含装有易燃气体的钢瓶、灭火器、电池等。

a) 点火器　　　　　　　　　　　　b) 点火器X射线图

图 3-31　点火器及其 X 射线图

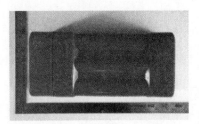 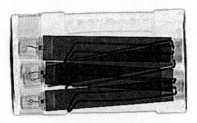

a) 信号弹　　　　　　　　　　　　b) 信号弹X射线图

图 3-32　信号弹及其 X 射线图

（4）诊断标本：可能含感染性的物质。

（5）潜水设备：可能含有压缩气体的钢瓶，也可能含高强度的潜水灯，其在空气中开启能释放极大的热量。压缩气体钢瓶（氧气瓶）及其 X 射线图如图 3-33 所示。

a) 压缩气体钢瓶（氧气瓶）　　　　b) 压缩气体钢瓶（氧气瓶）X射线图

图 3-33　压缩气体钢瓶（氧气瓶）及其 X 射线图

（6）钻探和采掘设备：可能含有爆炸品或其他危险物体。

（7）敞口液氮容器：可能含常压液氮。

（8）冷冻胚胎：可能装有冷冻液化气体或干冰。

（9）摄影组和宣传媒介设备：可能含爆炸烟火装置，装有内燃机发电机、湿式电池、燃料、发热物品等。

（10）摄影用品：可能含危险物品，如加热装置、易燃液体、易燃固体、氧化剂、毒害品、腐蚀品等。

（11）试验室设备、化学品：可能含危险物品，如易燃液体、易燃固体、氧化剂、毒害品、腐蚀品等。

（12）赛车或摩托车的设备：可能含发动机、含燃料的油箱、湿式电池、易燃气溶胶、硝基甲烷、其他汽油添加剂、压缩气体钢瓶等。

（13）修理箱：可能含有机过氧化物、易燃黏合剂、碱性溶剂等。

(14)工具箱:可能含爆炸品,如射钉枪;可能装有压缩气体的钢瓶、气溶胶、易燃气体、易燃黏合剂、油漆、腐蚀性液体等。

3.1.5 危险品及禁止限制携带物品 X 射线图像识别

1)通道式 X 射线安检机的颜色含义

物体经过 X 射线的穿射后,X 射线设备按照物质等效原子序数范围,赋予物体一定的颜色,并在显示器上显示。显示的图像从广义上分为 4 类:①红色;②橙色;③绿色;④蓝色。X 射线设备对等效原子序数小于 10 的有机物赋予橙色,对等效原子序数大于 18 的无机物赋予蓝色,对介于两类材料之间的物质或这两类材料的混合物赋予绿色。

①红色——X 射线穿不透的物体。

图像显示为红色的物体主要是密度大或体积厚的物体。因为密度较大,体积较厚,严重削弱 X 射线的穿透力,X 射线无法有效地穿透物体,就会使探测板无法正常接收 X 射线。这时探测板将向 CAG 板发出信号,经过 DSP、ALU 和 VGA 板处理后,将以红色的图像显示在显示器上。

②橙色——有机物(原子序数小于 10 的物质)。

橙色是有机物在显示器上显示的颜色,常见的有机物如衣物、食品、书籍、塑料制品、木材、毒品、酒精、油、水、TNT 炸药、油漆和香蕉水等。在通道式 X 射线安检机的使用规则中,规定有机物是指由原子序数小于 10 的化学元素组成的物体,这些物体主要是由氢、碳、氮和氧组成。无论任何物质只要其组成元素中大部分是这 4 种元素,则显示在显示器上的图像颜色可能是橙黄色、暗黄色和土黄色。其他有机物如图 3-34 所示。

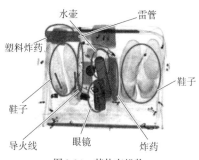

图 3-34 其他有机物

用通道式 X 射线安检机判断一个物体是否是有机物,主要依据是其在显示器中的形状和颜色。由于有机物数量繁多,形状多样,相似性强,所以判断起来比较麻烦。例如炸药,尤其是 TNT 炸药,如图 3-35 所示,其形状和显示的颜色与肥皂极为相似,判断起来颇为困难,这就要求安检人员不但要了解其形状和显示的颜色,还要根据它周围的物体来判断。另外,各种油类放在相同的容器内显示的图像颜色差不多,同种材质越厚,颜色越深,反之,材质越薄,颜色越浅。

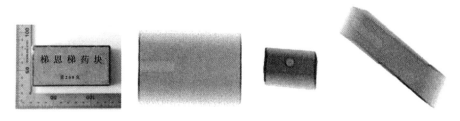

图 3-35 块状 TNT 炸药

③绿色——混合物(原子序数在 10～17 之间的物质)及有机物与无机物重叠部分。

绿色为混合物的颜色,主要物质为铝、硅。在通道式 X 射线安检机的使用规则中将混合物定义为原子序数在 10~17 之间的物质。另外,无机物与有机物重叠时,也可能显示为绿色,这时就需要用无机物与有机物剔除键来判断物体性质。

典型的混合物如:玻璃、陶瓷、铝合金、电路板、炸药、礼花、皮革等。有机物和无机物重叠在一起时,如以有机物为主将显示为黄绿色,如以无机物为主则显示为蓝绿色。

④蓝色——无机物(原子序数大于 18 的物质)。

蓝色为无机物的颜色,如铁、铜、锌、钢等无机物。禁止限制携带物品中的刀、枪等,主要由无机物组成。在通道式 X 射线安检机的使用规则中将无机物定义为由原子序数大于 18 的元素组成的物质。由于无机物的密度由小到大相差甚远,所以不同无机物所显示的蓝色按其密度由小到大分为浅蓝色、蓝色和深蓝色(近似黑色)。

观察无机物最好的办法是用黑白显示器观察,因为黑白显示器显示的颜色比较单一,只是灰度不同,更有利于看清楚物体的形状,尤其适合对刀枪的检查。典型的无机物有金属工具、匕首、枪支、衣物拉链、皮包拉锁等。

2)危险品的 X 射线图像识别

(1)易燃气体。

易燃气体的盛装容器是压力罐,压力罐的材质一般是较薄的金属,X 射线图像呈浅蓝色,罐内的液体或气体呈橙色。常见的压力罐及其 X 射线图像见表 3-4。

常见的压力罐及其 X 射线图像　　　　　　表 3-4

实物名称	实物图像	X 射线图像
打火机充气罐		
氧气罐		

(2)易燃液体。

识别易燃液体一般是观察 X 射线图像有没有盛装液体的容器,如有则安检人员应进一步观察所装液体的量是否正常。需要注意的是,容器内的液体如果过满或者过少,就要查验该液体是否为该容器的原装液体。如果彩色图像显示为橙黄色,就必须通过开包检查确定该液体是否属于易燃液体。常见的易燃液体实物及 X 射线图像见表3-5。

常见的易燃液体实物及 X 射线图像　　　　　表3-5

实物名称	实物图像	X 射线图像
液化石油气		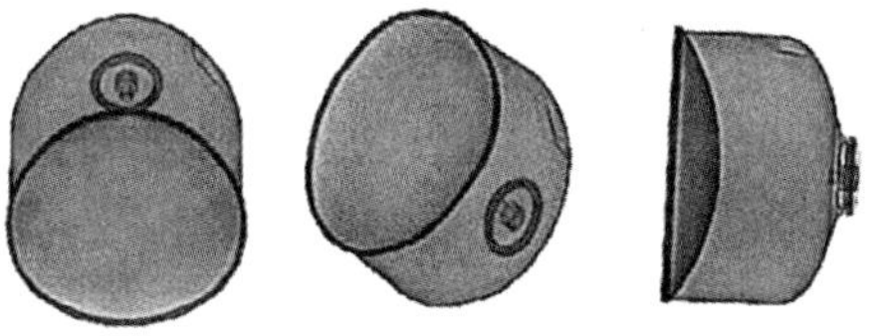
酒精	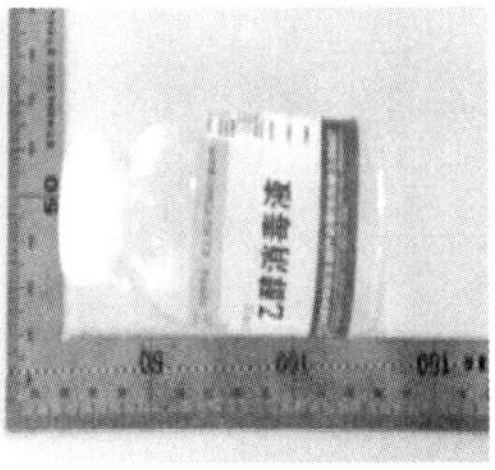	

(3)易燃固体。

常见的易燃固体实物及 X 射线图像见表3-6。

常见的易燃固体实物及 X 射线图像　　　　　表3-6

实物名称	实物图像	X 射线图像
镁棒		
紧急烟火信号棒		

(4)爆炸物品。

烟花爆竹的外包装是纸,由于纸是有机物,X射线图像显示为橙色,较薄的纸显示为浅橙色。火药是混合物,X射线图像显示为绿色。如果发现规则形状内的物体呈现绿色,一定要开箱检查。烟花爆竹及其他常见的爆炸物品实物与X射线图像见表3-7。

烟花爆竹及其他常见的爆炸物品实物与X射线图像 表3-7

实物名称	实物图像	X射线图像
烟花爆竹		
鞭炮		
纸壳电雷管		
导火索		

续上表

实物名称	实物图像	X 射线图像
机械定时爆炸装置	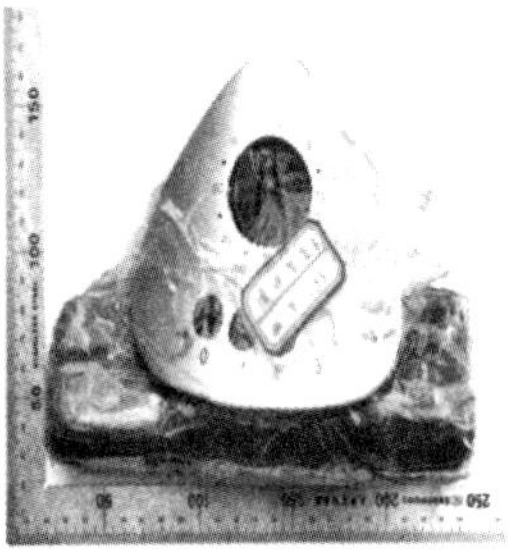	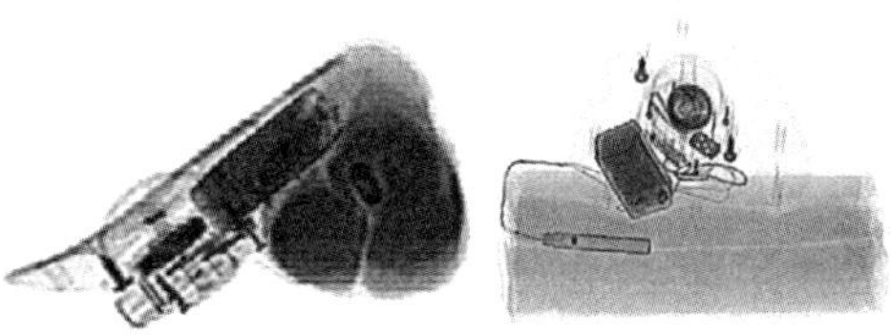
手雷		

(5)腐蚀性物品。

常见的腐蚀性物品实物及 X 射线图像见表 3-8。

常见的腐蚀性物品实物及 X 射线图像　　表 3-8

实物名称	实物图像	X 射线图像
硫酸		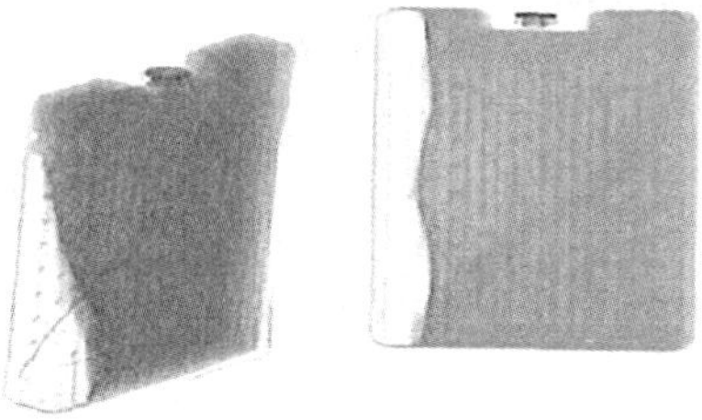
高锰酸钾		

3) 禁止限制携带物品的 X 射线图像识别

(1) 枪支子弹、警用物品识别。

①枪支的识别。

制式的枪支具有独特的外形特征,材料往往采用钢等密度较大的金属。因此,除个别部位外,其在 X 射线彩色显示器上显示的往往是 X 射线难以透过的红色或黑色。由于其弹匣部分的金属较薄,故显示的是蓝绿色。但是,由于枪支在包裹中放置角度的关系,在 X 射线显示器中的图像会发生变形,这就要求安检人员一定要具备丰富的上机操作经验。枪支实物及 X 射线图像见表 3-9。

枪支实物及 X 射线图像 表 3-9

实物名称	实物图像	X 射线图像
防暴枪	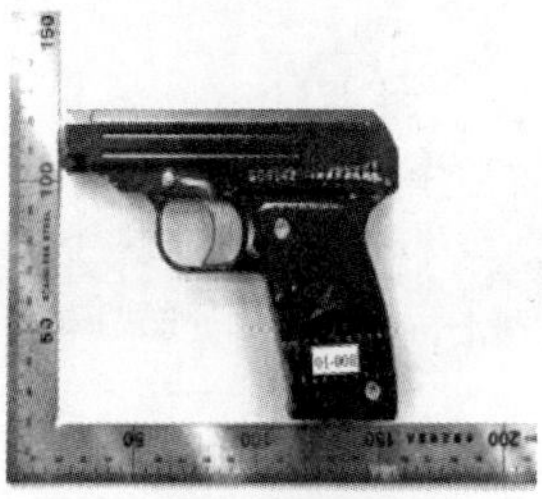	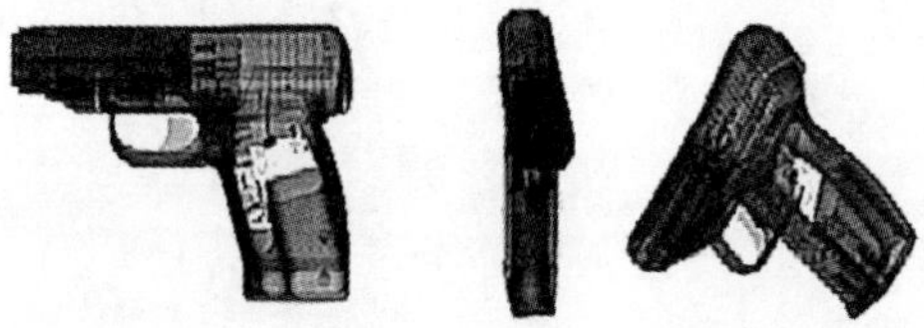
仿真枪		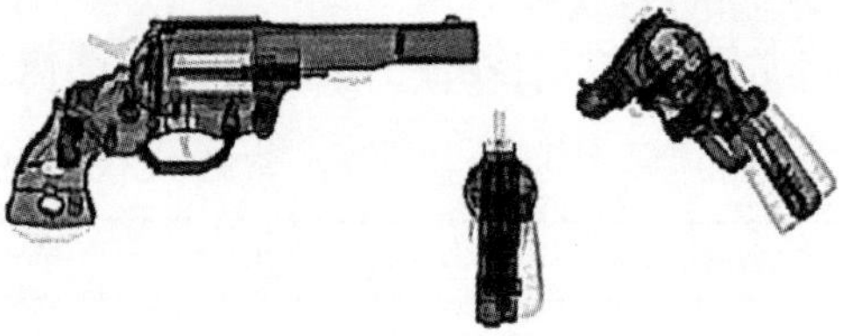

②子弹的识别。

在通道式 X 射线安检机彩色图像中,弹头一般呈黑色,弹壳一般呈蓝色。在图像中查验子弹时,可按下图像增强键,寻找图像黑点,再综合其外观结构特点判别。若子弹平放时,呈现一个黑色圆点。例如,901 钢珠防暴弹呈短粗圆柱形,一头稍粗,正放时整个图像呈蓝黑色粗长条形,中部颜色稍深,按下图像增强键隐约可见中部钢粒及尾部触点。部分子弹实物及 X 射线图像见表 3-10。

部分子弹实物及 X 射线图像 表 3-10

实物名称	实物图像	X 射线图像
步枪子弹	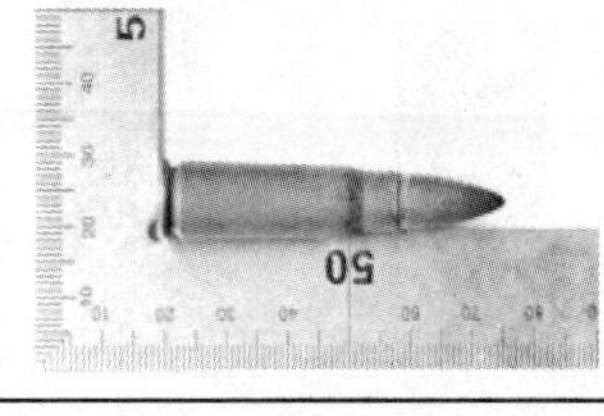	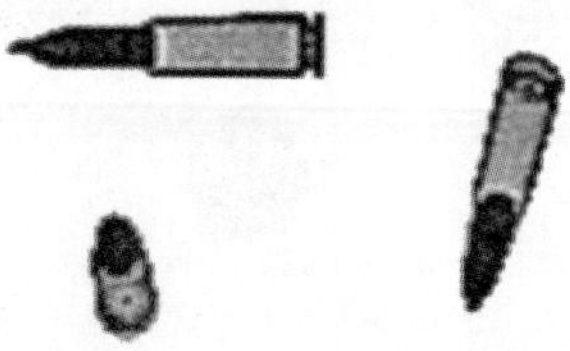

续上表

实物名称	实物图像	X 射线图像
手枪子弹	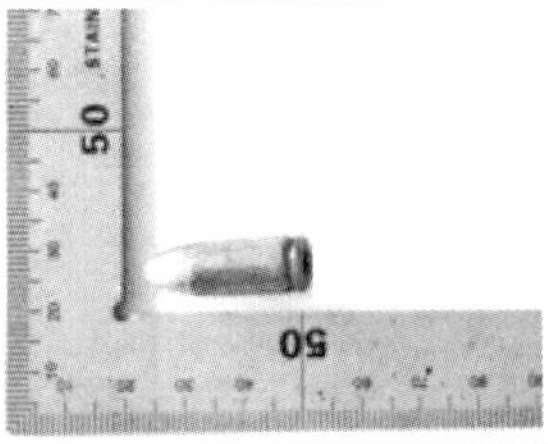	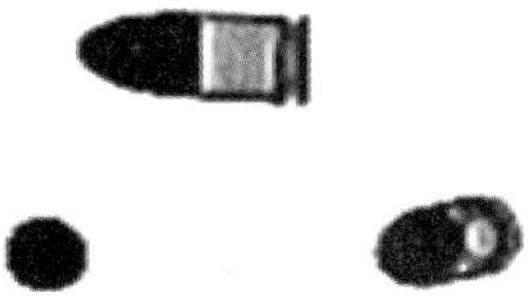

③军警物品的识别。

A. 电击器。电击器的电源(电池)、升压装置(变压线圈电容)、电击点(如 2 个或 3 个触头,或者是金属圆环)在图像中均呈现暗红色,要注意把握其基本的结构特征,注意与一些小件电器(如收音机、电动剃须刀等)进行区分。部分军警用械具实物及 X 射线图像见表 3-11。

部分军警用械具实物及 X 射线图像 表 3-11

实物名称	实物图像	X 射线图像
电击器	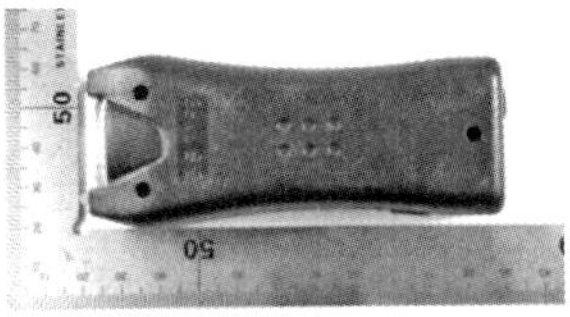	
电击器		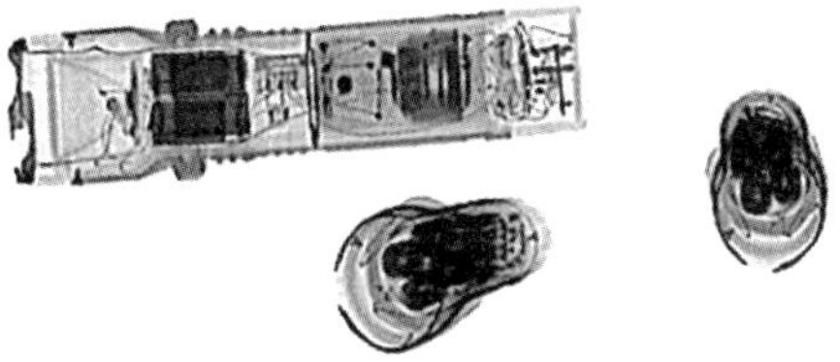

B. 催泪器。由于内装物不同,其在通道式 X 射线安检机彩色图像上分别显示为黄色或绿色,瓶口中心有金属喷头。催泪器实物及 X 射线图像见表 3-12。

催泪器实物及 X 射线图像 表 3-12

实物名称	实物图像	X 射线图像
催泪喷射器		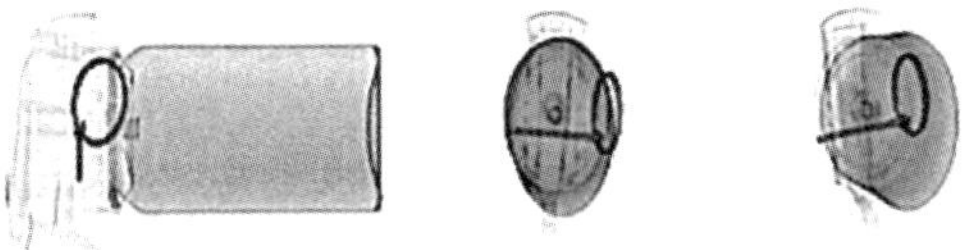

续上表

实物名称	实物图像	X 射线图像
催泪喷射器	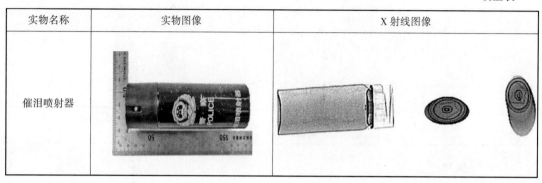	

C. 手铐。手铐的外形特征较易于识别,由于其常用硬质合金制成,在通道式 X 射线安检机图像中显示蓝色,但要注意手铐在行李中不同位置时,会引起显示图像的变形。手铐实物及 X 射线图像见表 3-13。

手铐实物及 X 射线图像   表 3-13

实物名称	实物图像	X 射线图像
手铐		

（2）管制刀具 X 射线图像识别。

①包裹中藏匿管制刀具的识别。

管制刀具一般由刀刃和刀柄组成,有的还带有刀鞘。由于这 3 个部分材质不同,所以在通道式 X 射线安检机显示器上的图像也存在差异。

刀刃一般由金属制成,因其厚度和密度不同,金属较薄或低密度时呈现蓝色,较厚或密度较高时呈现 X 射线无法透过的红色或黑色。

刀柄部分一般采用有机材料(如木材、塑料等)制成,所以在通道式 X 射线安检机显示图像中呈现深浅不一的橘黄色。

刀鞘部分根据不同材质呈现不同颜色。

在对管制刀具进行识别时,应注意由于刀具在行李内放置的角度不同,显示图像上会有较大差异。特别是当刀具位于行李的底部、刀刃与 X 射线平行时,其显示的图像是一条黑线或呈蓝绿色的线。这时可把行李转一个方向再通过通道式 X 射线安检机,也可直接打开行李检查。

②身上藏匿管制刀具的识别。

如果乘客身上藏匿管制刀具,可采用金属探测器或手工检查。需要特别注意乘客身上应重点检查的部位。常见的管制刀具实物及 X 射线图像见表 3-14。

常见的管制刀具实物及 X 射线图像 表 3-14

实物名称	实物图像	X 射线图像
匕首		
跳刀		
短剑		

3.1.6 通道式 X 射线安检机的维护

1)通道式 X 射线安检机的使用注意事项

(1)将待检物品放在传送带上,请注意行李必须卧放,尽量不要竖立放置。

(2)检查安检机出口处防夹手滚筒是否实用,且确认所有盖板均已盖好,散热口上无灰尘、无遮挡。

(3)非专业技术人员,严禁随意拆卸机器。

(4)操作人员应加强监督和管理,机器运行时,尽量避免站在通道出、入口附近;禁止身体任何部位进入通道,尤其避免未成年人接触传动系统。

(5)防止各种液体流入安检机,如果发生该情况应立即关机。

(6)铅门帘损坏或打开时,禁止设备工作;若触摸到强烈的静电,须立即上报维修中心。

(7)设备机壳四周及准直器部位均采用加厚大面积铅板屏蔽;确认通道出、入口均装有铅门帘,几乎可将射线对外辐射降低至零。

(8)确认设备的 X 射线检测剂量极低,完全符合 X 射线国家职业健康标准,同时保证对被测物体有足够的穿透力,对感光材料、食品、药物及磁带多次照射无影响。

(9)避免频繁使用紧急停止按钮或使系统突然断电,因其频繁操作会造成计算机操作系统的文件损坏,导致计算机不能正常启动。

2)通道式 X 射线安检机的日常维护保养

(1)检查设备上方的电源指示灯:在设备接入电源电时,绿色的指示灯亮。

(2)检查设备上方的 X 射线指示灯:射线发射时,红色的指示灯亮。

(3)检查通道上方或操控面板上的紧急停止按钮:当发生紧急情况时,按下紧急停止按钮,设备能立刻断电。重新开机时,将紧急停止按钮按顺时针旋转拉出复位即可,如图 3-36 所示。

图 3-36　紧急停止按钮

(4)检查通道上方的钥匙开关:钥匙开关接通后,起动按钮才能开启设备。射线停止按钮能够将射线控制器的电源断开。如果钥匙开关变得不够灵敏,要进行及时更换。

(5)检查触摸屏上是否和屏幕图像对应:按下缩放键,图像能够缩放;按下图像处理键,显示的图像能够做出相应的变换。

(6)检查入口的光障:将不透明的物体放在正常运转的传送带上,射线能够正常开启。设备断电后,用干的绸布将光障的镜头和通道壁上安装的玻璃擦拭干净。

(7)检查电动滚筒:按下相应的按键,电动滚筒能够按预定的方向运转及停止。电动滚筒的噪声正常,不漏油。

(8)检查探测盒和准直器上的行程开关:拆下任意一块盖板,射线都能够停止发射。

(9)检查传送带的偏离:检查传送带是否相对于马达已经偏离。

(10)检查散热口:散热口是否被遮挡,并清扫其上面的灰尘。

3)通道式 X 射线安检机的常见故障、原因及排除方法

通道式 X 射线安检机的常见故障、原因及排除方法见表 3-15。

通道式 X 射线安检机的常见故障、原因及排除方法 表 3-15

故障部位	故障现象	可能原因分析	排除方法
电源故障	1. 系统无法上电	(1) 本地电源是否正确； (2) 无钥匙开关或者未将钥匙开关置于接通位； (3) 熔断器熔断； (4) 断路器位于断开位置； (5) 紧急停止开关处于锁定状态； (6) 交流接触器损坏； (7) 端子接线松脱	(1) 检查本地电源符合 220V、50Hz 的范围； (2) 插上钥匙开关，顺时针旋转至接通位置； (3) 更换熔断器； (4) 合上断路器； (5) 顺时针旋转紧急停止按钮，进行复位； (6) 更换交流接触器； (7) 检查接线并重新连接 (注意：在系统上电前，确认设备正常)
	2. 电源指示灯不亮	(1) 设备未启动； (2) 指示灯电缆未连接； (3) 端子接线松脱； (4) 指示灯损坏	(1) 启动设备； (2) 将指示灯电缆连接起来； (3) 检查接线并重新连接； (4) 更换指示灯
	3. 系统可能通电，但无其他功能	(1) 电子控制器或射线源控制器电源没有插在插座里； (2) 接触器 KM2 损坏； (3) 开关电源损坏； (4) 网口线没有连接； (5) 和工控机相连的串口线未连接	(1) 将电子控制器或射线源控制器插头插入相应的插座里； (2) 更换接触器； (3) 更换开关电源； (4) 连接网口线到工控机； (5) 连接串口线到工控机 (注意：不正确的电压输出会损坏器件，在更换和调整时，应该断开电源)
系统控制故障	1. 传送带不能向前运行	(1) RS-232 线未连接； (2) 电子控制器损坏； (3) 启动电容损坏； (4) 电缆连接松脱； (5) 电动滚筒损坏； (6) 传送带被卡住	(1) 正确连接 RS-232 线； (2) 更换电子控制器； (3) 更换启动电容； (4) 检查电缆连接，重新紧固电缆； (5) 更换电动滚筒； (6) 调整传送带
	2. 传送带不停止	(1) 电子控制器损坏； (2) CPU 板故障	(1) 更换电子控制器； (2) 重新启动工控机
X 射线控制故障（在维修此部分前，应排除所有电源和控制方面的故障）	1. X 射线源不发射	(1) 通道中没有物体或者物体未挡住光障； (2) 安装联锁开关位置的盖板被打开； (3) 射线源控制器电源插头未插电； (4) 交流接触器损坏；	(1) 在通道中放置足够大且不透光的物体； (2) 盖好联锁开关位置的盖板； (3) 插上射线源控制器电源插头； (4) 更换交流接触器；

续上表

故障部位	故障现象	可能原因分析	排除方法
X射线控制故障(在维修此部分前,应排除所有电源和控制方面的故障)	1. X射线源不发射	(5) X射线源损坏; (6) 射线源控制器损坏; (7) X射线源电缆未正确连接; (8) 光障未正确连接; (9) 光障损坏; (10) 电动滚筒没有运转; (11) 电子控制器损坏	(5) 更换X射线源; (6) 更换射线源控制器; (7) 重新连接X射线源电缆; (8) 检查光障电缆并正确连接; (9) 更换光障; (10) 启动电动滚筒; (11) 更换电子控制器
	2. X射线发射指示灯不亮	(1) X射线未发射; (2) 电子控制板损坏; (3) 电缆未正确连接; (4) 射线指示灯损坏	(1) 在传送带上放置物品后启动滚筒,使射线发射; (2) 更换电子控制板; (3) 检查电缆并正确连接; (4) 更换指示灯
图像显示故障(处理前先确认X射线发生器在电和机械上已调整过,确保供电电源电压符合要求)	1. 系统上电后显示器屏幕不亮	(1) 显示器电源未接通; (2) 显示器信号线未连接	(1) 接通显示器电源; (2) 连接显示器信号线
	2. 工控机运行后,应用程序运行,显示器上显示竖条纹	(1) 信号处理板损坏; (2) 连接线故障	(1) 更换信号处理板; (2) 更换连接线
	3. 行李检查期间无图像	(1) 控制板与工控机串口连接线损坏; (2) 控制板损坏; (3) 光障损坏	(1) 更换串口线; (2) 更换控制板; (3) 更换光障
	4. 行李检查期间出现水平线	探测器或探测板故障	更换探测器或相应的探测板

3.2 金属探测门

金属探测门是对出入口的过往乘客进行检查的安检设备,它能够检查出一切具有一定质量金属成分的物品,包括磁性金属材料和非磁性金属材料。当乘客通过门框时,其随身携带的金属物品将被检测出来,这种通行门被称为安全门或安检门,如图3-37所示。

利用安检门对金属物品发出报警的原理,探测通过安检门的乘客是否随身携带枪支、子弹、管制刀具及其他金属性危险物品。通过报警和显示,提示安检人员对乘客实施进一步检查。

第3章 安检设施设备及操作

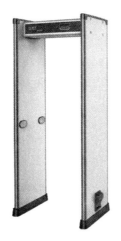

图 3-37 金属探测门

3.2.1 金属探测门的工作原理

1) 压电效应原理

由金属探测门的晶体振荡器产生正弦振荡,通过分频器分频为正弦波,经三极管与线圈功率放大后输入到门板大线圈发射电磁波,再由门内区位线圈分别进行接收。将接收到的信号与基准信号进行比较,如果有变化,系统将改变采集卡输出电平,中央处理器(CPU)在极短时间内对区位采集卡的数据进行扫描,判断金属所在区位,并以声、光等报警信号的形式输出显示。

2) 电磁感应原理

金属探测门在两侧门板内装有能发射和接收交变电磁场的线圈。当有金属导电体通过安检门时,受交变电磁场激励在金属导电体中产生电涡流,产生与原磁场方向相反的磁场,在接收线圈中产生电压和电流变化。接收线圈中的信号经过放大滤波电路送入数字信息处理器(DSP)中进行处理,设备采用数字信号处理方式,对输入信号进行时域和频域分析。通过智能识别算法分析不同金属物体的信号特征,判断出被检测乘客所携带的物体是否属于违禁类物品,并通过人机界面进行提示和报警。

3.2.2 金属探测门的结构及功能特点

1) 外部结构

金属探测门外部结构如图 3-38 所示。

(1) 门头面板:集合了液晶显示屏(LCD)显示和按键调节功能,用于显示产品工作状态,以方便相关人员进行调试维护,如图 3-39 所示。

(2) 区位指示灯条:精确定位灯,当被检乘客携带金属物体时,对应区位的显示灯将亮起。

(3) 接收门板:用于接收电磁波信号,并传送给控制门头。接收门板两侧有灯条预留接口,可扩展报警灯条。

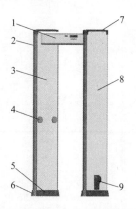

图 3-38 金属探测门外部结构

1-门头面板;2-区位指示灯条;3-接收门板;4-计数器;5-底座;6-地脚固定螺栓孔;7-上盖;8-发射门板;9-下接线盒

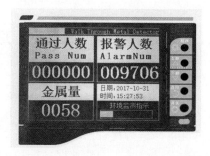

图 3-39 金属探测门面板功能

(4)地脚固定螺栓孔:对于长时间放置于某个位置使用的探测门,可通过地脚固定螺栓孔将门体固定在一个位置,使其不因外力而移动。

(5)上盖:结构支架的一部分,有紧固前后铝立柱的作用。

(6)发射门板:用于发射探测电磁波,同时门板上还有计数器、电源输入口以及各种输出接口。发射门板两侧有灯条预留接口,可扩展灯条。

(7)下接线盒:用于接通金属探测门电源及对应功能的电缆。

2)区位说明

金属探测门区位示意图如图 3-40 所示。

金属探测门左右探头板分别均匀分布有 6~18 组独特的精确定位灯,如 10 组独特的精确定位灯分别表示 10 个区位。区位显示灯有亮和不亮 2 种状态:当探测到被检查者携带有达到或超过所设定的金属含量时,红色报警灯亮起;如果有多个报警目标,则每个目标所在位置的报警灯都会亮起,同时会有警报声响起(音量为静音时除外)。

同时,门框两边设有红外探测器,电源接通后,金属探测门开始工作,没有人或物体通过金属探测门时,红外线传感器可有效地制止误报警。所有金属探测门都会因为其周围的一些机器设备而产生误报警,而红外线传感器可以避免误报警,提高通过量,并对通过量进行准确计数。当乘客通过金属探测门时,无论是何种原因引起报警,都需乘客重新通过金属探测门或接受手持式金属探测器检查。

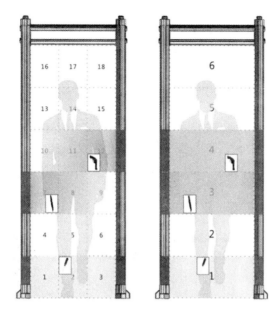

图 3-40 金属探测门区位分布

3) 操作调试功能主菜单说明

(1) 密码更改设置:更改密码可以防止非管理人员对安检门非法操作。

(2) 报警时间设置:报警时间的长短,此项功能有 1s、2s、3s 可供选择。

(3) 各区灵敏度设置:对金属的感应度,一个安检门有 6~18 个区域,并且每个区的灵敏度可以从 0~99 挡单独调节,数字越大,灵敏度越高。以 6 区位为例,6 个单独区中共享一个整体灵敏度。整体灵敏度分高、中、低 3 个等级,调节整体灵敏度时,6 个单独区灵敏度同时作相应的改变。

(4) 通信地址设置:通信地址 ID 号由 0~99 数字组成,可供设置,不同的数字代表联网时不同的安检门。通信地址 ID 主要用于安检门与计算机连接使用时,计算机对安检门的识别。

(5) 频段选择设置:有 8 个频段可以选择,主要用于多台安检门工作时,防止门与门之间相互的干扰。

(6) 语言选择设置:有中文、英文 2 种选择。

(7) 显示设置:背光灯显示待机时间,此项功能有 1min、2min、5min、10min、20min、30min、60min 可供设定。

(8) 恢复出厂设置:选择此项功能,可以使安检门的所有参数恢复至出厂设置。

4) 硬件功能特点

(1) 自我诊断功能:内置自我诊断程序,开机自检,并有故障提示。

(2) 抗干扰:具有 DSP 信号处理数字过滤系统,有极佳的抗电磁干扰能力和较强的耐触摸和碰撞能力,可在人多拥挤情况下正常运行。

(3) 电路特性:复合电路设计,可有效降低误报和漏报,智能化的客流量和报警计数功能,可记录 20000 次并自动保存。

(4) 灵敏度:区灵敏度、总体灵敏度均有 255 级可调。

(5) 报警设置：声光同时报警，1~25s 报警时间、255 级音量可调，11 级音调可调。

(6) 振动保护：可防止振动干扰导致误报警。

(7) 通过速度：可从最快 100 人/min 向下调节，自定义调节检测速度。

(8) 恢复设置：恢复出厂设置，可恢复初始数据。

(9) 密码保护设置：具有密码保护功能，非操作人员无法改变金属探测门的参数设置。

(10) 安全标准：采用弱磁场发射技术，对心脏起搏器佩戴者、孕妇、软盘、录像带等无害。

(11) 信息系统：能接入信息服务系统，通过系统实现对金属探测门的统一监控。

(12) 体温筛查：可设置安全体温阈值，对通过乘客进行体温初筛，如果体温超过阈值，安检门联动声光报警。

5) 软件功能特点

部分金属探测门具备智能监测系统，经过装配网络模块后可实现智能监控管理。金属探测门监测系统包含实时监测系统和中心端管理系统，如图 3-41 所示。

 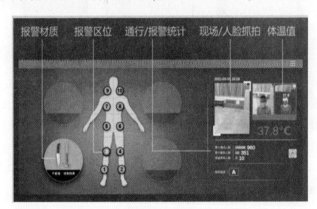

图 3-41 智能监测金属探测门

(1) 实时监测系统。

实时监测系统可显示通过当前金属探测门的数据信息，包含当前通行的报警数、出入人数、超温人数、过人总数等，金属探测门报警信息实时监控界面如图 3-42 所示。中心端管理系统可实时监听各安检点金属探测门的在线状态，并实时更新状态数据。中心端管理系统包含设备管理、实时监控、数据分析 3 个功能。

a)   b)

图 3-42 实时监控界面

（2）中心端管理系统。

①设备管理。

设备管理功能可对整个项目中所有金属探测门的在线状态进行实时监听统计。设备管理列表将显示设备ID、设备状态、设备IP地址、所在站点，其中设备状态包含在线、离线、其他3种。IP地址管理列表如图3-43所示。

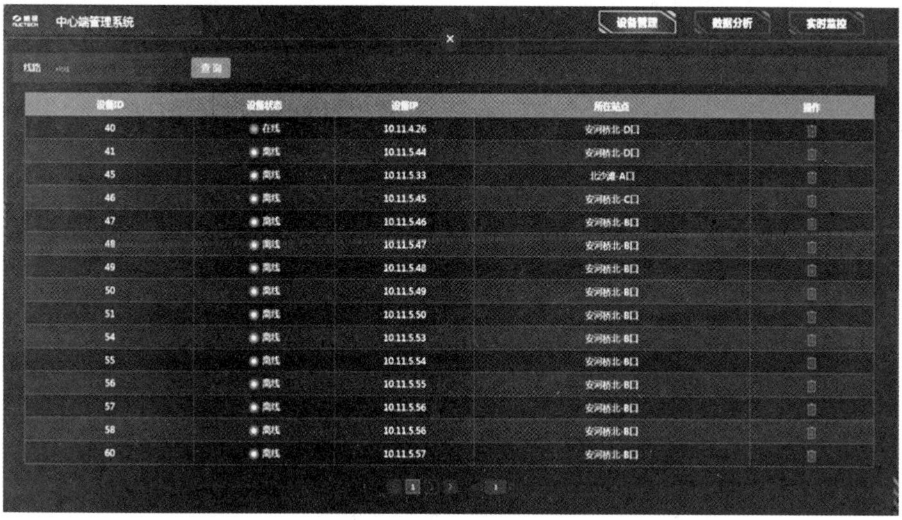

图3-43　IP地址管理列表

②实时监控。

实时监控功能支持选择具体线路的车站后，实时加载该车站的金属探测门报警数、通过人数（非报警人数）、超温人数、总人数。实时监控界面如图3-44所示。

图3-44　实时监控界面

③数据分析。

数据分析功能支持根据线路、月份进行历史数据的统计分析,并以图形的方式展现统计结果。数据分析包含金属探测门报警情况分析、违禁品分析、出入人数分析、设备运行分析、各站通过人数统计、各线路报警数量对比。数据分析界面如图 3-45 所示。

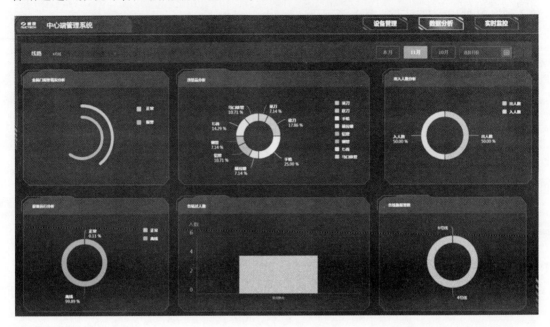

图 3-45　数据分析界面

6)基础技术指标

以 MD2100 型金属探测门为例,其基础技术指标见表 3-16。

MD2100 金属探测门基础技术指标　　　　表 3-16

项目	指标及参数
探测速度	0.01~15m/s
安全检查标准程序	内置 10 个
用户存储程序	5 个
密码保护	2 级密码
防护等级	IP 20
电源	适配器输入:AC 85~264V,47~63Hz 适配器输出:DC 24V,3A
功耗	<30 W
灵敏度等级	199 个
平均故障间隔时间(MTBF)	>20000h
设计使用寿命	>5 年
自检功能	自诊断功能和故障指示功能

续上表

项目	指标及参数
报警音量和音调	音量10级,音调10个
工作温度	-10 ~ +60℃
环境湿度	0 ~ 95%,无凝结
安装尺寸(高×宽×深)	外形尺寸:2303 mm×917 mm×710 mm 通道尺寸:2090 mm×756 mm×710 mm
整机重量	78.5kg
包装尺寸(长×宽×高)	门头箱:875 mm×475 mm×295 mm 门板箱:2425 mm×845 mm×300 mm
运输重量	门板箱:85.5 kg,门头箱:17.24 kg

3.2.3 金属探测门的使用操作

1)操作流程

(1)开始安检工作前,要检测金属探测门是否正常工作。例如,通过一件已知的金属物品来进行检测,如果电源出现问题,必须在继续扫描前再次进行检测。

(2)等待电源指示灯亮起后,受检乘客以正常速度步行通过门板,如果金属探测门有警报响起,则要求受检乘客接受手持金属探测器的检查。

(3)金属探测门对无害金属比较敏感,因此可能引发假警报。产生假报警可能的因素有电源出现电涌,地板下方的电线、金属栏杆、手持金属探测器、便携式半导体设备距离探测门过近等。

2)注意事项

(1)操作使用金属探测门的安检人员必须经过专门的训练,熟练掌握金属探测门的操作使用流程,并严格按说明书规定的操作规程和技术人员要求进行操作。

(2)无关人员禁止靠近金属探测门,更不允许随意扳弄开关,脚踢和碰撞门体,不得用脚踢电源插头,不能携带大型金属(如工具箱、铁簸箕等)通过金属探测门。

(3)不要打开设备外壳,以防毁坏设备或被电击伤害到身体。

(4)为避免雷电伤害,在雷电暴雨时,需要将设备电源或交流电源断开。

(5)不要用化学溶剂擦拭设备,以防损坏其表面粗糙度,采取正确方式用清洁的干布擦拭即可。

3)影响因素

(1)金属探测门的自身因素。探测场的场强、探测方法、工作频率和探测程序是影响金属探测门探测的重要因素。

(2)探测物因素。探测物的质量、形状、金属种类、合金成分及探测场的方向也可以影响探测。

(3)受检乘客因素。受检乘客的人体特征、通过金属探测门的速率及金属在受检乘客身上部位的不同都会影响探测结果。

(4)周围环境因素。金属探测门的使用环境中存在一些金属构件、金属设备、乘客携带的大件金属物品等,也会对探测灵敏度产生影响。

3.3 危险液体检测仪

危险液体检测仪检测液体时无须开瓶,也无须将液态物品倒入专业仪器中,整个检测过程不超过20s。此外,危险液体检测仪对包装容器的材质、颜色和透明度没有特殊要求,塑料、玻璃、陶瓷、金属等多种材质容器包装的液态物品都可以通过仪器进行检测,同时对容器内的液态物品也不会产生任何影响和破坏。

3.3.1 手持式危险液体检测仪

手持式危险液体检测仪采用微波探测技术,这种技术基于介质的微波吸收率与其介电常数成比例的原理,通过观察微波的反射谱来确定液体的介电常数。根据不同物质的介电常数不同,可以通过测量介电常数来进行区分。手持式危险液体检测仪通过测定待测液体的介电常数和电导率,判断该液体是否具有易燃易爆性,不用打开瓶盖也能在瞬间判断容器里的液体是否为可燃性液体,其不仅可探测硫酸、盐酸等腐蚀性危险液体,还可探测液体爆炸物的主要原料,如图3-46所示。

图3-46 手持式危险液体检测仪

1)原理及规格

通过微波的额定功率,打开开关后自动进入工作状态,直接扫描目标即可检测。可检测的物品包括腐蚀性液体、液体爆炸物、液体易燃物。

(1)检测原理:通过微波方式物理性识别。

(2)识别信息:目标物的液体性质评测。

(3)测定间歇:2s内应答。

(4)探测显示:通过红色LED灯亮起且发出警报声,来显示危险物。

(5)测定水准:在危险物表面探测,自动识别。

(6)消耗电力:DC 12V 输入/0.35A 以下。

(7)使用环境条件:0~50℃,95%湿度。

2）结构

手持式危险液体检测仪结构示意图,如图 3-47 所示。

图 3-47 手持式危险液体检测仪结构示意图

1-非金属检测区域;2-电源状态指示灯;3-检测按键;4-触摸显示屏;5-温度检测模块;6-金属检测区域保护盖;7-开关机按键;8-充电口;9-通用串行总线(USB)接口;10-手持手柄

3）仪器界面

手持式危险液体检测仪界面如图 3-48 所示。

图 3-48 手持式危险液体检测仪界面

4）操作方法及注意事项

(1)操作方法。

①开机前仪器探头部位正面向上,并保持仪器 1.5m 内无任何障碍物,待显示窗出现"SUCCESS"标志后方可移动仪器进行检测。

②紧贴被检测物,不要进行任何方向的移动。

注意:要让仪器与被检测物成 90°夹角,液面高于探头位置,如图 3-49 所示。

③持续按下检索键等待结果出现,结果出现后,一定要先松开扳机,松开扳机后再将被检测物拿走。

④当被检液体安全时,绿色"安全"指示灯亮起,同时屏幕显示"安全"字样;当被检液体

为危险液体时,红色"危险"指示灯亮起,同时屏幕显示"危险"字样,如图 3-50 所示。

图 3-49　检查角度及高度

注意:造成误检的原因可能是检测要求材质以外的物品、误操作或者电量低等。

(2)注意事项。

①开机时,如显示屏显示"FAILURE"(失败)字样,需以正确方法重新启动。

②被检测物容器内必须为液态物质,如图 3-51 所示。

图 3-50　手持式危险液体检测仪检测结果　　　　图 3-51　容器内为液态物质的被检测物

③检测时,被检测物须紧贴在探头中心部位。

④当仪器出现误报、错误提示或违规操作时,请将系统初始化,初始化操作步骤与开机步骤相同。

⑤不能将仪器随意拆解。

⑥避免仪器进水、乱按扳机键或磕碰,这样有可能会损坏仪器。

⑦当出现"LOW BATTERY"(电量低)字样时,应及时充电。请将设备关机充电至少 12h,否则将会缩短电池寿命,同时也可能造成误检。

⑧使用完毕,必须将 LCD 显示屏向上放置,以防损坏。

⑨待机状态时,若屏幕中央显示"ERROR CODE:03"(错误码)字样,以正确方法重新启动即可(该问题一般为开机过程中机器按键被按住造成的)。

3.3.2　台式危险液体检测仪

台式危险液体检测仪无须开启瓶盖即可迅速检测塑料、玻璃、陶瓷、软包装及金属等材质容器中的液体是否为易燃易爆、腐蚀性物品。这类设备无放射源,可保证工作人员的健康和容器内的液体不受污染,同时具有简单、快速、安全卫生、检测准确、可靠性高等特点,其外观如图3-52与图3-53所示。

图 3-52　台式危险液体检测仪

图 3-53　台式危险液体检测仪正面及背面图

检测时只需将容器放入相应的检测槽即可,探测时间为 4~13s,探测结果通过绿、红、黄三色指示灯显示,并同时伴随报警声音提示。其中,绿色指示灯表示所测液态物品为安全物品,可放行;红色、黄色指示灯亮同时伴随连续报警声音表示所测液体危险。

1) 检测方法与基本原理

(1) 漏磁通法(塑料、玻璃、陶瓷瓶检测槽)。

不同物质具有不同的介电特性,将装有不同成分的液态物品植入静电场中后,由两面电极形成的电场穿过液体,因不同成分液体的介电常数对电场产生的影响不同,因此通过探测其感应电场等输出量变化判断液体的成分。

(2) 热扩散法(金属检测槽)。

不同成分液体具有不同的导热性,从加热电源接通之时开始测量,得到温升与时间的函数,由此得出试样材料的导热系数。据此原理,通过感测输出变化量来区分不同成分的液体。

2) 结构

台式危险液体检测仪结构示意图如图3-54所示。

3) 技术指标

以 DC2000 型台式危险液体检测仪为例,其基础技术指标见表3-17。

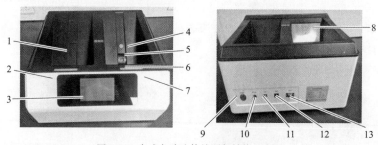

图 3-54 台式危险液体检测仪结构示意图

1-非金属检测区域;2-非金属检测区域结果指示灯;3-触摸显示屏;4-金属检测区域;5-金属传感器;6-温度检测模块;7-金属检测区域结果指示灯;8-非金属检测区域检测模块底板;9-电源开关;10-电源输入端;11-通用串行总线(USB)接口;12-RJ 45 接口;13-RS232 接口

DC2000 型台式危险液体检测仪技术指标 表 3-17

项目	指标及参数
检测目标	密封容器中的液体
容器材质	玻璃、塑料、陶瓷、纸质、金属
检测速度	非金属容器<1s,金属容器<4s
可检测容器尺寸	高度<400mm,直径<200mm
最小检测量	100mL
尺寸	470mm(长)×410mm(宽)×180mm(高)
功率	50W
重量	5.4kg
开机时间	0.4s
自校验时间	0.8s
可选择的检测模式	小瓶、普通瓶、特殊瓶
数据传输	USB、网口、Wi-Fi、RS-232
环境温度	−10~+55℃
相对湿度	0~93%RH(非冷凝)
电源	220V(15%,+10%),50Hz
可检测危险液体种类	93 号汽油、煤油、柴油、乙醚、异丙醚、石油醚乙醛、乙二醇、硝基苯、环氧丙烷、正庚烷、松香水、丙酮、苯、甲苯油漆稀料、三氯甲、四氢呋喃、油漆、正己烷、盐酸、硫酸、硝酸等
报警	声音报警、指示灯报警、LCD 屏幕图案报警

4)使用操作及注意事项

(1)操作步骤。

①开启位于背部面板的电源开关,启动仪器。

②等待系统启动完毕,显示主界面及准备检测字样时,说明设备已自检完成。

③检查被测容器,查看被检测容器外表是否干燥、无漏液现象。

④将被检物放入检测区域,使其紧贴检测仪。传感器的整个探测面都要与容器壁正对着,并且相接触。

⑤当黄色指示灯亮起时,示意液体正在检测中。

⑥检测结果,绿色指示灯亮起,表示被检物是安全的;红色指示灯亮起并伴有蜂鸣声,表示被检物为易燃易爆液体;黄色指示灯亮起并伴有蜂鸣声,表示被检物为腐蚀性液体。台式危险液体检测仪检测结果如图3-55所示。

⑦如果设置为自动复位,将样品从检测区域取走,系统将记录检测时间、结果及类型,并等待下一次检测。如果设置为手动复位,并产生报警,需要先将被检物取走,并按后部面板复位开关,才能进行下一次检测。

a) 安全　　　　　　　　　　　　　　b) 危险

图 3-55　台式危险液体检测仪检测结果图

(2) 注意事项。

①台式危险液体检测仪的液体容积与容器壁厚度见表3-18。

台式危险液体检测仪的液体容积与容器壁厚度　　　　表3-18

项目	塑料瓶	玻璃、陶瓷	金属瓶
容积(mL)	100~2000	100~2000	100~500
厚度(mm)	0.4	3.6	0.1

②不符合要求的容器。

A. 容积大于2000mL的容器;

B. 容积小于100mL的容器;

C. 超过允许的厚度;

D. 瓶子外部有其他材料包裹(如毛巾、绝缘材料等)或者表面有绝热材料;

E. 瓶内液体凝结成固体;

F. 瓶内液体过少,不足5cm深。

注意:如发现被检测容器壁有液体,检测前应将其擦干后再进行检测。

③如发生任何异常,请立即切断电源并拔出插头。

④不要在设备中插入其他物品,否则可能会引起短路。

⑤不要私自拆卸设备。

⑥在设备维护或长期不用时,要拔出电源插头。

3.4 爆炸物及毒品检测仪

3.4.1 台式爆炸物及毒品检测仪

台式爆炸物及毒品检测仪器(图3-56)采用离子迁移谱技术,可对痕量的爆炸物和毒品进行准确的检测,并报告出其成分名称。该仪器具有检测速度快、精度高、操作简单、易于维护、使用环境要求低和适应性强等特点,被广泛应用于地铁、机场、港口、边境口岸以及人群聚集场所检查危险品,或作为物证检查工具。

1)台式爆炸物及毒品检测仪的原理

台式爆炸物及毒品检测仪的核心部件为离子迁移管,主要由电离源、离子门、迁移管和离子探测器4部分组成。犯罪嫌疑人只要接触过炸药或毒品后,皮肤上就会沾有这些炸药或毒品的微小颗粒。当犯罪嫌疑人再接触其他物品时,如箱子、包裹、衣服,会通过指纹将微小颗粒污染到这些物体的表面。在常温下,这些微小颗粒或蒸气可通过爆炸物及毒品检测仪分析出来。

2)台式爆炸物及毒品检测仪的结构及功能特性

(1)主要组件。

台式爆炸物及毒品检测仪主要由离子迁移管、进样管、电子电路模块、气体流路模块、打印机及各种数据接口组成,其主要结构如图3-57所示。

图3-56 台式爆炸物及毒品检测仪

图3-57 爆炸物及毒品检测仪结构图
1-触摸LCD屏;2-打印机出纸口;3-进样口;4-散热风扇;5-指示灯

①触摸LCD屏:所有的功能操作都可以通过点击彩色触摸屏显示的菜单按钮来实现。

②打印机出纸口:主机内置微型打印机,支持打印宽度为80mm的纸带,可实时选择任意的存储数据进行打印。

③进样口:对样品进行热解析的部件。载有样品的采样布从进样口插入进样器,进样器中有高温组件,能够把采样布上的物质颗粒蒸发解析。进样口还有一个光学检测传感器,用于检测是否插入了采样布。

④散热风扇:仪器内置风扇,维持主机内部适宜的工作温度。切勿堵塞主机的散热孔,例如不要将背包、书籍等物品放在仪器侧面或背后,同时与墙也要保持至少10cm的间隙。

⑤指示灯：用于显示被检测物品是否安全的信号灯。

（2）系统主页面。

台式爆炸物及毒品检测仪系统的主页面主要包含了 5 个模块：实时检测、状态查询、系统设置、高级配置及待机关机，如图 3-58 所示。

①实时检测：检测、校准、清洗、打印、模式切换等基本操作均可在此完成。

②状态查询：用以查询仪器的当前参数，如温度、气体流量、环境压力等，此模块还可查询历史记录。

③系统设置：对仪器的系统参数如灵敏度、报警方式、打印方式等进行设置。

④高级配置：主要包括账户管理、物质库管理、系统升级等，只对高级用户（管理人员、维修人员以及研发人员）开放。

⑤待机关机：对仪器进行关机、待机、重启及用户权限切换。

图 3-58　台式爆炸物及毒品检测仪系统主页面

（3）功能特性。

①精准检测：采用离子迁移谱技术，能够准确地识别出危险物品的成分种类，可报告出被检危险品的品名。

②痕量检测：无需对准包裹内危险物品，只需用试纸擦拭被检包裹或将吸风探头对准包裹表面即可检测出是否携带危险品。

③一机双模：一台机器能够实现爆炸物和毒品的全检测。

④快速分析：检测分析速度快，10s 内出结果。

⑤自动校准：无需人工干预，机器能够自动校准，以适应外界各种环境变化。

⑥自动清洁：具有自动清洗功能，在过负荷检测后能快速且方便地自动进行清洁。

⑦自动诊断：具有故障自动诊断功能，能实时提示发出警告，用户可依据警告判断仪器是否能够正常运行。

⑧自动打印：具备内置打印机，能实时打印检测结果和历史记录。

⑨实时更新：数据库和软件均可以随时通过多种方式（如 USB、以太网等）升级和备份。

⑩实时存储：具有实时数据存储、检索、导出等功能。

⑪远程操控：能够通过多种有线和无线方式上传数据至后台系统，进行集中管理，实现

远程状态监测、结果查看、故障诊断、仪器控制等功能。

⑫多样报警:具有声音、光、颜色、文字等多种报警提示,且能根据用户要求定制不引起恐慌的报警形式。

⑬分级管理:具有操作人员、管理人员、维修人员以及研发人员分级权限管理功能,设备操作安全性高。

⑭强大的物质库:物质库收录常见的毒品和爆炸物近100种,并支持根据客户要求实时更新扩充。

⑮多重防护:具有防跌落设计,具备抗冲击、抗震动、抗沙尘、抗电磁干扰、抗电磁脉冲的功能。

3)台式爆炸物及毒品检测仪的使用操作

(1)开机预热。

①插上插头,打开电源开关和系统开关,开机自检完成后,系统进入登录界面,需工作人员输入用户名和相应的密码,选择检测模式(爆炸物或毒品),点击登录,如图3-59所示。

②进入预热界面以监控进样器和迁移管的加热进度,过程大约需要30min。

注意:预热稳定时间和仪器的使用频率有很大关系:如果机器每天开机使用,每天的第一次开机需要稳定在30min左右;如果机器超过一周没有开机使用,第一次开机需要稳定在4h以上;如果机器超过一个月没有开机使用,第一次开机需要稳定在24h以上,如图3-60所示。

图3-59 登录界面

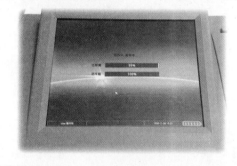
图3-60 开机预热

确保环境温度在0~40℃,相对湿度小于95%,仪器后面干燥剂瓶中粉色(上面)和蓝色(下面)试剂之间的分界线与黑色木炭区的距离超过2.5cm(否则更换干燥剂后才能开机)。新的干燥剂是蓝色的,湿的干燥剂是粉色的。

(2)开机。

打开仪器后面的电源开关。打开电源后,仪器进行一系列自检。自检完成后,根据提示点击"准备就绪(READY)/待机状态(STANDBY)"按键,等待约15min,仪器准备就绪(绿色准备就绪指示灯停止闪烁),如图3-61所示。

(3)取样布的使用。

①取样布的存放

台式爆炸物及毒品检测仪是通过对被检物品的表面污染取样分析来检查可能隐藏的爆炸物及毒品。取样是利用取样布实现的。取样时先将取样布从密封的真空包装袋中取出,用手将其展开,然后放进仪器配套的取样盒中。

图 3-61　自检完成准备就绪

②取样布的使用

从取样盒中拿出取样布,用手轻轻捏住取样布的边缘,避免碰到取样布的中心位置。摆放取样布时,将长方形取样布长的一端顺着取样器手柄的方向,将其固定,即可进行样品分析,如图 3-62 所示。

图 3-62　取样布的使用

(4)确认操作。

确认即校验,在仪器准备好后操作,目的是确保系统干净,功能正常,正确报警。

①分析空白样品(干净取样布),若无报警,进行下一步操作;若有报警,继续分析空白样品,直到连续两次无报警为止。

②分析确认标准(口红):轻轻涂抹即可。分析后应有报警,且 Verific(认证)出现在报警列表中才算确认通过,否则,涂抹更多口红继续分析,直到获得 Verific 报警。

③再次分析空白样品:按"报警复位"键将报警声音关掉,再次分析空白样品,直到不再报警。

(5)自动校准。

当进行上述开机操作后,如果无法得到 Verific 报警,就需要进行自动校准操作。自动校准只能在仪器开机就绪 45min 以上才能进行,而且必须确认干燥剂无须更换。当偏差值在 $\pm 60\mu s$ 之内,屏幕上显示"校准"。等待屏幕显示"行/未做"时,才可以自动校准。

按功能键,用箭头键选择自动校准,然后按回车键进入自动校准界面。用确认标准(口红)轻涂干净的取样滤纸或取样布,分析该样品。出现通过字样后,证明第一次校正成功。

重复该分析过程一次,再次出现通过字样后,证明自动校准结束。

第二次通过后,按"存储"键之后,主屏幕上会显示校准"行/已做"。如果自动分析的结果为"失败",则须重复该分析。仪器需要两个"通过"分析结果,自动校准才能成功。做完自动校准后,一定要用口红确认设备状态。

(6)取样。

用取样器和取样布取样。取样时,将取样布夹在取样器中,像擦拭灰尘一样在被怀疑物品表面擦拭,也可用取样布直接擦拭来取样,如图3-63所示。

a) 取样布直接取样　　　　b) 取样布夹在取样器中取样

图3-63　取样布取样

①在被怀疑物品表面上容易与目标分析物接触的地方取样。

②取样面积不要超过$0.2m^2$。当样品量太大时,用手指轻轻弹掉一些。

③用擦拭的方法将嵌入的颗粒取下来。

④取样布只要没有被污染,不是太脏或没有弄湿,就可反复使用(最多5次),脏的取样布要扔掉。

(7)样品分析。

将所取样品放进仪器中,仪器自动进行检测和分析,并给出分析结果,如图3-64所示。首先,根据显示屏提示,将取样布放入仪器中,放入取样布时,"脏"的一面朝上;其次,将盖子盖上,使取样布上有样品的部分正好暴露在白色取样环下;最后,将托盘一直推到最右边,仪器自动开始进行分析。

图3-64　将所取样品放进仪器自动分析

①分析过程:分析过程自动进行,不需要操作人员干预,分析时间为6.6s。

②移走样品:分析完成后,应根据提示将样品移走,即将托盘向左推回原处。

(8)分析结果判读。

未检测到可疑物质时,仪器显示"通过"(PASS),如图3-65所示。

检测到可疑物质时,仪器会发出报警声音(可选择将报警声音关掉),同时在屏幕上显示报警结果,如图3-66所示。

图3-65 未检测到可疑物质

图3-66 检测到可疑物质报警结果

报警结果包括以下主要项目。

①报警名称:通常为所检测到的物质名称。

②相对强度:用条形图表示,红色格子越多,表示检测强度越高。

③频道名称:有些报警可能是一个以上频道的检测结果。

④频道参数:频道参数包括最高幅度、偏差值和区段数。最高幅度和区段数越大,偏差值越小,表示检测强度越高。

(9)报警后的处理。

①按"报警复位"键将声音关掉,同时记录屏幕上显示的报警结果。

②将沾有可疑物质的取样布扔掉。

③待仪器准备就绪后,分析一块干净的取样布,如结果为"通过",表示仪器内部已经干净;如结果仍有报警,说明仪器内部尚残留有上次的样品,可通过维护菜单中的"清洗循环"功能加快清洗过程,再用干净取样布测试,直至获得"通过"结果。

(10)关机。

点击进入主界面→点击待机关机按钮→点击关机按钮→弹出关机询问窗口→点击确认→屏幕关闭→系统进入待机状态(在待机状态下,点击屏幕任意位置,系统启动,跳转到登录界面)→关闭系统开关和电源开关。

(11)烘焙。

当仪器中有水汽或受污染程度过大,或长时间不使用仪器时,仪器再次使用时需要烘焙。

烘焙的操作步骤为:快速按下"准备就绪/待机状态"键2次,在待机模式下,选择菜单上的功能键,然后选择系统维护,点击烘焙键,按照画面提示将取样托盘放入分析位置后,按回车键。

3.4.2 便携式爆炸物及毒品检测仪

便携式爆炸物及毒品检测仪能够快速、精准地探测到残留在乘客及行李表面的痕量爆炸物、毒品,其采用光电离高分辨离子迁移谱(IMS)技术,不含放射源,对人体无任何辐射危害。其具有检测速度快、检测灵敏度高、功耗低、体积小、质量轻、便于携带、易于维护、使用环境要求低及适应性强等特点,能同时准确检测出黑火药以及城市轨道交通安检规定的全部爆炸物和毒品。便携式爆炸物及毒品检测仪如图 3-67 所示。

图 3-67 便携式爆炸物及毒品检测仪

1)结构

便携式爆炸物及毒品检测仪结构示意图如图 3-68 所示。

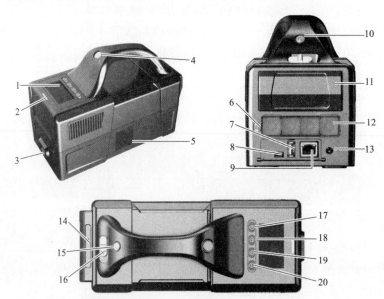

图 3-68 便携式爆炸物及毒品检测仪结构示意图

1-LCD 显示屏;2-指示灯;3-进样口;4-检测按钮;5-风扇;6-滤料罐卡扣;7-USB;8-MicroUSB;9-LAN;10-电源开关;11-电池;12-滤料罐;13-电源接口;14-电池;15-电源开关;16-电池卡扣;17-返回;18-下翻;19-上翻;20-确认/菜单

2)功能特点

(1)不含放射源,使用安全、方便,能同时准确分析出爆炸物和毒品成分。

(2)黑火药纳克级检测性能,能检测包括烟花爆竹、民用土制炸药等危险物品。

(3)采用正、负双模式,可同时检测爆炸物及毒品。

(4)系统具有自清洗功能,可对仪器系统内部进行清洁净化。

(5)仪器可直接显示运行条件的参数值,用户可依据此参数判断仪器是否能够正常运行。

(6)开放式数据库,样品库信息可随时升级。

(7)存储功能,具有良好的数据传输和控制功能。

3)技术指标

便携式爆炸物及毒品检测仪基础技术指标以 TR1000DC-C 型为例,见表 3-19。

TR1000DC-C 型便携式爆炸物及毒品检测仪基础技术指标　　表 3-19

项目	指标及参数
基本参数	
技术原理	离子迁移谱技术(IMS)
电离源技术	非放射性电离源(NRIS)
工作模式	爆炸物模式、毒品模式、双模式
可检测爆炸物	梯恩梯(TNT)、黑索金(RDX)、太安(PETN)、硝化甘油(NG)、硝酸(AN)、六甲氧胺(HMTD)、奥克托金(HMX)、特屈儿(Tetryl)、黑火药(BP)、熵炸药(TATP)等
可检测毒品	可卡因(Cocaine)、海洛因(Heroin)、大麻(THC)、冰毒(MA)、K 粉(Ketamine)、吗啡(Morphine)、安非他命(Amphetamine)、致幻剂(LSD)、芬太尼(Fentanyl)等
标定方式	内部自动标定
验证方式	自动验证笔
采样方法	固体颗粒擦拭采样,可使用仿生取样器夹持拭纸连续采样
灵敏度	pg 级
误报率	<1%
预热时间	<10min
分析时间	<7s
清洁时间	<10s(典型)
功能参数	
显示屏	3.2 英寸 TFT 彩色触摸屏
报警显示	直观显示通过/报警,并展示检出物质的名称、类别、强度
数据接口	以太网、USB,并可通过 USB 或网络传输数据
数据存储	>10 万条原始检测数据(可扩展储存容量)
安装参数	
尺寸	293mm(长)×133mm(宽)×180mm(高)
重量	<3kg

续上表

项目	指标及参数
安装参数	
电源	100~240VAC±10%,47~63Hz,可选配车载适配器
电池	1块热插拔电池支持3h连续工作
工作温度	-30~+60℃
工作湿度	0~95%不凝露
工作压力	40~106kPa
运输包装	专业仪器设备加强包装箱,便于随身携带

4)便携式爆炸物及毒品检测仪的操作及维护
(1)操作流程。
开机→系统欢迎界面→用户登录界面→仪器自检→标准物的标定→空白样品测试→物质检测→检测结果→关机。
(2)维护措施。
①便携式爆炸物及毒品检测仪的触摸屏属于易碎品,在使用过程中要轻触;
②便携式爆炸物及毒品检测仪的标定物属于易损易耗物品,在使用过程中要小心,使用后要盖好并妥善保管;
③关机时,必须严格按照关机的流程进行操作,切勿在工作状态下直接关闭电源。关闭电源后,如果要将仪器装入包装箱,尽量先将仪器放置冷却10min后,再装入箱中。

3.5 手持式金属探测器

手持式金属探测器是一款高性能的、专为安检工作设计的金属探测器,可用于探测乘客身上、包裹、行李、信件中的金属。当金属探测器接近或者掠过金属物体,设备就会发出报警。其具有小巧轻便、可靠性高,使用方便等特点。

3.5.1 手持式金属探测器原理

调节高频振荡器的增益电位器,恰好使振荡器处于临界振荡状态,即刚好使振荡器起振。当探测器靠近金属物体时,由于电磁感应现象,会在金属导体中产生涡电流,振荡回路的能量损耗增大,正反馈减弱,处于临界态的振荡器振荡减弱,甚至无法维持振荡所需的最低能量而停振。如果能检测出这种变化,并转换成声音信号,根据声音有无,就可以判定探测器下面是否有金属物体。人身检查过程中若检测到某一部位时金属探测器出现报警,则表明有金属物体。

3.5.2 手持式金属探测器结构及功能特点

1)外部结构
手持式金属探测器结构示意图如图3-69所示。

第3章 安检设施设备及操作

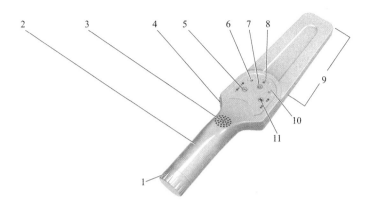

图3-69 手持式金属探测器结构示意图

1-电池盖;2-探测器手柄;3-蜂鸣器发声孔;4-充电口;5-灵敏度触摸键;6-欠压指示灯;7-开机触摸键;8-报警指示灯;9-探测区;10-电源指示灯;11-声音振动触摸选择键

(1)电池盖:电池舱是安装普通电池或充电电池的地方,当放置充电电池时,可以将手持式金属探测器直接插入充电器充电;电池盖采用滑槽式,向外推出可打开电池盖,向里推入可关闭电池盖,如图3-70 所示。

(2)探测器手柄:使用时手持的位置。

(3)蜂鸣器发声孔:当探测器开启蜂鸣模式,检测到金属时,蜂鸣器就会发出短促连续的"嘀嘀嘀"报警声音。

(4)充电口:给电池充电时,充电器的插孔,如图3-71 所示。

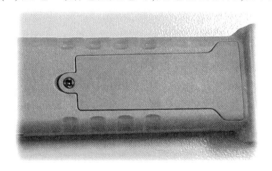

图3-70 手持式金属探测器电池盖

图3-71 手持式金属探测器充电插孔

(5)灵敏度触摸键:用于调节灵敏度,通常工作时使用中挡灵敏度。

(6)欠压指示灯:当探测器内电池电量欠压需要充电或者更换时,此灯为黄色闪烁状态,提醒使用者充电或者及时更换电池。

(7)开机触摸键:开启或关闭手持式金属探测器。

(8)报警指示灯:当探测器探测到金属时,此灯为红色闪烁状态,并伴随蜂鸣器的鸣叫或振动。

(9)探测区:探测时应将有指示灯的探测面面向自己,以便观察指示灯。

(10)待机指示灯:显示探测器内有无电池、有无电量,当探测器内有电池且有电量时,打开开关后,此灯会显示绿色,表示电池有电。

(11)声音振动触摸选择键:用于切换蜂鸣挡、振动挡位。

2)功能特点

(1)产品特点。

①探测磁场均匀,灵敏度高。

②使用简单、方便,无需调试。

③电池的电压从9V降至约7V时,探测距离不变。

④振动方式:声(振动)加光报警。

⑤电池用尽时有连续的声音或振动提示功能。

⑥有开机、关机声音或振动提示功能。

⑦有高、中、低3种灵敏度可供选择。

(2)探测距离。

①大头针:30~60mm。

②六寸匕首:160~180mm。

③直径20mm钢球:90mm。

④六四式手枪:180~195mm。

⑤一元硬币:75~100mm。

3)技术指标

以MD0120型手持式金属探测器为例,其基础技术指标见表3-20。

MD0120手持式金属探测器基础技术指标 表3-20

项目	指标及参数	项目	指标及参数
灵敏度	3级可选	存储温度	-40~+80℃
报警模式	声音/震动/发光	环境湿度	0~95%,无冷凝
电源	9V可充电电池供电,欠压时,指示灯亮起	设备尺寸	388mm×79mm×54mm
持续工作时间	100h	包装尺寸	475mm×330mm×130mm
充电器	无线充电,电池可同时充电或选用普通座充	重量	探测器:385g(带电池);充电器492g
工作温度	-30~+70℃	运输重量	1.6kg

3.5.3 手持式金属探测器的操作

(1)电池安装:可由9V干电池或充电电池及类似产品供电。用大拇指在探测器电池盖的凹槽内向后推,即可打开电池后盖,按电池盖板正、负符号装上电池。保证电池接触良好,盖上电池盖向前推紧。

(2)开机:三相开关可向上或向下按动选择2种操作报警模式(向上是声音和指示灯,向下是振动和指示灯),中间为关闭电源。随后探测器报警指示灯将闪烁几秒,此时应使探测面离开任何金属物品,直至上述灯熄灭。如待机指示灯绿色灯亮起,表明电池电量充足。如黄色欠压指示灯亮起,表明需要更换干电池或给电池充电。

(3)灵敏度调节及操作:手持式金属探测器配备有灵敏度调节开关,有低、中、高3挡可供选择。一般情况下,灵敏度应设在中挡,其他范围使用时需取决于被测金属物体的尺寸和距离而定。

(4)低灵敏度测试:如果需要排除金属物体中体积较小的物体,可以按住低灵敏度开关对被测物体周围探扫,有金属物体时即发出报警声音或振动,同时,绿灯变为红灯;停止探扫,声音或振动即停,红灯变为绿灯。因按住低灵敏度开关时,灵敏度降低了5倍以上,所以这时测到的一般都是比较大的金属物体。

(5)电池充电:注意不要对干电池进行充电。将充电器直接插入充电孔即可充电。充电前必须确认电池舱中的电池为可充电电池,打开充电器开关到"ON"位置,电源指示灯亮起表明有电流通过,充电成功。充电时,探测器必须关闭,完全充电所需时间为16h。

3.5.4　手持式金属探测器的维护及故障排除方法

1)手持式金属探测器的维护

(1)金属探测器不使用时,应将开关置于"OFF"位,并保持金属探测器外表面清洁、干燥。

(2)电池长时间不用一定要取出,并在保存时注意防止电池短路。

(3)电池舱内所放干电池的电压为9V,不可超过9V,否则可能会损坏探测器内部元件。

(4)在任何情况下都不可以将手持式金属探测器置于水中或接触大量的水,以防止内部元器件短路损毁。

(5)使用中避免金属探测器与坚硬物体大力碰撞或从高处跌落而损坏内部元器件。

(6)充电时一定要确认电池舱中的电池为可充电电池,切记不可以给干电池充电,以免发生爆炸。

(7)注意维护手持式金属探测器外表面的清洁,可用湿布擦洗。

2)常见的故障及排除方法

常见的故障及排除方法见表3-21。

常见的故障及排除方法　　　　表3-21

故障类型	排除方法	故障原因
开机1~2s后振动或者报警不停	仪器灵敏度过高或电池电压不足	将探测器灵敏度调低;调整后仍不行的,给电池充电或更换电池
开机后红灯长亮,不报警,不振动	探测器停用时,电池未取出,电池长期缓慢放电导致电量不足	应更换新电池;注意电池盖是否被电池漏液污染,如已污染及时清洗,否则会腐蚀损坏电池扣和电路板,可以用纯酒精或专用电子清洗剂清洗
开机后探测任何东西都报警或轻微晃动也报警	将灵敏度调得过高,或在调高灵敏度探测细小金属物体后,没有及时调回到原来正常的位置	将灵敏度调低

续上表

故障类型	排除方法	故障原因
带振动的探测器,有时蜂鸣器工作正常,而转到振动时电机不能停下来	电池电压明显下降,电机耗电超过蜂鸣器,电池电压只能保证蜂鸣器正常工作	在振动的情况下,调低仪器灵敏度;应更换新电池或充电后再使用
开机后或稍后出现长鸣现象	探测器开关没有复位	出现长鸣时,只要在探测器复位按钮中间位置按一下即可
开机后出现时而正常、时而不正常,一会儿报警、一会儿什么也没有的现象	电池接触不良	打开电池盖重新压紧;电池扣过松的,用销子轻轻夹紧即可;如电池扣没有弹性或已损坏,换用新电池,更换时注意正负两极不要接反

3.6 智慧安防安检系统

3.6.1 智慧安防安检系统

1)智慧安防系统

(1)智慧安防的概念。

智慧安防,也称智能安防,是通过应用各种先进技术和智能化设备来提升安全防范能力和管理效率的一种安全管理模式。智慧安防系统整合了视频监控、入侵检测、门禁控制、消防报警等多种安全设备,并结合了人工智能、大数据分析和云计算等技术,实现了智能化的安全监控和管理。智慧安防系统框架如图3-72所示。

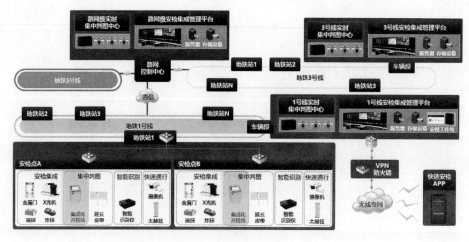

图3-72 智慧安防系统框架图

智慧安防在各个领域都有广泛的应用,包括公共场所、商业建筑、住宅小区、交通设施等。它能够提高安全性和管理效率,有效预防和应对各种安全风险和威胁。

(2)智慧安防的特点。

①视频分析和识别能力:通过人脸识别、行为分析、异常检测等技术,能够实现对监控画面中的人员和事件的智能识别与分析。

②实时预警和报警功能:通过智能监测设备和算法的配合,能够实时监测并预警异常行为或事件,有效提高反应速度和处置效率。

③远程监控和管理:通过互联网和云平台,可以随时随地地对监控设备进行远程访问和管理。

④数据分析和挖掘:可以对采集到的数据进行分析和挖掘,为安全管理决策提供更多的依据。

(3)智慧安防的作用。

①预防犯罪:智慧安防系统通过视频监控、入侵检测、人脸识别等技术,能够实时监测和分析异常行为,快速发现潜在的安全威胁,预防犯罪事件的发生。

②实时监控和应急响应:智慧安防系统能够提供实时的监控画面,让安防人员可以及时掌握现场情况,并根据需要快速采取措施,加强应急响应能力。

③人员和车辆管理:通过智能门禁、人脸识别等技术,智慧安防系统能够对人员和车辆进行有效的管理和控制,提高安全性和管理效率。

④数据分析和决策支持:智慧安防系统可以对采集到的数据进行分析和挖掘,提供有价值的信息和决策支持,帮助制定更科学、有效的安全管理策略。

⑤提升管理效率:智慧安防系统通过自动化和智能化的手段,能够减轻人员工作负担,提高安全管理的效率和准确性。

2)智慧安检系统

(1)智慧安检的概念。

智慧安检是指利用先进的技术和智能化设备来提升安全检查和筛查的效率和准确性的新型安检方式。它结合了人工智能、机器视觉、传感技术等先进技术,通过自动化和智能化手段,可以更快速、更准确地进行安全检查和筛查工作,如图3-73所示。

(2)智慧安检的特点。

①无接触式检测:智慧安检可以采用无接触式的检测手段,如使用红外热像仪、雷达等,避免了传统安检中需要人员接触被检查物品的问题,提高了安全性和卫生性。

②高效快速:智慧安检利用智能化设备和算法,能够快速扫描和分析被检查物品,提高了安检效率,减少了人员工作量,如图3-74所示。

③多样化检测:智慧安检可以对不同类型的物品进行多方面检测,如金属检测、液体检测、危险品检测等,与传统安检相比,覆盖范围更广,准确性更高。

④数据分析和挖掘:智慧安检系统可以对采集到的数据进行分析和挖掘,以识别异常模式和行为,提供预警和报警,帮助安检人员更好地处理潜在的安全风险。

3)集中判图系统

(1)集中判图系统的概念。

轨道交通远程实时集中判图系统采用了实时传输、负载均衡、分布式集成及人工智能等技术,做到了实时、集中、远程、AI 智能辅助判图,有效地优化安检人员配置,达到轨道交通安检工作减员增效的目标。

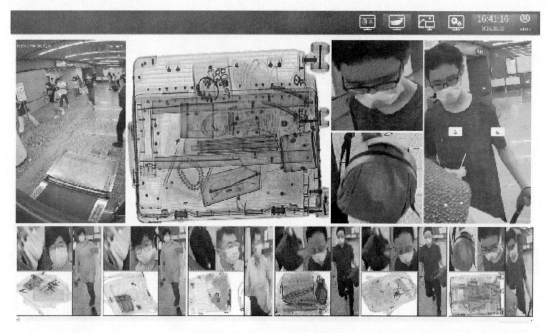

图 3-73　智慧安检系统界面

图 3-74　安检智能化设备

通过建设统一的远程集中判图中心,将安检判图员的工作地点从各个分散的安检点现场转移到远程集中判图中心,本地安检点不再配置判图员。安检设备生成的每个判图任务,通过网络发送到远程集中判图中心,由远程判图员进行处置。远程集中判图流程如图 3-75 所示。

该系统通过人工智能识别算法对安检判图过程提供辅助,在不干扰正常判图工作的前提下,向安检判图员提示疑似危险物品的类型与位置信息,有效提高了安检判图员的工作质量,同时又有效地降低了漏判危险品的风险。

集中判图系统架构如图 3-76 所示。

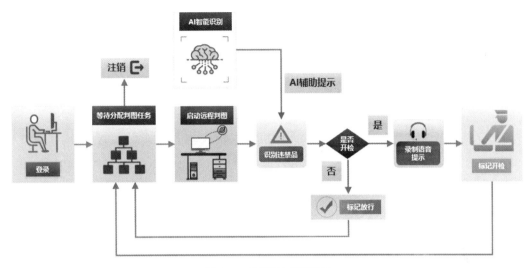

图 3-75 远程集中判图流程

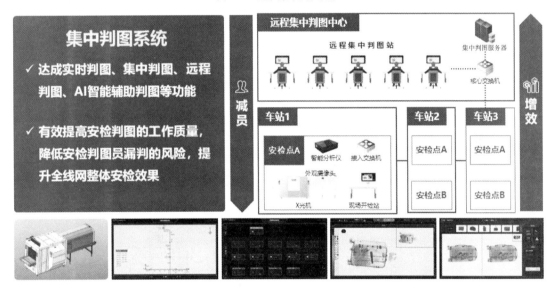

图 3-76 集中判图系统架构图

(2)集中判图系统的作用。

集中判图模式便于对判图人员进行管理,不仅人员轮班换岗的调配更加自由,也能为安检判图员提供更加安静舒适的工作环境,使得其任务处理效率得到提升。同时,由于集中办公的判图员不再参与本地安检点的岗位轮换,能够专注于判读 X 射线图像的工作,从而有利于培养出一批专业能力更强、人员流动率更低的安检判图员队伍。

3.6.2 智慧安防安检设施设备

1)安检智慧化设备概述

与传统安检模式不同的是,智慧化安检模式只需要运用较少的人工甚至不需要人去参与完成的一种安检模式。智慧化安检模式包括了全新的系统改造和各种先进的设备,目前已应用于国内部分城市机场或大型综合交通枢纽的轨道站点。

（1）人脸识别系统。人脸识别系统的运用不仅可以在乘客准备进入候检区时对乘客的值机信息进行判断，防止送行人员进入候检区，从而减少候检区域维护秩序的工作量，并防止怀有不轨行为的人员进入候检区。人脸识别系统还实现了乘客一证通关、自助验证过安检的功能，帮助安检岗位中的验证岗位进行人证对照、识别特殊乘客。

（2）人包绑定系统。当乘客在进入候检区前进行人证对照的时候，如果乘客的托运行李存在不可携带的东西或者行李里面有可疑物品时，人包绑定系统闸机会自动提醒行李需要检查，这样可以方便乘客在没有排队过安检前进行行李检查，从而节约乘客的时间。人包绑定系统功能及界面分别如图3-77、图3-78所示。

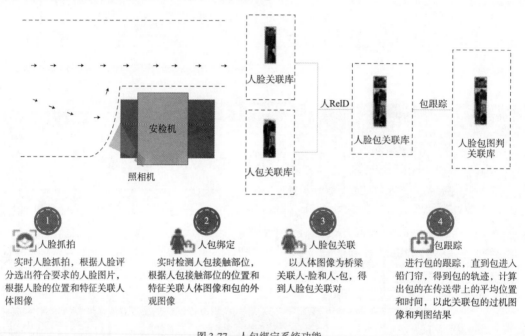

图3-77　人包绑定系统功能

（3）毫米波人体检查设备。当乘客进行身份验证后，安检人员引导其站到安检门内，通过毫米波人体检查设备对乘客进行全身扫描，并将携带的物品位置和形状呈现在显示器上。如果发现其携带物品存在违禁品或危险品，检查设备将会发出警报声，提醒安检人员检查。这样就无需安检人员再用金属探测器进行安检，只要乘客通过安检门即可，提高了安检效率。

（4）盛物筐自动传筐装置。使用盛物筐自动传筐装置，一方面可以加快乘客放物品的速度，也大大减轻安检人员来回搬运篮筐的工作量；另一方面，利用篮筐设置的二维码，可将乘客的行李物品与乘客本人关联在一起，可避免错拿物品或物品遗留时再寻找物主。

（5）智慧安检通道。在人流量大的车站的高峰时段，智慧安检可提供快捷通道，如开展提前预约，为乘客提供便利。

除了面向旅客的智慧安检设备以外，还有针对员工的设备，如关键岗位质量控制的监控系统，能对员工状态进行判断，实现报警提醒，以确保员工在工作时不分心，从而保证安全。

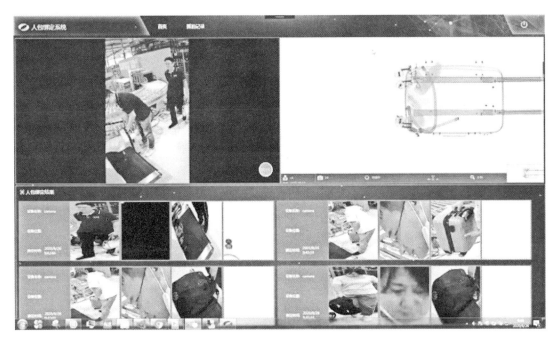

图 3-78　人包绑定系统界面

2）太赫兹成像仪

（1）工作原理。

太赫兹成像仪是一种人体安检成像仪，运用太赫兹技术，实现对人体体表的远距离非接触式查验，能实时快速且有效地探测出藏匿于衣物下及人体体表的嫌疑物，包括但不局限于金属武器、非金属武器、液体、爆炸物、毒品等，如图3-79所示。

太赫兹成像仪采用低温超导技术和多频段融合探测技术，通过获取人体自身发出的太赫兹信号形成高对比实时图像，可对安检通道内的被检人员进行动态或静止的实时检测，且动态检测时无须被检人员停留。该设备配备高清摄像头，同时显示太赫兹图像和光学图像，协助安检人员判图，具有安全、高效等特点。

太赫兹成像仪适用于各种场所安检通道的人员安检，已应用于部分地铁站、高速铁路车站。

图 3-79　太赫兹成像仪

（2）技术特点。

①安全无辐射：被动接收人体自身发出的太赫兹波信号并成像，安全性高。

②实时动态成像：非接触式实时动态成像，成像速度快，被检人员无须停留，通关效率高。

③无感知查验：部署灵活，无须设置封闭或半封闭式通道，可实现无感知查验。

④强大的查验能力：能快速有效地探测出衣物下体表的藏匿物，如枪支、刀具、爆炸物、毒品等，其查验效果图如图3-80所示。

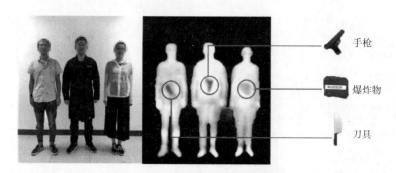

图 3-80 太赫兹成像仪查验效果图

⑤远距离、大视野范围检测:检测距离远,视野范围大,可容纳并列 4 人及以上同时检测。

⑥智能查验:具备危险品自动识别及报警功能。

⑦高分辨力、高灵敏度:基于低温超导技术及多频段融合探测技术,具备高空间分辨力和高灵敏度等特点。

太赫兹成像仪检查系统如图 3-81 所示。

图 3-81 太赫兹成像仪检查系统

(3)技术指标。

以 TH1000 型太赫兹成像仪为例,基础技术指标见表 3-22。

TH1000 型太赫兹成像仪基础技术指标 表 3-22

指标	指标及参数	指标	指标及参数
工作距离	>5m	额定功率	1.7kW
成像速度	12fps	主机尺寸	80cm(直径)×190cm(高)
空间分辨力	1.5cm	主机重量	150kg
系统供电	220V AC/16A/50Hz		

3）智能安检票检一体机

智能安检票检一体机是以智能武器探测功能为核心，集成测温、带包检测、人脸识别、检票闸机于一体的安检票检一体化快速通道。武器探测功能可快速准确地探测出人体是否携带枪支、刀具等违禁品，如图3-82所示。

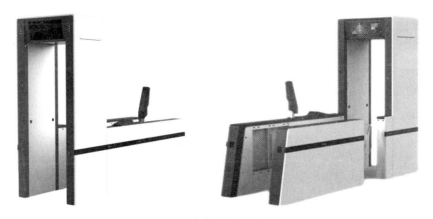

图3-82 智能安检票检一体机

（1）工作特点。

为了解决传统安检模式下难以兼顾效率与安全问题，缓解高峰期带来的大客流，重庆地铁4号线铁山坪站率先安装了智能安检票检一体机，实现了智慧安检票检一站式入闸，不仅节约了乘客的出行时间，还提高了地铁车站的安全性。乘客安检时，智能安检门上方的屏幕会直观地展示出乘客类别和乘客随身携带的金属物品的位置及种类。升级后的安检门可分辨钥匙、手机等非违禁品，以减少误报率。安检人员根据乘客类别和金属类别提示快速放行或进行针对性检查。同时，智能安检门与人脸闸机合二为一，支持车票、二维码、银行卡及人脸识别扣费等各种过闸方式，显著地提高了进站效率。部分安检门还运用了太赫兹技术，不仅可以探测金属物品，还可以探测人身上携带的粉末、液体、胶体等非金属危险品，大大提升了安检效率和安检质量。其报警界面示例如图3-83所示。

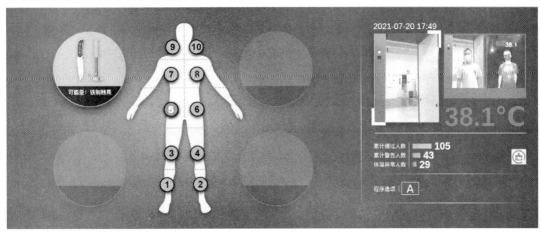

图3-83 典型报警界面示例

（2）技术参数。

以 BSF1000 型智能安检票检一体机为例，其基础技术参数见表 3-23。

BSF1000 智能安检票检一体机基础技术参数 表 3-23

项目	指标及参数	项目	指标及参数
查验方式	通过式	系统尺寸	2500mm（高）× 3100mm（长）× 1050mm（深）
通行率	≥30 人/min	通道尺寸	2150mm（高）× 3100mm（长）× 650mm（深）
报警方式	声音＋灯光报警＋可疑物品图像显示	设备重量	550kg
检测能力	金属武器、管状/罐状物、金属/非金属爆炸物等违禁品	供电电压	100～120V/200～240V 50/60Hz
数据统计	自动统计通过人数、报警人数	功耗	700W
图像显示	人体体温及物品的疑似材质信息、形状信息及人体区位	运行温度/相对湿度	－20～＋50℃/15%～90%（不结露）
测温精度	±0.3℃	闸机平均无故障次数	3000 万次
黑体温度精度	±0.1℃	闸机动态运行力	≤150N（符合动态安全力标准）

4）人脸识别安检门

具有人脸识别功能的安检门是通过在安检门上安装监控探头实现的。首先形成对应的人脸库，依托人脸识别系统对乘客进行判别，并将信息推送给安检人员，安检人员据此采取不同的安检措施，从而提升安检效率。乘客通过下载"智慧安检"App，在 App 内开通智慧安检服务，添加人脸及实名信息，阅读并承诺遵守《智慧安检开通服务协议》相关内容，通过认证和审核后，即可使用智慧安检服务。这项服务针对经常乘坐地铁通勤的乘客，需要乘客进行"通勤乘客认证"，如重庆市采用的系统绑定乘客的渝畅行和畅通卡账号等。但携带小型双肩背包、小挎包等小件行李的乘客或携带大件行李的乘客仍需进行正常安检。

（1）人脸识别流程。

人脸识别技术的实现，需要先搭建功能齐全的人脸识别系统、配备优质的网络条件，并在后台建立完善的人脸特征库。在人脸识别过程中，通常包括人脸图像获取、人脸检测、人脸图像预处理、人脸特征对比识别等环节。人脸识别要经过一个完整的识别流程，最后输出结果，如图 3-84 所示。

（2）技术难点及解决措施。

乘客通过人脸识别安检门乘坐轨道交通前，需要通过地铁 App 或智能客服终端完成人脸图像上传和实名注册，此阶段需对图像清晰度、图像亮度、面部表情、姿态等方面提出一定的要求。此过程涉及的技术难点及解决措施如下：

①信息安全性问题。人脸识别支付系统保留乘客的实名账户、人脸图像等涉及乘客隐私的关键信息,因此需要建立一套完善的安全防护机制和采取完善管控措施,以保证乘客的隐私安全。

②识别精准度问题。在城市轨道交通车站现场环境下,人脸识别成功率难免会受到站内灯光照明、乘客姿态及表情、网络通信速度及人脸面部遮挡等因素影响。因此,需要根据现场实际环境,测试、调整人脸识别模块的功能参数;增设移动网络信息点,确保人脸识别系统通信顺畅;同时利用人工智能自学习能力,通过大量试验数据不断更新并完善人脸识别算法,提高识别精准度。

③识别速率问题。随着城市轨道交通客流的不断增长,人脸特征库的数据信息也随之增长,人脸辨认 1∶N 模式的比对速度相应也会受到影响。尤其在乘客过闸阶段,当识别速率无法满足现场乘客通行需求时,极易造成车站现场的客流拥堵。因此,需要通过采取一定的技术措施,提高人脸图像的比对识别速度。目前,国内郑州地铁和济南地铁已正式上线包含付费人群的人脸识别支付系统,并已在全线网所有车站设置了人脸识别支付系统终端设备。各城市轨道交通运营企业均采用人脸辨认 1∶N 模式。

由于人脸辨认 1∶N 的识别速率与人脸特征库的信息量直接相关,可通过缩库的方式提高现场识别速率。基于城市轨道交通 App 定位的方法,在入站口通过获取乘客手机位置信息权限,可实现车站级人脸特征库的缩库操作。人脸识别云平台根据城市轨道交通 App 实时上传的乘客定位信息及移动轨迹等特征值,能判断乘客是否已进入城市轨道交通车站入口,并通过以下措施实现缩库操作:

首先,乘客进入城市轨道交通车站入口时,人脸识别云平台对车站入口摄像头采集的乘客人脸图像进行预处理,将与该乘客人脸特征库进行比对。

其次,乘客过闸时,摄像头检测乘客人脸图像,实时上传后与车站级人脸特征库进行 1∶N 对比,并反馈结果,实现乘客过闸和后台信用扣费。乘客完成过闸后,车站级人脸特征库再将该乘客人脸信息删除,同时上传过闸交易至人脸识别云平台。

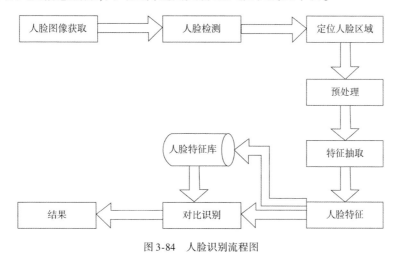

图 3-84　人脸识别流程图

3.6.3 智慧安防安检的需求及发展趋势

1）智慧安防安检需求

随着物联网、大数据及人工智能技术的快速发展及应用,安检系统已进入信息化、智能化快速发展期,主要表现为以下几个方面。

(1)业务管理信息化。

利用计算机网络技术,实现车站安检设备集成化管理,包括设备状态在线监控、安检数据统计与可视化分析、安检人员考勤信息化等,提高设备的信息化管理水平;基于物联网等技术,实现安检各流程的信息化关联处置。安检判图、开包检查、违禁品确认与处置等过程均由系统记录,确保安检事件的闭环处理及全程可追溯,提升安检业务处置水平,为安检信息化、智能化发展奠定基础。

(2)提升判图精准度及效率。

基于人工智能、大数据等技术,实现安检设备自主化判图,减少乘客包裹、判图员等因素干扰,弥补人工判图存在的误判、漏判等问题,缩短判图时间,缓解安检人员工作压力,提升乘客安检体验感。

(3)优化安检流程。

基于大数据、生物识别等技术,在满足"人与物同检、逢包必检"等安检要求的同时,对乘客进行分类安检,优化安检流程、缩短安检时间,提高乘客通行效率。此外,整合安检与票检,进一步简化进站流程,实现乘客无感乘车,解决安全防控与通行效率的矛盾。

(4)运营成本控制。

基于人工智能、云计算等技术,实现安检人员集中办公,优化安检人员配置,改善安检人员工作环境,进而培养职业化的安检队伍,提升安检人员业务水平,降低运营成本。

2）智慧安防安检发展趋势

智慧安检技术发展趋势包含以下几个方面:安检信息系统、AI智能判图、信用安检、安检与票检合一、安检互信、差异化安检等。

(1)安检信息系统。

通过搭建线网安检信息平台,将安检机等车站终端设备统一纳入系统管理,打破安检信息孤岛。通过对安检数据结构化、标准化处理,安检信息平台实时监管并存储各线路终端设备状态信息、违禁品报警信息,并对安检全流程处置数据进行90天集中存储,形成全局视图和可视化报表,建立轨道交通安检大数据库,为管理层决策提供实时、真实、有效的数据支撑。

当前,上海、长沙、苏州等城市已落地安检信息平台,实现了安检设备状态、安检数据及安检人员考勤的系统化、信息化管理。

(2)AI智能判图。

AI智能判图是指基于深度学习的人工神经网络模型,通过对安检图像进行特征提取及特征融合分析处理,实现对危险液体、管制刀具和枪支器械等违禁品的智能识别与自动实时报警。与传统人工判图相比,AI智能判图具有效率高、识别精准度高、识别能力强、抗干扰能力强及识别类别丰富等优势。

当前，AI智能判图的违禁品检出率已达到95%以上，并已在苏州、西安、广州等城市得到应用。在AI智能判图辅助下，安检判图人员只需做少量判读工作，大幅减轻其工作强度和压力，提高安检设备危险物品自动识别能力，在提高安检效率的同时，还有效降低了漏判危险品的风险。

(3) 信用安检。

信用安检是指基于乘客信用体系及人脸识别技术，对乘客实施分类、分级的差异化安检。随着"互联网+"在轨道交通乘客出行服务中的推广应用，乘客对实名乘车的接受度亦逐步提升，运营部门积累了海量的乘客出行数据，已初步具备信用安检的实施条件。

(4) 安检与票检合一。

安检与票检合一，是指在信用安检的基础上，建立安检、票检快捷通道，采用安检票务一体化设备简化进站乘车流程，实现"安检+票检"一体化。在高峰期大客流情况下，该模式不仅能对大客流进行分流，解决大客流与安检瓶颈的冲突，而且能够缩短乘客进站时间，提高客运服务水平。目前，国内已有城市逐步开展票检安检一体化方案的应用研究。上海地铁在部分站点试点"安检、票检快捷通道"进站措施，乘客可持"METRO大都会"App通过"安检、票检快捷通道"刷码进站乘车；武汉地铁开展试点研究，通过大数据采集和分析数据，将乘客按白、灰、黑名单进行分级，完成人脸采集的白名单乘客可通过"安检、票检快捷通道"，灰、黑名单乘客仍采用传统的安检方式。此外，郑州、西安等城市已经在进行依据人脸识别的安检票检一体化实践。

但是，乘客差异化安检模式和"安检+票务"一体化的进站新模式仍处于新兴阶段，相关技术手段还非常有限。

(5) 安检互信。

安检互信是指乘客在城市轨道交通与市域铁路城际铁路及国铁间换乘时，无须二次安检，直接进站。根据都市圈"四网融合"发展要求，城市轨道交通与市域铁路、城际铁路及国铁间实施无障碍换乘是行业发展的必然结果。安检互信是实施无障碍换乘的重要前提。

受制于城市轨道交通非实名安检的乘车现状，目前国内城市已推广单向安检信任，即乘客可从国铁换乘至城市轨道交通，直接进行票检。随着城市轨道交通信用安检的推广与普及，安检互信的限制条件将逐渐消除，为"四网"间无障碍换乘奠定基础。

(6) 差异化安检。

城市轨道交通乘客差异化安检系统包括两类安检通道(普通安检通道、实名认证快速安检通道)，两套系统(乘客身份识别系统、行李精准识别系统)。乘客身份识别系统用于实名认证快速安检通道，实现对乘客身份的确认；两类安检通道安检设备通用安检设备通过行李精准识别系统精确判图，识别行李中是否存在违禁品。

实施差异化安检平行设置实名认证快速安检通道和普通安检通道，两通道间可采用半高栏杆隔离做好秩序维护，共用一套通道式X射线安检设备。实名认证快速安检通道入口设有识别路段及乘客信息识别系统,用于识别乘客是否处于信息数据库中。乘客根据自身是否进行过实名认证选择对应的通道进行安检,其流程需经乘客信息识别系统核验,通过后专用通道门打开,系统以语音或灯光形式提示乘客进入实名认证快速安检通道,执行快速安检标准,即随机抽检、小包不检、大包检查。

普通安检通道的乘客在安检时,将行李物品通过通道式 X 射线安检机进行检查,经值机人员辨别其是否携带违禁品后,通过探测门检测身上有无携带金属物品,若探测门铃响,再由手检人员对过检乘客进行二次检查,如图 3-85 所示。

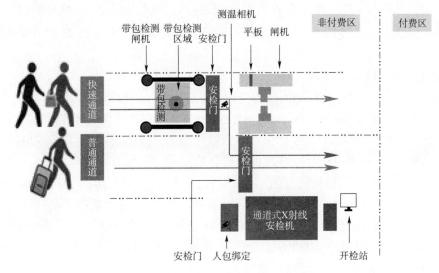

图 3-85　带包检测系统及差异化安检系统

回顾

一、填空题

1. X 射线是一种_____、_____、_____的电磁波,它的波长比可见光的波长更短,穿透力强。
2. 有机物在通道式 X 射线安检机图像中呈现的颜色是_____。
3. 台式危险液体检测仪的两个检测区域分别是_____和_____。
4. 金属探测门常见的两个工作原理是_____原理与_____原理。
5. 金属探测器灵敏度一般情况应设置在_____挡。

二、选择题

1. 安检机开机流程步骤顺序为(　　)。

　　①检查 3 个急停开关是否处于旋起状态
　　②开启皮带,观察屏幕滚动显示的包裹图像
　　③按下绿色启动按钮
　　④顺时针旋动钥匙开关
　　⑤清除通道内的杂物

⑥等待计算机自动引导程序启动(2min左右)

⑦插上插头,开启稳压器电源

A.⑤②⑥①③⑦④ B.①⑤⑦④③⑥②

C.③⑦②①④⑤⑥ D.①②③④⑤⑥⑦

2. X射线图像中有机物与无机物的重叠部分显示为(　　)。

A.红色　　　　B.蓝色　　　　C.绿色　　　　D.黑色

3. 在使用手持式危险液体检测仪检查时,要让仪器与被检测物成(　　)夹角,液面(　　)于探头。

A.30°;略低　　B.45°;略高　　C.60°;低于　　D.90°;高于

4. X射线图像中有机物呈现为(　　),混合物呈现为(　　),无机物呈现为(　　),X射线穿不透的物体为黑色或红色。

A.绿色;橙色;蓝色　　　　　B.蓝色;橙色;绿色

C.橙色;蓝色;绿色　　　　　D.橙色;绿色;蓝色

5. 使用取样布时,用手轻轻捏住取样布的(　　),确保不要碰到取样布的(　　)位置。

A.边缘;中心　　　　　　　B.中心;边缘

C.中心;四角　　　　　　　D.边缘;四角

三、简答题

1. 请简述通道式X射线安检机开机前检查流程。
2. 请简述通道式X射线安检机的判图方法。
3. 请简述手持式危险液体检测仪的操作步骤。
4. 请简述金属探测门的影响因素。
5. 请简述智慧安防安检的发展趋势。

第4章
安检流程及禁止限制携带物品处置

导读

知识目标

1. 掌握手工人身检查、仪器人身检查及行李检查的方法及流程,正确进行安检工作。
2. 了解禁止限制携带物品的处置原则及措施,能够区分此类物品并正确处置。
3. 掌握可疑人员和可疑物品的处置流程,并能够灵敏辨识可疑人员及物品。

案例分析

1. 案例描述

2020年1月23日,北京铁路公安局管内的某地铁站安检人员在安检时,突然在安检仪屏幕上发现一行李中显示有疑似手枪状可疑物。安检人员立即报告执勤民警,民警赶到安检点将携带该行李的一名男子控制住。经检查,该男子行李箱内有仿54式金属质地手枪一支和空弹夹一个。经有关部门鉴定该枪为枪支,以压缩气体为动力,具有杀伤力。

2. 案例分析

在此案例中,安检人员在执行行李检查时敏锐地捕捉到安检仪屏幕上疑似手枪状的可疑物品,并迅速报告执勤民警,最终核实为具有杀伤力的仿真枪支,有效避免了乘客带入地铁可能造成伤害的风险。

3. 案例思考

(1)在乘客行李中发现可疑物品应如何开包检查?行李检查的方法及流程是什么?
(2)安检人员应如何进行人身检查?分别有哪些步骤和注意事项?

4.1 人身检查流程

4.1.1 人身检查概述

1)人身检查概述

人身检查是指采用仪器人身检查和手工人身检查相结合的方式,对乘客人身进行安检,其目的是检查乘客身上是否藏匿危险品及禁止限制携带物品,保障城市轨道交通运营和人民生命财产安全。

(1) 仪器人身检查：安检人员按规定的方法对乘客进行金属探测门检查或采取手持式金属探测器等检查危险品及禁止限制携带物品等，以保证城市轨道交通的安全。

(2) 手工人身检查：安检人员按规定的方法对乘客身体采取摸、按、压等检查方法检查危险品及禁止限制携带物品等。手工人身检查是更为细致且全面的一项检查，可避免安检设备、仪器检查的时候受到干扰，可能出现的遗漏、误报等现象，从而将风险降到最低。

2) 人身检查的重点对象

(1) 精神恐慌、言行可疑、伪装镇静者。

(2) 冒充熟人、假献殷勤、接受检查过于热情者。

(3) 匆忙赶到安检现场者。

(4) 窥视检查现场、探听安检情况等行为异常者。

(5) 表现不耐烦、催促检查或者言行蛮横、不愿接受检查者。

(6) 公安部门等单位掌握的嫌疑人和群众提供的有可疑言行的人员。

(7) 上级有关部门通报的来自恐怖活动频繁国家和地区的人员。

(8) 着装与其身份不相符或不合时令者。

(9) 身体上有文身或刀伤者。

(10) 极少数极端民族主义者。

(11) 检查中发现的其他可疑人员。

3) 人身检查的重点部位

人身检查的重点部位包括：

(1) 头部：头部容易被人忽视，但却是可以藏匿物品的部位。例如，可在头发或帽子中藏匿小刀、打火机等小体积的违禁物品。

(2) 肩胛：肩胛部位可用于捆绑或粘贴较大体积的违禁物品，如匕首等。

(3) 胸部：胸部容易藏匿危险品，如手枪、炸药等，特别是女性。

(4) 手部(手腕)：手部容易佩戴或粘贴体积较小的违禁品，如手环式打火机、镁棒等。

(5) 臀部：臀部下部容易被用来藏匿危险品。

(6) 腋下：腋下最容易藏匿危险品，应特别注意，仔细检查。

(7) 裆部：裆部具有私密性，因而藏匿危险品、毒品情况较多，检查中不容忽视。

(8) 腰部：腰部是最常被利用的部位，必须从严检查。

(9) 腹部：腹部空间较大，从外表上不易看出，须通过摸、按、压等方法进行检查。

(10) 脚部：脚部是藏匿枪支、弹药、子弹、刀具等危险品的理想位置，取用方便，因此检查时应特别注意。

4.1.2 仪器人身检查

1) 手持式金属探测器的检查程序

(1) 前衣领→右肩→右大臂外侧→右手→右大臂内侧→腋下→右上身外侧→右前胸→腰、腹部→左肩→左大臂外侧→左手→左大臂内侧→腋下→左上身外侧→左前胸→腰、腹部→右膝部内侧→裆部→左膝部内侧。

（2）头部→后衣领→背部→后腰部→臀部→左大腿外侧→左小腿外侧→左脚→左小腿内侧→右小腿内侧→右脚→右小腿外侧→右大腿外侧。

在城市轨道交通安检中，所有乘客都应通过安检门检查。乘客通过安检门之前，安检门前的引导员应先让其取出身上的金属物品，然后引导乘客按次序逐个通过安检门（要注意掌握乘客流量）。如发生报警，应使用手持式金属探测器或采取手工人身检查的方法进行复查，彻底排除疑点后才能放行，如图4-1所示。

图4-1　使用手持式金属探测器进行人身检查

对乘客放入盘中的物品，应通过通道式X射线安检机进行检查。如遇到不便进行通道式X射线安检机检查的物品，要注意采用摸、掂、试等方法检查是否藏匿违禁物品。

2）手持式金属探测器的检查方法

在执行安检时，手持式金属探测器被用来进行近距离的全身检查。按照规定程序，安检人员应采用手持金属探测器与手眼相结合的方法，一只手使用手持式金属探测器在距受检者身体几厘米处进行扫描，另一只手配合进行摸、压、按等动作。如果手持式金属探测器报警，安检人员应配合触摸报警部位，以判断报警物的性质，同时请乘客取出该物品进行检查。待乘客取出物品后，安检人员应对该报警部位再次进行检查，确认无可疑点后，方可进行下一步操作。

4.1.3　手工人身检查

1）手工人身检查的流程

安检人员面对乘客，先从乘客的前衣领开始，至双肩、前胸、腰部为止；再请乘客转身，从后衣领开始，至双臂外侧、内侧、腋下、背部、后腰部、裆部、双腿内侧、外侧和脚部为止。冬季着装较多时，可请乘客解开外衣，对外衣也必须进行认真的检查，如图4-2所示。

图4-2　安检人员进行手工人身检查

2）手工人身检查的方法

手工人身检查采用的主要方法是用手顺着乘客身体的自然形状进行摸、按、压,找出藏匿的危险品及禁止限制携带物品。按、压是指在手不离开乘客衣物表面的情况下用适当的力量进行按压,感受乘客身体或衣物内不相贴合、不自然的部位,从而找出藏匿品。发现藏匿品后应要求乘客取出物品,由安检人员对其进行复查,排除疑点后方可进行下一步检查。

（1）头部检查方法：请乘客脱帽进行检查（无帽可忽略）。

（2）手腕及双臂检查方法：双手同时检查乘客的手腕及双臂,至衣领处停止。

（3）衣领的检查方法：双手由后至前依次对乘客衣领进行检查（无衣领可忽略）。

（4）前胸的检查方法：双手同时检查乘客前胸的左右兜后,滑动检查至腋下停止。

（5）腋下及腰部的检查方法：双手同时对乘客腋下以按、压的方式进行检查,之后滑动检查至腰部皮带处,双手顺延检查至后腰中部停止。

（6）后兜的检查方法：双手同时检查乘客后裤兜,至后裤兜底部停止。

（7）裤兜的检查方法：双手同时检查乘客裤兜,至裤兜底部停止。

（8）腿部及脚踝的检查方法：双手同时检查乘客腿部及脚踝,至脚踝处停止。

3）手工人身检查的注意事项

（1）检查时,安检人员双手掌心要切实接触乘客身体和衣服,因为手掌心面积大且触觉较敏锐,这样能及时发现藏匿的物品。

（2）不可只查上半身不查下半身,要特别注意检查重点部位。

（3）乘客从身上掏出的物品,应仔细检查,防止夹带危险物品。

（4）检查过程中要不间断地观察乘客的表情,防止发生意外。

（5）对女性乘客实施检查时,必须由女性安检人员进行。

（6）在安检过程中发现乘客身上携带的物品为危险品时,安检人员应引导其到一旁接受检查询问,并在第一时间上报相关负责人及公安机关。若未发现危险品,应引导乘客进站,并使用感谢词。

（7）提示乘客进行人身检查时,安检人员要注意目视对方,面带微笑,提前伸手,不要等乘客走到面前才伸手示意。

（8）手的力度要控制到位,不要触摸乘客裸露皮肤。

（9）当发现乘客脚部有异常时,应让乘客坐在椅子上,请其脱鞋接受检查。用手握住其脚踝判别是否藏有物品,确定其袜子中是否夹带物品,检查完毕后,将乘客的鞋子过安检机检查,确认无疑点后方可放行,并使用感谢词。

4.2 行李检查流程

4.2.1 行李检查概述

1）检查人员职责及必检物品

（1）检查人员职责。

行李检查岗位是对通道式 X 射线安检机的重要补充。根据值机岗位安检人员的提示,要求乘客打开行李进行检查,在乘客同意后可打开行李检查。若发现危险品、禁止限制携带物品,要劝说乘客离开车站或者主动上缴物品;对于携带危险品、禁止限制携带物品且不愿意配合处理、执意进站的乘客,要及时向车站民警报告,请民警到场处理。同时,该岗位安检人员需手持便携式安检设备检测乘客携带的易碎物品(如玻璃器皿等)、易损物品(如食品、电脑等),对乘客携带的液体执行"逢液必检",如图4-3所示。

图4-3　安检人员进行行李检查

(2)必检物品。

必检物品共有4类,包括大件箱包、各种包袋、大容量容器和可疑物品。其中,可疑物品包括有明显刺激性气味的物品、涉恐宣传品、管制刀具等。这类物品可以通过观察外形、嗅有无气味、听是否发出异常声响等方法来辨别。

①上机必检物品。

上机必检物品包括各种编织袋、麻袋、手提箱包和拉杆箱、塑料包、类似枪套、钓鱼用具、电脑包、包装纸箱等包裹,如图4-4所示。

图4-4　麻袋大件行李包裹

②人工必检物品。

A.安检人员应对乘客携带的塑料袋、手持拎袋等进行询问或打开检查。

B.开过封的饮料或食用油。

C.逢疑必检物品,如各种不透明的瓶装物品。

D. 尺寸小于 40cm×30cm×20cm 的包、袋等上机抽检类物品。

2）行李检查程序

（1）初检：要求进入城市轨道交通车站的乘客将本人携带的物品放置在通道式 X 射线安检机上接受检查。

（2）复检：经通道式 X 射线安检机及其他安检设备检查时，发现可疑物品，现场安检人员认为需要进一步检查的，应当向受检者说明并要求其自行打开行李或取出物品接受复检。复检时应有两名安检人员在场。复检仍不能排除疑点的，应当立即报告公安机关处理。

3）行李检查的重点对象

（1）用通道式 X 射线安检机检查时，图像模糊不清无法判断物品性质的。

（2）用通道式 X 射线安检机检查时，发现有类似于电池、导线、钟表、粉末状、液体状、枪弹状物品及其他可疑物品的。

（3）通道式 X 射线安检机图像中显示有容器、仪表、瓷器等物品的。

（4）照相机、收音机、录音录像机及电子计算机等电器。

（5）携带者特别小心或时刻不离身的物品。

（6）乘机者携带的物品与其职业、事由和季节不相适应的。

（7）携带者声称是帮他人携带或来历不明的物品。

（8）乘客声明不能用通道式 X 射线安检机检查的物品。

（9）现场表现异常的乘客或群众揭发的嫌疑分子所携带的物品。

（10）公安部门通报的嫌疑分子或被列入查控人员所携带的物品。

（11）乘客携带的密码箱包进入检查区域发生报警的。

4.2.2 行李检查方法及流程

1）行李检查的方法

行李检查一般是通过人的眼、耳、鼻、舌、手等感官进行，根据不同的物品采取相应的检查方法。行李检查主要有看、听、摸、拆、掂、捏、嗅、探、摇、烧、敲、开等常用方法。

（1）看：对物品的外表进行观察，看是否有异常，包装袋是否有变动等。

（2）听：对录音机、收音机等音响器材通过听的方法，判断其是否正常，此法也可以用于对被怀疑有定时爆炸装置的物品进行检查。

（3）摸：直接用手的触觉来辨别物品是否异常，判断是否藏有危险物品。

（4）拆：对被怀疑的物品，通过拆开包装或外壳，检查其内部有无藏匿危险物品。

（5）掂：对被检查的物品用手掂其重量，看其重量与正常的物品是否相似，从而确定是否进一步检查。

（6）捏：主要用于对软包装且体积较小的物品，如洗发液、香烟等物品的检查，靠手感来判断有无危险物品。

（7）嗅：对被怀疑的物品，主要是爆炸物和具有挥发性的化工类物品，通过鼻子的嗅觉，判断物品的性质。基本动作应注意使用"扇闻"的方法。

（8）探：对有疑问的物品，如花盆和盛物品的坛、罐等无法透视的，也不能用探测器检查,可用探针进行探查,判断有无危险物品。

(9)摇:对有疑问的物品,如用容器盛装的液体和佛像、香炉等中间可能是空心的物品,可以用摇晃的方法进行检查。

(10)敲:对某些不易打开的物品,如拐杖、石膏等,可用手敲击,听其发音是否正常。

(11)开:通过开启、关闭开关,检查手提电脑、手机等电器是否正常,防止其被改装为爆炸物。

以上方法一般不单独使用,常常是几种方法结合起来,以便能准确、快速地进行检查。

2)行李检查的流程

(1)开行李检查人员站立在通道式 X 射线安检机的行李传送带出口处疏导行李,避免过检行李被挤压、摔倒。

(2)当有行李需要打开检查时,通道式 X 射线安检机操作人员给开行李检查人员以语言提示,待物主到达前,开行李检查人员控制需打开检查的行李,物主到达后,开行李检查人员请物主自行打开行李,对箱包实施检查。如果行李内疑有枪支、爆炸物等危险品,应由开箱包检查人员控制住行李,并做到人物分离。

(3)开行李检查时,开启的行李应侧对物主,使其能通视自己的物品。

(4)根据通道式 X 射线安检机操作人员的提示对行李进行有针对性的检查,已查和未查的物品要分开,放置要整齐有序。

①检查行李的外层时,应注意检查其外部小口袋及有拉锁的外夹层。

②检查行李的内层和夹层时,应用手沿行李的各个侧面上下摸查,将所有的夹层、底层和内层小口袋完整、认真地检查一遍。

(5)检查过程中,开行李检查人员应根据行李内物品种类采取相应的方法(看、听、摸、拆、捏、掂、嗅、探、摇、敲、开)进行检查。

(6)开行李检查人员将检查出的物品请通道式 X 射线安检机操作人员复核。

①若检查出的物品属安全物品,则交还给乘客本人或放回乘客行李中,同时协助乘客将行李恢复原状,再通过通道式 X 射线安检机对行李进行复检。

②若检查出的物品为违禁物品,则做移交公安机关处理。

③遇有下列情况之一者,必须进行开行李检查(复核):

A.用通道式 X 射线安检机检查时,图像模糊不清,无法判断物品性质的。

B.用通道式 X 射线安检机检查时,发现有疑似利器、爆炸物、枪或弹状物等危险物品的。

C.遇有受检乘客携带胶片、计算机软盘等不愿意接受通道式 X 射线安检机检查时,应进行手工检查。

D.若受检乘客申明携带的物品不宜接受通道式 X 射线安检机检查时(如食物、玻璃、药物、超大超高超重物品等),应进行手工检查。

E.对乘客声明不宜公开检查的物品,应当征得其同意后,单独实施检查。

F.复检行李的底部、角部和内外侧小兜等部位,如图 4-5 所示,应当要求受检乘客自行打开或取出物品接受检查,并注意观察有无夹层。开行李检查后应重新通过通道式 X 射线安检机检查。

第4章 安检流程及禁止限制携带物品处置

图4-5 行李箱夹层、侧兜

3)行李检查的注意事项

(1)开行李检查时,物主必须在场,并请物主自行将行李打开。

(2)检查时要认真细心,特别要注意重点部位,如行李的底部、角部外侧小兜,并注意有无夹层。

(3)要防止已查验的行李与未经安全检查的行李调换或夹塞禁止限制携带(危险)物品。

(4)乘客的物品要轻拿轻放,如有损坏,应照价赔偿。检查完毕,应按原样放好。

(5)开行李检查发现危害大的违禁物品时,应采取措施控制住携带者,防止其逃离现场。然后将行李重新经过通道式 X 射线安检仪检查,以查清是否藏有其他危险物品。必要时,将其带入检查室彻底清查。

(6)若乘客声明所携带物品不宜接受公开检查时,安检部门可根据实际情况,避免在公开场合检查。

(7)对打开行李检查后的行李必须再次经过通道式 X 射线安检仪检查。

(8)通道式 X 射线安检仪上安装有紧急断电按钮,在出现紧急情况时,按下这个按钮可使系统立即关闭。重新开机时,只要按出这一按钮,并按下电源开关即可。

4)安检特别处置

(1)发现受检乘客携带枪支、爆炸物品,应当立即报告公安机关,并采取必要的先期处置措施;公安机关应当迅速依法处置。

(2)在城市轨道交通安检现场无理取闹、扰乱安检工作秩序、妨碍安检人员正常工作不听劝阻者,应当及时报告公安机关。公安机关应当迅速恢复并维护正常的安检秩序,对扰乱安检秩序、影响公共安全的人员予以处理。

(3)对在接受安检过程中声称本人随身携带爆炸、危险物的,现场安检人员应当立即报告公安机关,并采取必要的先期处置措施;公安机关应当迅速依法处置。

(4)如果安检设备发生故障,现场安检人员应当立即报告现场负责人,尽快恢复设备,同时及时开展人工检查。

(5)安检工作站发生人员拥堵时,现场安检人员应当立即报告现场负责人,迅速采取增开人工检查通道、设置蛇形通道等措施,提高安检通过速度;城市轨道交通运营企业应当立即采取限制客流等措施,与地铁民警共同维护安检现场秩序。

4.2.3 常见物品的检查方法

1) 仪器、仪表的检查方法

对仪器、仪表,通常进行通道式 X 射线安检机透视检查。如果通道式 X 射线安检机透视检查不清楚,存有怀疑的,可用看、掂、探、拆等方法检查。看仪器、仪表的外表螺丝是否有动过的痕迹;对家用电表、水表等可掂其重量来判断;对特别怀疑的仪器、仪表可以拆开检查,清查里面是否藏有违禁物品。

2) 容器的检查方法

取出物品,采取敲击、测量的方法;听发出的声音,分辨有无夹层;测量外高及内深外径、内径的比差是否相符;如不能取出物品,可以采用探针检查。

3) 容器中液体的检查方法(手工检查)

(1) 请乘客试喝。

(2) 对液体的检查一般可采用看、摇的方法,看容器是否为原始包装封口;摇液体有无泡沫(易燃液体轻摇动一般产生泡沫且泡沫消失快);嗅闻液体气味是否异常(酒的气味浓,汽油、酒精、香蕉水的刺激性大)。

4) 各种文物、工艺品的检查方法

对各种文物、工艺品采用摇晃、敲击、听等方法,听有无杂音或异物晃动声。

5) 衣物的检查方法

衣服的衣领、垫肩、袖口、兜部、裤腿等部位容易暗藏武器、管制刀具、爆炸物和其他违禁物品。因此,在安全检查中,对乘客行李中的可疑衣物要用摸、捏、掂等方式进行检查;对冬装及皮衣、皮裤等更要仔细检查,看是否有夹层,捏是否暗藏有异常物品(衣领处能暗藏一些软质的爆炸物品),掂重量是否正常。对衣物进行检查时,应用手掌心进行摸按、压,因为手掌心的接触面积大且敏感,容易查出藏匿在衣物中的危险品。

6) 皮带(女式束腰带)的检查方法

对于皮带主要看边缝处有无加工痕迹,摸带圈内是否有夹层,腰带圈夹藏刀具及其 X 射线图如图 4-6 所示。

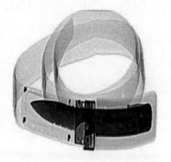

图 4-6 腰带圈中夹藏刀具及其 X 射线图

7) 书籍的检查方法

书籍容易被忽视,厚的书捆在一起挖空可以暗藏武器、管制刀具、爆炸物和其他违禁物品。检查时应将书打开翻阅检查。

8）笔的检查方法

看笔的外观是否存在异常;掂重量是否和正常笔的重量相符;按下笔身的开关或打开笔身查看是否改装成笔刀或笔枪,如图4-7所示。

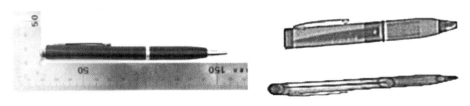

图 4-7 改装成的笔刀及其 X 射线图

9）雨伞的检查方法

雨伞的结构很特殊,因而恐怖分子常在其伞骨、伞柄中藏匿武器、匕首等危险物品,以混过安全检查。在检查中,可用捏、摸、掂或打开的方法进行检查,要特别注意对折叠伞的检查,如图4-8所示。

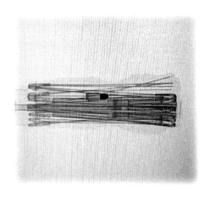 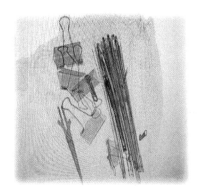

图 4-8 雨伞伞骨中夹藏的危险物品及其 X 射线图

10）手杖的检查方法

敲击手杖,听其声音是否正常,认真查看其外观是否被改成拐杖刀或拐杖枪。此外,还可以掂其重量进行辨别。

4.3 禁止限制携带物品处置

4.3.1 处置原则

对携带不属于法律、法规规定的违禁物品的乘客,安检人员应语气委婉告知携带者自弃该物品后进站乘车或者改乘其他交通工具;携带者拒不接受的,应当拒绝其进站乘车;携带者强行进入车站或者扰乱安全检查现场秩序的,安检人员应当立即制止并及时上报公安机关依法处理。对非法携带涉及法律、法规规定的违禁物品,构成违反治安管理行为的,由公安机关依法处理;构成犯罪的,依法追究刑事责任。

1)禁止携带物品的处置

禁止携带物品是指国家现行法律、法规明令禁止携带的物品。

(1)禁止、限制携带物品的种类,按照所在城市现有规定执行;城市轨道交通运营企业可以根据运营安全的实际需要,增补限带物品的种类。

(2)城市轨道交通运营企业应当在车站内显著的位置公示禁止、限制携带物品的目录。

(3)发现受检乘客携带危险物品的,安检人员应当立即报告公安机关,并将该物品置于危险物品存储设备内,等待公安机关依法处置。

(4)发现受检乘客携带限带物品的,安检人员应当告知受检乘客可以自弃该物品后乘坐城市轨道交通工具或者直接改乘其他交通工具;受检乘客拒不接受上述两种处理方式的,安检人员有权拒绝其进站乘车;必要时,报告公安机关,由执勤民警将其带离车站。

(5)城市轨道交通车站安检工作站(点)不得接受乘客限带物品的暂存和其他物品的寄存。

2)限制携带物品的处置

对安检过程中乘客自弃的限制携带物品,应当由车站专员负责管理,并建立台账,记录收到的时间、地点、数量及品名。发现乘客遗留在安检现场的物品,应当由两人及以上安检人员共同清点和登记,及时交由车站专门保管。

4.3.2 处置措施

以重庆市轨道交通日常处置方式为例,当安检人员在安检过程中发现乘客携带违禁品时,应根据情况按以下处置措施处理。

1)枪支、子弹(含主要零部件)

枪支、子弹(含主要零部件)的处置措施见表4-1。

枪支、子弹(含主要零部件)的处置措施　　表4-1

序号	名称	处置措施
1	军用枪、公务用枪:手枪、步枪、机枪等及各类配用子弹	暂停通道式X射线安检机,保持人物分离。稳住当事人并立即报告值班站长及民警
2	民用枪:气枪、猎枪、运动枪、麻醉注射枪及各类配用子弹	
3	其他枪支:道具枪、仿真枪、钢珠枪、电击枪等及各类配用子弹	
4	上述物品的样品、仿制品	

2)爆炸物品

爆炸物品的处置措施见表4-2。

爆炸物品的处置措施　　表4-2

序号	名称	处置措施
1	弹药:炮弹、炸弹、照明弹、信号弹、催泪弹、手雷、地雷、手榴弹等	暂停安检机,做到人物分离,疏散人群,立即上报值班站长及民警
2	爆破器材:炸药、雷管、导火索、导爆索、爆破剂等	
3	射钉弹、发令弹等含火药的制品	

第4章 安检流程及禁止限制携带物品处置

3）管制器具

管制器具的处置措施见表4-3。

管制器具的处置措施 表4-3

序号	名称	处置措施
1	管制刀具：匕首、三棱刮刀、带有自锁装置的弹簧刀（跳刀）、刀尖角度小于60°，刀身长度超过150mm的各类单刃、双刃和多刃刀具，刀尖角度大于60°，刀身长度超过220mm的各类单刃、双刃和多刃刀具等	暂停安检机，保持人物分离。稳住当事人并立即报告值班站长及民警
2	军用、警用物品：警棍、催泪器、电击器等	劝说乘客可自弃该物品后进站乘车或者改乘其他交通工具
3	其他器具：弩、弩箭等	劝说乘客可自弃该物品后进站乘车或者改乘其他交通工具

4）易燃易爆物品

易燃易爆物品的处置措施见表4-4。

易燃易爆物品的处置措施 表4-4

序号	名称	处置措施
1	压缩气体和液化气体：氢气、甲烷、乙烷、丁烷、液化石油气、氧气、煤气（瓦斯）等及其专用容器	劝说乘客可自弃该物品后进站乘车或者改乘其他交通工具
2	易燃液体：汽油、煤油、柴油、乙醇（酒精）、油漆、松香油及含易燃溶剂的制品等	
3	易燃固体：红磷、闪光粉、固体酒精、赛璐珞等	
4	自燃物品：黄磷、白磷、硝化纤维、油纸及其制品等	
5	遇湿易燃物品：金属钾、钠、锂、碳化钙、镁铝粉等	
6	氧化剂和有机过氧化物：高锰酸钾、氯酸钾、过氧化钠、过氧化钾、过氧化氢、硝酸铵等	

5）毒害品

毒害品的处置措施见表4-5。

毒害品的处置措施 表4-5

序号	名称	处置措施
1	硒粉、苯酚、灭鼠药、杀虫剂、除草剂等剧毒农药	劝说乘客可自弃该物品后进站乘车或者改乘其他交通工具。稳住当事人并立即上报值班站长及民警
2	氰化物、砒霜	

6）腐蚀性物品

腐蚀性物品的处置措施见表4-6。

腐蚀性物品的处置措施　　　　　表4-6

序号	名称	处置措施
1	盐酸、硝酸、氢氧化钠、氢氧化钾、有液蓄电池、汞（水银）等	劝说乘客可自弃该物品后进站乘车或者改乘其他交通工具。稳住当事人并立即上报值班站长及民警
2	硫酸	

7）放射性物品

放射性物品的处置措施见表4-7。

放射性物品的处置措施　　　　　表4-7

名称	处置措施
含有放射性核素，并且其活度和比活度均高于国家规定豁免值的物品	稳住当事人并立即上报值班站长及民警

8）感染性物质

感染性物品的处置措施见表4-8。

感染性物品的处置措施　　　　　表4-8

名称	处置措施
可感染人类的高致病性病原微生物菌(毒)种和感染性样本	稳住当事人并立即上报值班站长及民警

9）其他危害列车运行安全的物品

其他危害列车运行安全的物品的处置措施见表4-9。

其他危害列车运行安全的物品的处置措施　　　　　表4-9

序号	名称	处置措施
1	可能干扰列车信号的强磁化物	劝说乘客可自弃该物品后进站乘车或者改乘其他交通工具
2	硫化氢及有强烈刺激性气味或者恶臭等异味的物品	
3	容易引起乘客恐慌情绪的物品	
4	不能判明性质但可能具有危险性的物品	

4.4　可疑人员及可疑物品的处置

在城市轨道交通站场内发现可疑人员、可疑物品时，应及时采取防范措施并上报，尽可能避免、降低安全事故的损失。

4.4.1 可疑人员处置流程

1）发现可疑人员

城市轨道交通安检人员应具有敏锐的职业洞察能力,及时准确地发现可疑人员。

2）上报可疑人员

安检人员在不惊动可疑人员的前提下,迅速使用对讲机等通信设备用暗语向值班站长报告。要讲清楚发现可疑人员的时间、地点、人员数量以及是否携带可疑物品,以免延误最佳处置时机。

3）采取处置措施

密切关注可疑人员,防止其与其他无关人员接触;一旦发现可疑人员企图做出危险举动时,要尽量在举动发生前制止或在做出举动后短时间内采取处置措施;立即控制住可疑人员,并对可疑物品采取处置措施;必要时,可以对可疑人员进行审查,审查期间要与城市轨道交通工作人员或民警充分配合好。

4.4.2 可疑物品处置流程

1）发现可疑物品

城市轨道交通安检人员应具有敏锐的职业洞察能力,不放过任何一件可疑物品,做到"逢包必检,逢液必查,逢疑必查"的原则。

2）上报可疑物品

发现可疑物品或者接到乘客或者工作人员报告的可疑物品时,应迅速使用对讲机等通信设备汇报值班站长。要讲清楚发现可疑物品的时间、地点、物品种类、数量等,以免延误最佳处置时机。

3）采取处置措施

(1)发现可疑物品时,不要将其移动,防止无关人员接触可疑物品。

(2)应在不引起乘客恐慌的情况下,设置警戒区,疏散乘客。

(3)能明确判断可疑物品属于违禁品时,按照城市轨道交通处置措施处理。若无法判断可疑物品的属性、威力等情况时,可将此情况上报值班站长及值班民警,配合公安专业人员做好后续工作。专业人士检查可疑物品如图4-9所示。

图4-9 专业人士检查可疑物品

无论是发现可疑人员还是发现可疑物品,甚至发生爆炸等突发情况时,城市轨道交通安检人员都不要惊慌失措,应沉着冷静,及时上报,听从指挥,服从安排,坚守岗位,配合车站及公安专业人员排除险情。

回顾

一、填空题

1. 人身检查的重点部位包括_____。
2. 如果行李内疑有枪支、爆炸物等危险品,应由开箱包检查人员控制行李,并做到_____。
3. 城市轨道交通安检人员应该具有敏锐的职业洞察能力,不放过任何一件可疑物品,做到"_____、_____、_____"的原则。
4. 必检类物品共有4类,包括_____、_____、_____和_____。
5. 对女性乘客实施检查时,必须_____。

二、选择题

1. (　　)是藏匿枪支、弹药、子弹、刀具等的理想位置,取用方便,因此检查时应特别注意。
   A. 手部　　　　B. 胸部　　　　C. 脚部　　　　D. 腹部
2. 遇安检过程中发现疑似爆炸物时,以下说法错误的是(　　)。
   A. 遇安检过程中发现疑似爆炸物时,安检人员将疑似爆炸物实施人物分离,严禁触动
   B. 迅速上前检查疑似的爆炸物并将其带离人群
   C. 安检人员应立即向驻站民警、值班站长报告或直接拨打110报警。同时立即停止安检工作,组织同岗人员对安检点进行限流、分流,引导周边乘客到其他安检点进行安检
   D. 民警到现场后,按其指示处置,配合开展工作

三、简答题

1. 请简述必须进行开行李检查(复检)的几种情形。
2. 请简述仪器人身检查的部位顺序。
3. 请简述发现可疑物品的处置流程。

第5章
突发事件应急处置

> **导读**
>
> ### 知识目标
>
> 1. 掌握城市轨道交通安检突发情况的种类,具备应对不同情况开展应急处置的能力。
> 2. 了解紧急救援常识,掌握基础急救方法,具备在不同紧急情况下开展简单急救处理的能力。
> 3. 掌握城市轨道交通安检突发事件的处置原则,树立安检工作"高标准、严要求"的原则。
>
> ### 案例分析
>
> **1. 案例描述**
>
> 2023 年 10 月 22 日 21 时左右,某地铁站一位男性老年人(56 岁)哮喘病发作,安检人员发现后立即报告车站值班站长,并马上赶往处理。安检人员、值班站长及站务员一起帮助乘客心肺复苏,直到 21 时零 9 分左右"120"急救中心人员到达现场抢救。经"120"现场抢救无效,老人不幸于 21 时 41 分死亡。经查,此案例中安检人员、保安人员,以及车站处置正常,且正常启动最小作战单元协同配合,无管理风险,未有乘客拍照围观。
>
> **2. 案例分析**
>
> 上述案例中,安检人员在老人因突发疾病存有生命危险的突发事件中迅速采取行动,进行心肺复苏,并拨打了"120"急救电话,同时启动了相应措施保护现场安全。
>
> **3. 案例思考**
>
> (1)城市轨道交通突发事件都有哪些情况?应如何正确处理?
>
> (2)常用的急救措施有哪些?如何正确操作?

5.1 应急处置原则及处置要点

5.1.1 应急处置原则

(1)以人为本,科学决策。发挥公共服务职能,把保障人民群众的生命安全、财产安全,最大程度地降低突发事件造成的损失放在首位。

（2）统一指挥，分级负责。在统一领导下，由相关职能部门负责有关城市轨道交通突发事件的应急处置工作。

（3）属地为主，分工协作。城市轨道交通突发事件应急处置时，相关部门要主动配合、密切协作、整合资源、信息共享、形成合力，保证信息及时准确的传递、事件快速有效的处置。

（4）应急处置与日常建设相结合，增强有效应对能力。对突发事件应有充分的思想准备，建立有效的应急机制，做到常备不懈。应急机制建立和资源准备要坚持应急处置与日常建设相结合，以降低运行成本。

城市轨道交通安全防范系统建设和管理应坚持防范与处置并重的原则，综合实施人防、物防、技防等措施，制定应急处置预案。

5.1.2 应急处置的人员组成及处置报告

1）人员组成

（1）安检部门领导：主要职责是负责组织、分配安检应急工作。

（2）安检现场执勤的安检人员：听从指挥，积极配合，负责处置突发事件。

（3）安检部门机关职能部门人员：负责信息传达、支援现场处置突发事件。

（4）保障车辆的司机：负责运送增援现场人员。

2）处置报告

（1）基本原则。

①快捷：第一时间报告。

②准确：报告内容要真实，不得瞒报、虚报、漏报。

③直报：直接报告给城市轨道交通突发情况处置机构，并通报给其他相关部门。

④续报：连续上报事件的进展情况和相关内容。

（2）报告内容。

①突发事件单位的名称、负责人、联系电话、地址。

②突发事件发生的时间、地点。

③突发事件造成的危害程度、影响范围、伤亡人数、直接经济损失。

④突发事件的简要经过。

⑤其他需上报的有关事项。

（3）报告程序。

报告程序：城市轨道交通突发事件发生后→现场人员必须立即报警→报告城市轨道交通运营企业应急机构→有关部门接到报告后→应迅速确认突发事件的性质和等级→立即启动相应的预案→并向上级城市轨道交通应急机构报告。

（4）报告后的处置。

①迅速采取有效措施，组织抢救，防止事态扩大。

②严格保护现场。

③迅速派人赶赴现场，负责维护现场秩序和证据收集工作。

④统一部署和指挥。
⑤妥善保存现场的重要痕迹和物证。

5.2 各类应急事件处置流程与方法

5.2.1 大客流的应急处置

《城市轨道交通安全防范要求》(GA 1467—2018)中要求,城市轨道交通运营单位应建立车站重要管控区域人员密度超限预警机制,运用技术手段对站台、站厅、通道等区域进行人员密度监测,实施超限自动预警,并采取站内人员疏导、站外人员提示、进站限流、临时闭站等措施,根据严重程度通报给城市轨道交通运营主管部门和公安机关。

1) 处置方法

(1) 当城市轨道交通车站出现大客流情况后,应立即会同车站工作人员共同维持车站秩序,控制出入口和检票口的人流,实施限流、分流、关闭部分卷帘门等措施,及时调集相关力量进行支援。还应视情况采取停止售检票、关闭部分出入口等措施,如图5-1所示。

(2) 车站客流组织需合理利用车站空间,扩大乘客等候区域。通过设置栏杆、安排人员引导等方式控制乘客流向,尽量减少客流交叉、对流,确保客流顺畅。

(3) 关注扶梯的运行情况,在特别拥挤的扶梯和楼梯口应安排工作人员引导乘客有序通行,以防止乘客被挤伤。在实施客流控制需关停扶梯时,应提前进行广播宣传,提醒乘客注意,确保扶梯上的乘客疏散后,方可关停扶梯。关注扶梯和楼梯口乘客上下动态,灯闪铃响时阻止乘客上下,防止出现乘客抢上抢下行为。扶梯紧急停止按钮如图5-2所示。

图5-1 地铁站大客流引导分流　　　　图5-2 扶梯紧急停止按钮

(4) 控制点的铁马使用扎带固定,如图5-3所示,应遵循"渐进缩小"原则摆成喇叭口或斜口,不宜垂直控制,有条件或必要时应设置多道控制点。控制点放行前应先广播宣传,逐渐解除拦截,避免通行客流拥挤,造成安全事件。

(5) 密切关注客流变动情况,加强与城市轨道交通运营人员的联系,根据现场情况实施跳站运营、关闭车站等应急处置措施,发现可能引起踩踏事件的情况要及时上报。

（6）控制车站出入口和检票口，在最短的时间内将乘客疏散离开车站。

（7）客流控制完毕后，车站需立即回收相关客运物资，不得对客流的正常通行造成干扰。

图 5-3　高峰客流铁马摆放和固定

2）预防措施和处置要点

（1）收集相关信息，组织人员制定应急方案，做出准确的预测。

（2）当城市轨道交通运营中出现设备故障、车辆故障并对客流产生影响时，相关单位应及时派出增援力量，会同车站人员视情况停止售检票，并采取退票、疏散乘客出站、关闭出入口等紧急措施，同时播放疏导广播，以取得乘客的理解和支持。

（3）当发生群体性骚乱事件影响客流时，相关单位应立即抽调力量赶赴现场控制局势。对于滋事的主要人员，要迅速将其带离现场进行审查（注意及时取证）；对围观人员要进行宣传和疏导，劝其尽快离开，对不听劝阻的人员，予以强行驱散，防止事态扩大、矛盾激化，争取在最短时间内恢复车站正常秩序。

5.2.2　发现无人认领箱包的应急处置

安检点附近出现无人认领或来历不明的可疑物品，或可疑人员随身携带、藏匿、企图躲避安检的物品，在避免触碰的前提下，应采取看、听、闻 3 种方式对其进行识别。如发现下述问题其中一项，禁止任何操作，并及时上报值班站长和民警，由专业人员进行处置。

（1）看。看可疑物表面是否有附着物，判断有无暗藏的爆炸装置。

（2）听。听可疑物是否有发出异常声响。

（3）闻。闻可疑物是否散发刺激性气味，如臭鸡蛋（黑火药）、氨水（硝铵炸药）等特殊气味。

如以上检查方法均是安全的，应按照开可疑行李的程序进行。

（1）有人动过但无人认领的或者曾经有人动过再放下的行李，可以按照程序检查后拿走行李。

（2）无人动过或无人认领的行李，不能随意触动，按照程序检查：如果无疑点，先用挑杆挑起行李过安检仪，进行通道式 X 射线安检机检查，如图 5-4 所示；如果有疑点，用挑杆挑起行李放入防爆罐内，等待专业人员处置。

(3)无论有人动过或无人动过的行李,一旦发现可疑点后,应用防爆毯和防爆围栏将其覆盖,并疏散周围人员,拉出警戒线,等待专业人员处置,使用专业仪器检查行李,如图 5-5 所示。

图 5-4　使用挑杆挑起无人认领行李　　　　图 5-5　使用专业仪器检查物品

开包方法如下。
(1)整体观察,掂重量。
(2)检查行李 6 个面,尤其注意副兜和拉杆。
(3)打开拉链时,手贴拉链内侧检查是否有拉线,如有拉线应禁止拉开;如一切正常,慢慢拉开拉链,打开行李盖时,用手轻压衣物,看是否有连线。
(4)将箱包内的物品分层取出,轻拿轻放,取上一层物品时要用手轻压衣物等下层物品,看上下层之间有无可疑连线,取出的物品要分清顺序和方向,左边物品放左侧,右边物品放右侧,并注意检查夹层,如图 5-6 所示。

图 5-6　检查无人认领行李

(5)检查箱子内侧和底部,检查完毕后,要按照原来的码放顺序复原。
(6)在打开行李拉链及在检查过程中,如发现两层物品中有连线或可疑装置时必须停止检查,及时上报指挥中心和公安部门。

5.2.3　打架斗殴事件的应急处置

打架斗殴事件是指因为某种原因导致当事人双方产生矛盾,进而矛盾激化,双方相互殴打的事件。乘客间打架斗殴事件如图 5-7 所示。

图 5-7　地铁站乘客间打架斗殴事件

由于此类事件多由情绪激动因素引发，突发性强，事态发展迅速，所以在处理时存在一定难度，安检人员一定要秉持公正、公平原则，切忌偏袒一方，否则会使事件进一步恶化。

1）乘客之间打架斗殴事件的处置

（1）迅速隔离矛盾双方，控制事态进一步发展。打架斗殴事件发生过程中，矛盾双方扭打在一起，或形成剑拔弩张的对峙局面，或赤手空拳，或手持器具。面对这种情况安检人员应机智地采取措施，将矛盾双方隔离开，及时中断双方的斗殴与对峙，有效防止双方情绪进一步激化，从而控制打架斗殴事件的进一步恶化。

（2）疏导围观群众，为平静双方的情绪创造环境。打架斗殴事件如果发生在人群聚集的场合，周围群众在好奇心的驱使下，会在短时间内围观斗殴双方，静观事态进一步发展，甚至有少数人会在一旁煽风点火，使双方矛盾更加激化。所以，要及时疏导围观群众，淡化现场的紧张气氛，使双方的对立情绪迅速冷静下来。

（3）查明原因，分析利害，教育矛盾双方正确认识和解决彼此间的摩擦。通过调查，基本弄清双方产生矛盾的具体原因。通过实例，分析打架斗殴行为的利害，使双方认识到自己的行为将会给个人、家庭、社会带来不良影响，从而使其在思想上认识到错误的严重性，达到相互谅解、化解矛盾的目的。

（4）冷处理。对于有些斗殴事件，还可用冷处理方式来解决，特别对于打架斗殴情节较轻的事件，可以将矛盾双方隔离开，让其冷静地思考自己的言行，从而使矛盾双方认识到错误，达到握手言和的目的。

2）乘客与安检人员冲突的处置

工作人员应竭力预防与乘客发生冲突或纠纷。当发生冲突或纠纷时，当事人或在场的其他工作人员，要全力消解。如遇到蛮横无理、言行过激、不听劝阻、影响车站正常运营秩序的乘客，不得出言顶撞或有过激行为，应及时上报值班站长，请公安民警配合处理。安检人员应努力做到如下要求。

（1）耐心回复。态度诚恳和蔼，回应迅速，要让乘客感觉到工作人员对其的重视，面对乘客的质疑、刁难时,应做好耐心解释,积极沟通,有效化解矛盾。

(2)安抚乘客情绪。面对情绪不稳定或过度激动的乘客,应该耐心地安抚并与其沟通,待乘客心情平静后,听取其诉求,了解具体情况,尽量解决问题,避免扩大矛盾和冲突。

(3)认真调解。不推卸责任,假如问题超出自身权限,应告知乘客将会向上级上报,并尽快给予其答复。在说明政策时,语言须委婉,态度须诚恳。同时,各岗位人员文明使用服务用语,杜绝服务禁语,竭力预防化解与乘客发生的冲突或纠纷。

(4)保持专业素养。安检人员需要具备专业的素质和技能,积极开展乘客服务工作,根据乘客的需求和诉求,提供适当的帮助和支持,切实维护乘客的权益。

(5)报告上级领导。如果遇到无法化解的紧急事件或乘客投诉,安检人员应及时向上级领导报告和汇报,避免拖延和疏漏。

(6)加强培训和教育。为避免类似事件再次发生,安检人员应该加强培训和教育,提高服务素质和应急处理能力,增强安全防范能力和应对突发事件的能力,为广大乘客提供更加细致入微的服务。对于安检人员,应该保持良好的专业素质和专业的工作态度,遵循行业规范和行为准则,以客户满意度为重点,保障客户的安全和舒适。针对此类情况,需要根据具体情况制定详细计划,尽量缓解紧张气氛,化解矛盾。

5.2.4 冲闯事件的应急处置

安检通道常发生的冲闯事件,主要是因列车延误、受检乘客误车或其他情况导致大量受检乘客不满,情绪激动而引发,如图5-8所示。

图5-8 乘客冲闯事件

如发生冲闯事件,应按以下方案进行处置。

(1)安检队长迅速组织有关人员关闭安检通道,阻止受检乘客发生冲闯。

(2)安检队长派遣安检备勤人员迅速到达安检现场进行宣传、劝阻和疏导工作。需要注意的是,在与受检乘客接触的过程中,避免发生语言冲突和肢体冲突。对已冲入隔离区的受检乘客,安检队长派遣安检人员进行控制,同时通报执勤民警,上报公安部门指挥中心。

(3)安检队长应及时、准确地将现场信息呈报公安部门值班领导,公安部门值班领导接到信息后应赶到现场指挥调配,现场协调控制事态。

(4)安检人员如发现有不法分子趁机搞破坏,应采取果断措施制止,等待执勤民警到达后进行处置。

(5)执勤民警到达现场后,安检队长应组织人员协助并配合执勤民警开展工作。

(6)做好善后工作,及时将信息书面报送公安部门指挥中心。

5.2.5　机器故障的应急处置

(1)当发现安检系统故障时,该故障通道引导人员应及时疏导通道外候检乘客到其他安检通道安检。

(2)故障通道安检人员立即向安检班长汇报安检通道故障信息。

(3)安检班长向公安部门和安检队长上报安检通道系统故障。

(4)通道安检值机员记录故障时间、通道号、故障现象等具体情况。

(5)由公安部门值班领导、安检队长负责决定临时关闭故障通道,组织疏导候检乘客到其他正常通道等候检查,或者立即决定在不关闭通道的情况下实施手工人身及开包检查,并维护好现场秩序。

(6)必要时公安部门值班领导、安检队长可调配更多手检人员对候检乘客进行手工检查。

(7)在故障通道抢修期间,如有备用通道,公安部门值班领导、安检队长应根据安检现场受检乘客流量决定是否加派安检人员、增开备用通道,减少受检乘客排队候检时间,维护好安检现场秩序。

(8)公安部门值班领导、安检队长负责组织做好维护秩序宣传工作,安抚候检乘客情绪。

(9)待系统设备恢复正常后,公安部门值班领导、安检队长负责下达撤销手工检查工作方案的指示,恢复正常安检程序,同时将故障通道恢复。

5.2.6　城市轨道交通延误的应急处置

(1)遇城市轨道交通工具大面积延误时,安检现场带班人员应根据受检乘客所乘轨道交通工具发送动态及受检乘客流量,预留出能够保障安检勤务正常运行的安检备勤人员,以保证出现受检乘客所乘城市轨道交通工具大面积延误时,加强安检力量。

(2)安检现场带班人员应及时组织维护秩序人员宣传疏导、安抚受检乘客情绪,稳定现场秩序,并及时请示安检队长调配人员,增加人身、开行李等安检人员,以确保受检乘客快速有序地通过检查。

(3)若发生受检乘客冲闯安检区域通道,带班班长应立即下令关闭通道,对冲闯乘客进行控制,并引导其他候检乘客到其他安检通道接受检查,同时上报公安部门、安检队长。安检人员应避免与受检乘客发生语言及肢体冲突。

5.2.7　停电事件的应急处置

(1)城市轨道交通企业,应贯彻"预防为主、防救结合"的原则,做好日常安全供电保障工作,准备备用电源,尽量避免停电事件的发生。

(2)一旦发生停电事件,城市轨道交通企业要做好信息发布工作,组织好乘客的紧急疏散和安抚工作,协助做好治安防范工作。

(3)立即启动应急预案,判断故障原因,调整运行方式,尽快恢复供电。

(4)当站场动力供电中断影响到乘客的正常出行,或牵引供电中断造成所乘城市轨道交通工具无法继续运行时,安检人员需要穿上荧光衣,带好应急灯、喇叭,对站场乘客进行疏散,以城市轨道交通为例,具体措施如下。

①车站照明中断后,车站工作人员应安抚乘客情绪并寻求乘客配合,同时立即将存放在车站的大功率应急照明灯布置在车站关键部位,以利于乘客的有序疏散。

②在疏散过程中,要打开所有闸机通道和边门,关闭自动售票机,并及时播放应急广播进行语音引导。

③在关键点位进行安检人员布控,包括闸机楼梯、电扶梯口和车站出入口等。上述地点都是容易造成乘客拥堵的关键"节点",需要重点加强引导和防范。

④确认残疾人电梯内是否有人,并检查电扶梯是否有乘客跌伤。

⑤车站人员应联系驻站民警维持好疏散秩序,并重点做好对特殊乘客(老、弱、病、残、孕)等的照顾。

(5)控制进站客流,并在情况允许的情况下,尽可能地做好对已购票乘客的票务处理工作,如现场退票或授权乘客可持票在限定期限内再次乘坐。

(6)如果形势紧急,应以人员疏散为主,待乘客全部疏散完毕后,根据运营控制中心指令对车站进行关闭,并在所有车站出入口发布闭站公告。

5.2.8 精神病患者的应急处置

由于精神病患者可能对他人和自身构成威胁,因此安检人员需要制定一套全面有效的流程来应对这种情况。

1)发现精神病患者

(1)观察行为举止:工作人员应密切观察乘客的行为举止,特别关注那些表现异常、情绪激动或行为怪异的乘客。

(2)密切与乘客互动:工作人员应主动与乘客进行交流,询问是否需要帮助或者有其他特殊需求,及时了解乘客的状况。

(3)报告上级领导:一旦发现有可疑的精神病患者,工作人员应立即向上级领导汇报,并提供详细描述和相关信息。

2)不同患者的处置

(1)对精神病患者的一般处置。对在城市轨道交通站点巡逻中遇到的一般精神病患者,首先要防止其行为对周围人和物的侵害,通过一定方式将其合法化监护,并及时与有关部门取得联系,寻找其监护人将其领回。在此期间,要注意关心精神病患者的状态,为其提供一定的饮食或休息场所,尽量引导其配合工作。

(2)对公共场所精神病患者的处置。在公共场所内出现的正在发病的精神病患者,极易引起群众围观,易影响正常的公共秩序。此时,工作人员应及时疏散群众,将精神病患者引领到单独场所,然后想办法与其监护人或社会福利部门取得联系,将其领回或对其进行社会救助。

(3)对发生伤人毁物行为精神病患者的处置。对于在责任区内发生伤人毁物行为的精神病患者,要立即采取有效措施制止其侵害行为的继续发展,并及时说服、疏散围观群众,采取合理的办法将精神病患者约束起来。设法尽快与其监护人取得联系,同时将此情况通报公安机关,以便对精神病患者进行进一步约束和保护,并依据其行为可能造成的后果,追究其监护人的责任,以防止类似事件再次发生。

3)与精神病患者互动

(1)保持冷静:工作人员在面对精神病人员时,要保持冷静,不要激化局势。避免使用过于强硬或威胁性的语言和姿态。

(2)建立信任关系:通过友善和耐心的交流方式,尽量与精神病人建立信任关系。让他们感受到自己被尊重和关心,避免可能产生的冲突。

(3)提供帮助选择:给予精神病人选择权,让他们参与到解决问题的过程中,如询问他们是否需要帮助联系家人或医生。

4)寻求医疗援助

(1)联系医疗救援:如果情况严重或者精神病人员表现出对自己或他人的危险行为,工作人员应立即联系医疗救援部门。

(2)提供详细信息:在与医疗救援部门沟通时,工作人员应提供精神患者的详细描述、行为表现和其他相关信息,以便医护人员做出更准确的判断和处理。

(3)协助医护人员:一旦医护人员到达现场,工作人员应积极配合他们的工作,并提供必要的支持和协助。

5.2.9 发现爆炸物的应急处置

1)包裹中发现疑似爆炸物品的处置

(1)当安检人员在通道式 X 射线安检机图像上发现疑似爆炸物品时,应立即暂停机器,把行李控制在通道式 X 射线安检机中。

(2)立即向值班领导、现场公安和民警报告。

(3)冷静处置,控制好包裹。

(4)在车站民警的指挥下,准备好防爆罐或防爆毯,如图5-9 所示。

a) 防爆罐   b) 防爆毯

图 5-9 防爆器材

(5)如果需要,协助城市轨道交通站场民警携搜爆犬对疑似包裹进行识别确认。

(6)控制包裹携带者,进行重点人身检查,由公安人员将其带离现场。

(7)恢复安检现场工作,安检队长组织安检人员对安检现场,进行清理检查。

2)人身检查中发现疑似爆炸物品的处置

(1)在人身检查中发现疑似爆炸物品时,应立即做出反应,冷静处置。

(2)发现携带者立即用暗语告知安检通道其他岗位人员,关闭安检通道,疏散受检乘客;对嫌疑人包裹进行重点检查,并将此情况上报值班领导及现场值班民警;开包员协助手检员控制嫌疑人,将人和物分开,如疑似爆炸物绑在身上,立即将其带离人群,用防爆毯等隔离。

(3)如果需要,协助值班民警携搜爆犬对爆炸物品进行识别确认。

3)爆炸物发生爆炸的处置

爆炸物品一般都有专门或临时的储存仓库。这类物品由于内部结构含有爆炸性基因,受摩擦、撞击、震动、高温等外界因素激发,极易发生爆炸,遇明火则更危险。遇爆炸物品火灾时,一般应采取以下基本对策。

(1)迅速判断和查明再次发生爆炸的可能性和危险性,紧紧抓住爆炸后和再次发生爆炸之前的有利时机,采取一切可能的措施,全力制止再次爆炸的发生。

(2)切忌用沙土盖压,以免增强爆炸物品爆炸时的威力。

(3)如果有疏散可能,人身安全上确有可靠保障,应迅即组织人员力量及时疏散着火区域周围的爆炸物品,使着火区周围形成一个隔离带。

(4)扑救爆炸物品堆时,水流应采用吊射方式,避免强力水流直接冲击堆垛,以免堆垛倒塌引起再次爆炸。

(5)灭火人员应尽量利用现场现成的掩蔽体或尽量采用卧姿等低姿态运用灭火工具,尽可能地采取自我保护措施。消防车辆不要停靠离爆炸物品太近的水源处。

(6)灭火人员发现有发生再次爆炸的危险时,应立即向现场指挥报告。现场指挥应迅即做出准确判断,确有发生再次爆炸征兆或危险时,应立即下达撤退命令。灭火人员看到或听到撤退信号后,应迅速撤至安全地带,来不及撤退时,应就地卧倒。

5.2.10 犯罪分子携带凶器、炸药,劫持人质的应急处置

(1)发现情况,安检人员应立即报告值班站长、值班民警。

(2)停止安检,安检人员应立即封闭安检通道,对乘客进行疏散。

(3)安检人员应稳住犯罪分子的情绪,做好使用应急装备的准备。

(4)依据上级指示,安检人员应协助民警制服犯罪分子。

5.2.11 新型恐怖威胁的应急处置

城市轨道交通面临的恐怖袭击手段不断发生变化,在防范传统恐怖威胁形式的同时,需重点关注隐蔽性更强、破坏力更大、制作更简单的新型恐怖威胁。

1)新型恐怖威胁的种类

(1)液态危险品。液态危险品主要指过氧化氢合成的TATP(三过氧化三丙酮)等爆炸

物,汽油、丙酮等易燃液态危险品,因其无特定形状特征,又可以将主要制作原材料分开携带并在现场制作引爆,几乎无法利用传统安检技术进行防范。

(2)胶状和粉末状爆炸物。胶状和粉末状爆炸物很难与肥皂、糖等日常用品区分,隐蔽性更强,传统安检技术难以检测识别。

(3)"脏弹"。"脏弹"指将爆炸装置与放射性物质混合,引爆后放射性物质可对爆炸现场造成长期辐射影响,难以清理。

2)应对新型恐怖威胁的解决方案

(1)综合应用X射线成像、计算机层扫描、痕量爆炸物探测技术、金属探测和放射性物质监测等先进安检技术,有效防范爆炸物与武器,易燃、易腐蚀物品和放射性物质等各类危险品、违禁品。

(2)实时采集、存储和处理乘客及其随身携带的行李的相关X射线图像、视频监控等信息,在发生安全威胁事件后可供调查分析取用。

(3)采取普检与精检相结合的安检模式,以及设置开包复验工作站等措施,引入智慧安检系统,应用科技创新为安检提速,进一步提高安检工作效率与质量。

(4)兼顾城市轨道交通、公共服务特性和安全出行需求,充分考虑各地区安检目标和安检标准的差异性,支持灵活的产品配置,提供可调的安检级别和灵敏度设置,注重安检解决方案设计的人性化需求。

3)应对新型恐怖威胁的主要安检技术应用

(1)X射线检查技术。该技术主要用于爆炸物、武器、管制器具等危险品以及用于制作液体爆炸物的主要液体。

(2)计算机断层扫描成像技术。该技术能够自动识别易燃易爆、易腐蚀性危险液体。

(3)痕量爆炸物探测技术。该技术能够自动检测行李和粉末状、胶状嫌疑物品是否存在痕量爆炸物,并鉴别爆炸物种类。

(4)金属探测技术。该技术主要用于对金属材料武器和管制器具等危险品、违禁品的检测。

(5)放射性物质检测技术。该技术主要用于对"脏弹"等含有放射性物质的危险品和违禁品的检测。

5.2.12 毒气袭击的应急处置

1)处置原则

接到毒气事故报警后,必须携带足够的氧气、空气呼吸器及其他特种防毒器具,并为救援人员提供个人防护装备保障。在救援的同时,应该迅速查明毒源,划定警戒区域,遵循"救人第一"的原则,积极抢救已中毒人员,疏散受毒气威胁的群众。

2)处置措施

大多数的毒气事故发生后必须及时进行洗消,洗消流程如下。

(1)控制污染源,及时消除污染。控制措施越早,受污染面积越小。直接对泄漏点或泄漏部位洗消,构成空间除污网。

(2)确定污染范围。做好事故现场的应急监测,及时查明泄漏源的种类、数量和扩散区域,明确污染边界,确定洗消量。

(3)严防污染扩散。对毒气事故的污染进行清除,充分发挥救援体系,采取有效措施防止污染扩散。

常用的防扩散方法有4种。

①堵。截断有毒物质外流,阻断污染源。

②撒。可将具有中和作用的酸性或碱性粉末抛撒在泄漏地点的周围,使之发生中和反应,降低危害程度。

③喷。利用酸碱中和原理,将稀碱(酸)喷洒在泄漏部位,形成隔离区域。

④稀。利用大量的水对污染物进行稀释,降低污染浓度。

(4)污染洗消。利用喷洒洗消液、抛撒粉状消毒剂等方式消除毒气污染。一般在毒气事故救援现场可采用3种洗消方式。

①源头洗消。在事故发生初期,对事故发生点进行洗消,将污染源严密控制在最小范围内。

②隔离洗消。当污染蔓延时,对下风方向暴露的建筑物喷洒洗消液、抛撒粉状消毒剂,形成保护层,污染降落物流经时即可产生反应,减少甚至消除危害。

③延伸洗消。控制住污染源后,从事故发生地开始向下风方向对污染区逐步推进全面而彻底的洗消。

5.3 紧急求助与现场急救常识

5.3.1 "110"报警求助

1)"110"报警服务台受理报警的范围

(1)刑事案件。

(2)治安案(事)件。

(3)危及人身、财产安全或者社会治安秩序的群体性事件。

(4)自然灾害、治安灾害事故。

(5)其他需要公安机关处置的与违法犯罪有关的报警。

2)"110"报警服务台受理求助的范围

(1)发生溺水、坠楼、自杀等状况,需要公安机关紧急救助的。

(2)老人、儿童、智障人员、精神疾病患者等人员走失,需要公安机关在一定范围内帮助查找的。

(3)公众遇到危难,处于孤立无援状况,需要立即救助的。

(4)涉及水、电、气、热等公共设施出现险情,威胁公共安全、人身或者财产安全以及工作、学习、生活秩序,需要公安机关先期紧急处置的。

(5)需要公安机关处理的其他紧急求助事项。

3）报警求助的流程

（1）可使用任何的通信工具向"110"报警台报警（拨"110"号码即可），也可向正在执行公务的公安人员报警。

（2）讲清案件或求助的内容、发生的地点和时间，报警后不要先挂断电话，须等接警方问清问题后再挂断电话，并应随着案情变化及时与警方联系。

（3）条件允许时，可在现场等待警车或接警人员的到达。

5.3.2 "120"急救求助

1）突发急症的求助

遇到突发急症病人时，应向"120"急救中心详细报告以下内容。

（1）病人发病具体时间、病人所在的详细地址。

（2）病人的姓名、性别、年龄及主要病情。

（3）呼救人的姓名、单位和所用呼救电话号码。

报告清楚以上情况后，还应明确急救车到达的时间及接车地点。

2）重大突发事件、灾害事故的求助

遇到重大突发事件、灾害事故造成人员伤亡时，应向"120"急数中心详细报告以下内容。

（1）讲清突发事件、灾害事故发生的时间、地点和事件、事故的性质。

（2）伤亡人数和伤情。

（3）急需哪方面的援助。

（4）呼救人的姓名、单位和所用呼救电话号码。

紧急情况下，除了拨打"120"电话，还可同时拨打"110"电话求助。另外，安检人员应熟知所在区域附近的医院位置及呼叫电话，以便就近以最快速度抢救伤员。

5.3.3 意外事故的紧急救助措施

1）中暑的救助

中暑是在高温环境下机体因体热平衡和（或）水、电解质紊乱等而引起的一种以中枢神经系统和（或）心血管系统障碍为主要表现的急性热致疾病，是人体体温调节功能紊乱而发生的临床综合征。高温、高湿、通风不良是中暑的主要原因。夏季，特别是老年人、疲劳者、心血管疾病患者等人群，应特别注意预防中暑。

（1）中暑的症状。

根据中暑的具体症状，可分为先兆中暑、轻症中暑和重症中暑。

①先兆中暑。先兆中暑时，患者大量出汗、口渴、头昏、耳鸣、胸闷、心悸、呼吸困难、恶心、呕吐、四肢无力、注意力不集中、体温升高。如患者能及时休息，离开高温环境，可在短时间内恢复。

②轻症中暑。除先兆中暑所述症状外，患者会出现面色潮红、胸闷、皮肤灼热，并有早期呼吸循环衰竭的现象，皮肤湿冷、血压降低、脉细弱而快。

③重症中暑。重症中暑包括热痉挛、热衰竭、热射病3种类型。最严重的为热射病，其

中劳力性热射病多见于健康年轻人（如体育运动者、正在训练的军人），表现为长时间暴露于高温、高湿、无风的环境中进行高强度训练或重体力劳动一段时间后，出现发热、头痛或忽然晕倒、意识不清等症状，继而体温迅速升高，达40℃以上，出现谵妄、嗜睡和昏迷症状。并可伴有横纹肌溶解、多脏器功能衰竭等表现，病情恶化快，病死率极高。

（2）救助措施。

①转移。安检人员一旦发现，立即将患者移至空调室内，没有空调设备时，可在室内放置冰块、电风扇等，尽快使室内温度降至25℃以下。同时，使患者平卧并解开衣扣休息，更换被汗水湿透的衣服。

②降温。根据条件，安检人员可用冰水或酒精帮患者擦拭外露皮肤（得到患者同意情况下进行），也可在头部、腋窝、腹沟等处放置冰袋，如图5-10所示。也可尝试涂擦清凉油、万金油等。同时安检人员可按摩患者四肢及躯干皮肤，促进血液循环以加速散热降温，直至体温降至38℃以下。

③补充。安检人员给予患者口服凉盐水、糖盐水、各种含盐的清凉饮料、人丹、藿香正气水等，注意不可急于补充大量水分。掐捏合谷穴（图5-11）、风池穴、太阳穴等穴位，同时保持患者呼吸畅通，改善缺氧状况。

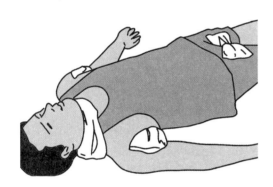
图5-10　中暑后放置冰袋降温

图5-11　中暑捏掐合谷穴

④转送。在采取以上各种措施的同时，对于重症患者请安检人员拨打"120"急救电话，尽快将患者送往就近医院治疗。

2）触电的救助

（1）触电的症状。

①电击损伤症状。当接触较小的电流时，伤者出现面色苍白、惊慌、心悸、四肢软弱、全身无力情况，休息后可以恢复。触电较重时，伤者由于持续触电使肌肉发生强直性抽搐，拳头紧握，手握电源不放，易造成严重后果如休克、昏迷或死亡。

②电击损伤并发症。抽搐性肌肉痉挛可以引起伤者骨折、脱臼。电击伤可引起挤压综合症状改变，导致肾衰；头部电击伤可引起视神经萎缩等；电击伤也可引起血管破裂、出血、血栓形成、组织坏死。受高压电电击后，可引起内脏破裂。

（2）脱离电源。

触电急救的第一步是使触电者迅速脱离电源，因为电流对人体的作用时间越长，对生命的威胁越大。具体方法如下。

①低压电源触电脱离电源的方法。

A. 拉。附近有电源开关或插座时,应立即拉下开关或拔掉电源插头。

B. 切。若一时找不到断开电源的开关,应迅速用绝缘完好的钢丝钳或断线钳剪断电线,以断开电源。

C. 挑。对于由导线绝缘损坏造成的触电,安检人员可用绝缘工具、干燥的木棒等将电线挑开。

D. 拽。安检人员可戴上手套或在手上包缠干燥的衣服等绝缘物品拖拽触电者;也可站在干燥的木板、橡胶垫等绝缘物品上,用一只手将触电者拖拽开来。

E. 垫。如果电流通过触电者入地,并且触电者紧握导线,安检人员可设法用干燥的木板塞到触电者身下,与地隔离,如图5-12所示。

图5-12 触电急救常识

②高压电源触电脱离电源的方法。

由于装置的电压等级高,一般绝缘物品不能保证救护人的安全,而且高压电源开关距离现场较远,不便拉闸。因此使触电者脱离高压电源的方法与脱离低压电源的方法有所不同,通常的做法如下。

A. 立即电话通知有关供电部门拉闸停电。

B. 如果电源开关离触电现场不太远,可戴上绝缘手套,穿上绝缘靴,拉开高压断路器或用绝缘棒拉开高压跌落熔断器以切断电源。

C. 向架空线路抛挂裸露的金属软导线,人为造成线路短路,迫使继电保护装置动作,从而使电源开关跳闸。

D. 如果触电者触及断落在地上的带电高压导线,且尚未确认线路无电之前,安检人员不要进入断线落地点 8~10m 的范围内,以防止跨步电压触电。进入该范围的安检人员应穿上绝缘靴或临时双脚并拢跳跃地接近触电者。触电者脱离带电导线后应迅速将其带到至 8~10m 以外,立即开始触电急救。

(3)触电现场急救措施。

①触电者未失去知觉的救护措施。如果触电者所受的伤害不太严重,神志尚清醒,只是表现为心悸、头晕、出冷汗、恶心、呕吐、四肢发麻、全身乏力,甚至一度昏迷但未失去知觉,则可先让触电者在通风暖和的地方静卧休息,并派工作人员严密观察,同时请医生前来或将伤

者送往医院救治。

②触电者已失去知觉的抢救措施。如果触电者已失去知觉,但呼吸和心跳尚正常,则应使其舒适的平卧着,解开衣服以利呼吸,四周不要围人,保持空气流通,冷天应注意保暖,同时立即请医生前来或将伤者送往医院诊治。若发现触电者呼吸困难或心跳失常,应立即施行人工呼吸或胸外心脏按压。

③对"假死"者的急救措施。如果触电者呈现"假死"现象,则可能有3种临床症状:一是心跳停止,但尚能呼吸;二是呼吸停止,但心跳尚存(脉搏很弱);三是呼吸和心跳均已停止。当判定触电者呼吸和心跳停止时,安检人员应立即按心肺复苏法对触电者施行就地抢救。

3) 昏迷病人的救助

(1) 昏迷的症状。

昏迷是指生命体征(呼吸、心跳等)存在而意识丧失,对外界的各种刺激缺乏反应。昏迷在临床上分为深昏迷和浅昏迷。浅昏迷的病人有一些无意识的动作,可能还会有用手摸摸头、拉拉被子等,对外界刺激和疼痛尚能有反应;深昏迷病人,没有自发动作,全身瘫软,对外界的一切刺激无任何反应,包括瞳孔反射和角膜反射均已丧失。

另外,昏迷病人在昏迷前期,有嗜睡和昏睡两种表现。嗜睡病人精神较差动作少,长时间睡觉,可以唤醒,能回答一些简单的问题后,又继续入睡;昏睡病人要给予较强的刺激才能唤醒,回答问题不全面,模糊不清。以上两种情况,虽然不属于昏迷,但往往会发展成为昏迷,应该引起注意。

(2) 救助措施。

最常用的方法如下。

①用拇指压迫病人的眼眶内侧,观察病人的意识、呼吸、心跳状态。必要时还应进行心肺复苏。

②用大拇指末端压迫人中穴2~3min。

③昏迷是临床上危重的现象,必须马上送病人去往医院抢救。

4) 醉酒者的救助

(1) 醉酒概念。

醉酒也称酒精中毒,是由于服用了大量的酒类饮料后引起的中枢神经系统的兴奋及抑制状态。酒精中毒症状出现的迟早及严重程度因人而异。酒精被人体吸收后,大部分在体内氧化成二氧化碳和水,少部分成为乙酸,仅10%左右经肾、肺、唾液腺及汗腺排出体外,氧化速度每小时为10~15mL,肝功能不全时则氧化速度更缓慢。大量饮酒,超过肌体的氧化速度,即发生蓄积而造成中毒。酒精中毒大致上可分为3个时期。

①兴奋期。当体内酒精达到20~40mL时,人的眼部充血,颜面潮红或苍白,眩晕,言语增多,有时粗鲁无理,容易感情用事,时喜时悲,有时谈话滔滔不绝,有时则安然入睡。

②失调期。当体内酒精量达到50~100mL时,即可出现动作笨拙、步态蹒跚、语无伦次、言语含糊不清等现象。

③昏睡期。当体内酒精达到200mL以上时,即可出现昏睡状态。这时人的面色苍白

或潮红,皮肤湿冷,口唇微紫,心跳加速,呈休克状态。同时,瞳孔散大,呼吸缓慢而带鼾音,呕吐、躁动。严重时,可大小便失禁、抽搐、昏迷,最后可因呼吸衰竭而死亡。

(2)救助措施。

①催吐。直接刺激患者咽部进行催吐,使胃内容物呕出,减少乙醇的吸收。已有呕吐者可不用。

②保持呼吸道通畅。患者饮酒后有不同程度的恶心、呕吐、意识障碍。应取平卧位头偏向一侧,及时清除呕吐物及呼吸道分泌物,防止窒息。

③给醉酒者服用解酒、醒酒的药物。

④安全防护。患者多数表现烦躁,兴奋多语,四肢躁动,应加强巡视,必要时给予适当的保护性约束,防止意外发生。同时还要防止患者伤害他人。

⑤注意保暖。醉酒患者全身血管扩张,散发大量热量,加上呕吐或洗胃后患者感到寒冷,甚至出现寒战。此时应采取提高室温,加盖棉被等保暖措施,防止受凉诱发其他疾病。

⑥严重的酒精中毒者,安检人员应迅速将其送往医院进行急救。

5)机械伤害的救助

发生机械伤害事故后,现场人员不要害怕和惊慌,要保持冷静,迅速对受伤人员进行检查。急救检查应先看神志、呼吸,接着摸脉搏、听心跳,再查瞳孔,有条件时测血压检查局部有无创伤、出血、骨折、畸形等变化,根据伤者的情况,有针对性地采取人工呼吸、心脏按压、止血、包扎、固定等临时应急措施。

(1)在发生伤害事故后应迅速拨打急救电话,向医疗救护单位求援。拨打急救电话时,要注意以下问题。

①在电话中应向医生讲清受伤人员的确切地点、联系方法(如电话号码)、行驶路线。

②简要说明受伤人员的受伤情况、症状等,并询问清楚在救护车到来之前,应该采取的措施。

③派人到路口迎候救护人员。

(2)遵循"先救命,后救人"的原则。

(3)检查受伤人员呼吸道是否被舌头、分泌物或其他异物堵塞。

(4)如果受伤人员呼吸已经停止,应立即实施人工呼吸。

(5)如果受伤人员脉搏不存在,心脏停止跳动,应立即进行心肺复苏。

(6)如果受伤人员出血,应进行必要的止血及包扎。

(7)大多数受伤人员可以采用直接抬送医院的方式,但对颈部、背部严重受损者要慎重,以防止其进一步受伤。

(8)让受伤人员平卧并保持安静,如有呕吐,同时无颈部骨折时,应将其头部侧向一边以防止噎塞。

(9)动作平缓地检查受伤人员,必要时剪开其衣服,避免突然挪动,增加受伤人员痛苦。

(10)安检人员要安慰受伤人员,自己也应保持镇静,以消除恐惧。

(11)不要给昏迷或半昏迷者喝水,以防液体进入呼吸道导致窒息;也不要用拍击或摇动的方式试图唤醒昏迷者。

6）高空坠落的救助

高空坠落伤是指人们在日常工作或生活中，从高处坠落，受到高速的冲击力，使人体组织和器官遭到一定程度的破坏而引起损伤。高空坠落损伤除有直接或间接受伤器官表现外，还可能有昏迷、呼吸窘迫、面色苍白和表情淡漠等症状，可导致胸、腹腔内脏组织器官发生损伤。

高空坠落时，足或臀部先着地，外力可沿脊柱传导至颅脑而致伤；由高处仰面跌下时，背或腰部受冲击可引起腰椎前纵韧带撕裂、椎体裂开或椎弓根骨折引起脊髓损伤。脑干损伤时常有较重的意识障碍、光反射消失等症状，也可能有严重的并发症，高空坠落的急救方法如下。

（1）去除受伤人员身上的用具和口袋中的硬物。

（2）在搬运和转送受伤人员过程中，避免其颈部和躯干前屈或扭转，应使其脊柱伸直，绝对禁止一人抬肩、一人抬腿的搬法，以免发生或加重截瘫。

（3）创伤局部妥善包扎。

（4）对于颌、面部受伤人员，首先应保持其呼吸道畅通，撤除假牙，清除移位的组织碎片、血凝块、口腔分泌物等，同时松解受伤人员的颈、胸部纽扣。

（5）对于复合伤，帮助受伤人员平仰卧位，保持呼吸道畅通，解开衣领扣。

（6）对于周围血管伤，压迫伤部以上动脉干至骨骼。应直接在伤口上放置厚敷料，绷带加压包扎，以不出血和不影响肢体血液循环为宜。当上述方法无效时可用止血带，原则上尽量缩短使用时间，一般以不超过1h为宜（做好标记，注明止血带时间）。

（7）快速、平稳地将受伤人员送往附近医院进行救治。

7）有害气体中毒的救助

有害气体中毒主要包括窒息性气体（一氧化碳、硫化氢、氰化物等）、刺激性气体（氯气、氨气、光气、二氧化氮等）、有机溶剂（苯、甲苯、二甲苯等）蒸气引起的中毒。

（1）有害气体中毒症状。

刺激性气体对眼、呼吸道黏膜、皮肤具有明显的刺激及（或）腐蚀作用，较低浓度吸入时可出现羞明、流泪、咽痛、呛咳、胸痛、气急、呼吸困难等刺激症状，常伴有头晕、头痛、恶心、呕吐、乏力等症状；高浓度吸入可严重损伤气管、支气管、深部小气道和肺泡，临床表现为剧烈咳嗽、胸闷、憋气、发绀、烦躁不安、大汗淋漓、咳大量粉红色泡沫样痰等症状。

窒息性气体导致的轻度缺氧可出现注意力不集中、定向力障碍等，严重者可有头痛、头晕、呕吐、嗜睡、躁动不安、严重意识障碍、反复抽搐、血压上升、深度昏迷等脑水肿表现，甚至出现植物状态，可并发肺水肿、休克或严重心肌损伤、呼吸衰竭等。

（2）以一氧化碳中毒为例的症状及急救措施。

CO为无色、无味、无刺激性的剧毒气体，凡含碳物质燃烧不完全时，均可产生CO气体。防护措施不佳、通风不良或地下瓦斯泄漏时，可发生急性CO中毒。

①症状。

临床表现轻度中毒者有头痛、眩晕、乏力、心悸、恶心、呕吐及视力模糊。病情严重时皮肤、口唇黏膜、甲床可偶见樱桃红色,呼吸及心率加快,四肢张力增强,意识障碍程度达深度昏迷或去大脑皮层状态,最终因呼吸循环衰竭而死亡。

②急救与治疗。

A. 现场急救立即将患者移离中毒现场,将其移至新鲜空气区域,打开门窗,尽快通风换气。

B. 将患者衣扣、腰带解开,保证正常吸氧。

C. 心跳、呼吸停止者,应对其立即实施心肺复苏。

D. 如果中毒现场 CO 浓度很高,安检人员需戴防毒面具进入救护现场。

其他比较常见和严重的气体中毒有氯气中毒、硫化氢中毒、氰化物中毒。这些中毒均可产生局部刺激和腐蚀,发生中毒性肺水肿,高浓度中毒表现为中枢神经系统症状和窒息,可引起心跳骤停而出现"闪电型"死亡。治疗、抢救和用药过程与 CO 中毒的救治原则相似。

5.3.4　常用的紧急救助方法

1)常用的止血方法

常用的止血方法包括指压止血法、加压包扎法、止血带止血法等。

(1)指压止血法。

用手指或手掌压迫伤口靠近心端动脉,将动脉压向深部的骨头上,阻断血液的流通,从而达到临时止血的目的,一般的小动脉和静脉损伤出血都可用此法止血,如图 5-13 所示。但指压止血法仅限于无法止住伤口出血或者准备敷料包扎伤口的情况,施压时间切勿超过 15min,属于短暂应急措施,如果施压过久,肢体组织可能因缺氧而损坏,以致不能康复,继而还可能导致截肢。

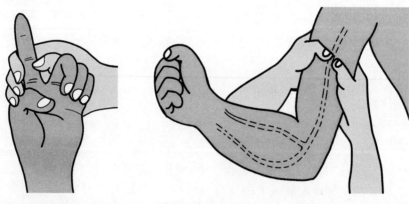

图 5-13　指压止血法

(2)加压包扎法。

加压包扎法主要适用于出血量不太大的一般伤口。通过对伤口的加压和包扎,减少出血,让血液凝固。具体方法是:如果伤口处没有异物,可以先将干净的灭菌纱布、布块、手绢、绷带、敷料或直接用手紧压伤口止血;如果伤口出血较多时,可用纱布、毛巾等柔软物垫在伤口上,再用绷带包扎以增加压力,达到止血的目的。包扎后抬高伤口,增加静脉回流和减少出血,如图 5-14 所示。

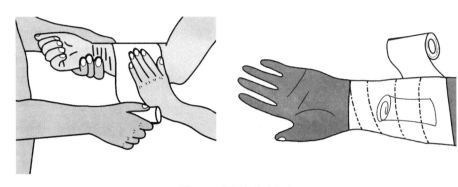

图 5-14　加压包扎止血法

(3) 止血带止血法。

止血带法适用于四肢伤口大量出血时,主要有布止血带绞紧止血、布止血带加垫止血和橡皮止血带止血 3 种方法。使用止血带法止血时,绑扎松紧要适宜,以出血停止、远端不能摸到脉搏为好。使用止血带的时间越短越好,最长不宜超过 3h,并在期间内每隔 30min(温度低的天气)或 1h 慢慢解开、放松一次,每次放松 1~2min,放松时可用指压法暂时止血,如图 5-15 所示。不到万不得已时不要轻易使用止血带,因为扎好的止血带能把远端肢体的全部血流阻断,易造成组织缺血,时间过长会引起肢体坏死。

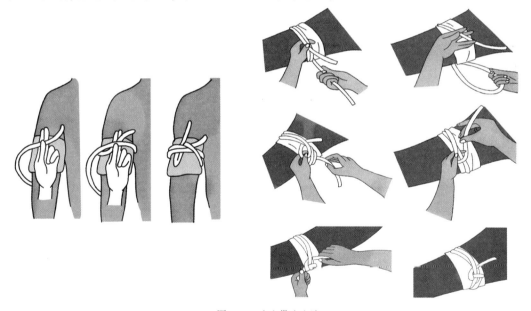

图 5-15　止血带止血法

2) 海姆立克急救法

(1) 海姆立克原理。

假设人的肺部为一个气球,气嘴就是它唯一的出口,如果出口被异物阻塞,可以用手捏挤气球,气球受压,球内空气上移,从而将阻塞出口的异物冲出,这就是海氏腹部冲击法的物理学原理。急救者环抱患者,突然给患者上腹部施压,使其上腹部下陷,造成膈肌突然上升,患者的胸腔压力骤然增加,由于胸腔是密闭的,故胸腔内的气体就会在压力的作用下自然地冲向气管,每次冲击将产生 450～500mL 的气体,从而就有可能将异物排出,恢复气道的通畅。

(2)适应症。

①呼吸道异物:用于呼吸道异物的排除,主要用于呼吸道完全堵塞或严重堵塞的患者。

②溺水患者:用于抢救溺水患者,以排除其呼吸道的液体。

(3)操作方法。

①成人:急救者首先位于患者身后,将双臂分别从患者两腋下前伸环抱患者。左手握拳,右手从前方握住左手手腕,使左拳虎口贴在患者胸部下方,肚脐上方的上腹部中央,形成"合围"之势,如图 5-16 所示,然后突然用力收紧双臂,向患者上腹部内上方猛烈施压。

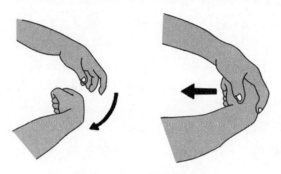

图 5-16　海姆利克急救法手势

由于腹部下陷,迫使膈肌上升,挤压肺及支气管,从而将异物从气管内冲出。施压完毕后立即放松手臂,然后再重复操作,直到异物被排出,如图 5-17 所示。

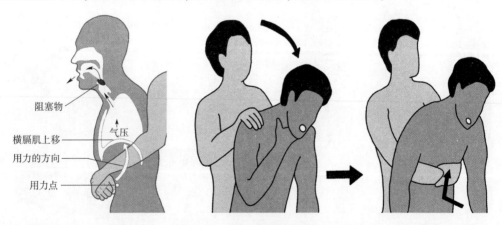

图 5-17　成人海姆利克急救法

②婴儿:首先,施救者用一只手固定住患儿头部,将其面部朝下,保持头低脚高,用另一只手掌根部连续叩击患儿肩胛骨连线中点处 5 次。然后,将患儿翻转成面部朝上,保持头低脚高,检查气道有无异物排出;如未发现异物,立即用中指和食指按压患儿两乳头连线中点处 5 次。反复交替操作上述 2 个步骤,直到异物排出,如图 5-18 所示。

③自救:发生急性呼吸道异物阻塞时如果身边无人,患者也可以自己实施腹部冲击,手法相同,或将上腹部压向任何坚硬、突出的物体上,且反复实施,如图 5-19 所示。

图 5-18 婴儿海姆利克急救法

图 5-19 海姆利克自救法

④对于意识不清的患者:急救者可以先使患者为仰卧位,然后骑跨在患者大腿上,双手两掌重叠置于患者肚脐上方,用掌根向前、下方突然施压,反复进行。

如果患者已经发生心搏停止,此时应按照心肺复苏的常规步骤为患者实施心肺复苏,直到医务人员到来。

3)心肺复苏

心肺复苏是指针对心脏病突发、溺水、触电等各种原因导致的心脏骤停患者,通过胸外按压和人工呼吸方法,给患者心脑等重要器官提供血流和氧气。

大量事件表明,心跳停止 4min 内进行心肺复苏,患者救活率可达到 50%,而超过这一时间,被救活的希望就很渺茫。每延迟 1min,抢救成功率会下降 7%～10%,这就是世界公认的"黄金抢救 4min"。如果只拨打了"120"急救电话,等救护车赶到再进行抢救,会错过最佳抢救时间。因此,安检人员应掌握抢救方法,心肺复苏方法的实施步骤如下。

(1)第一步:判断有无反应和呼吸。

①看到有人倒地,安检人员可轻拍患者双肩,并在他双侧耳边大声呼喊:"您怎么了?""发生了什么事?",若清醒患者能准确地回答问题,则为意识正常;若无任何反应,则为意识丧失。

②随后安检人员需要俯身,用 5～10s 时间观察患者的胸腹部是否有呼吸起伏的活动,如果患者没有反应且没有呼吸或仅有濒死喘息,则为心脏骤停,应即刻开始心肺复苏。

③在开始心肺复苏之前,安检人员应确保自己或他人已拨打"120"急救电话。

(2)第二步:胸外心脏按压。

①摆好姿势。让患者仰卧在坚实的平面上,头部不得高于胸部,应与躯干处在一个平面。

②找准胸外按压部位。左手掌根部置于患者胸前胸骨下段(通常为胸骨下半部分或两乳头连线的中点处),右手掌压在左手背上,双手交叉互扣,手指翘起不接触病人的胸壁。伸直双臂,肘关节不要弯曲,用双肩向下压形成压力,如图5-20所示。

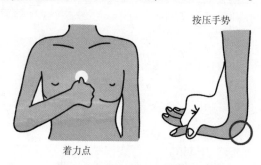

图5-20 按压位置及按压手势

③掌握力度,胸腔按压。安检人员上身前倾,以掌根垂直用力,将成人患者的胸骨下压5~6cm。然后放松,但掌根始终不要离开胸壁,按压和放松时间各占50%,如图5-21所示。

④控制频率。胸外按压心脏的频率为100~120次/min。连续按压心脏30次后,进行人工呼吸2次。按照按压与呼吸比例30∶2循环进行。

⑤特殊人群需注意。在心肺复苏中,称28天到1岁者为婴儿,1~8岁者或1岁到青春期体征出现之前者为儿童,对这些患者须采取特殊的救助方法。

A.婴儿胸外按压的部位在胸部正中,两乳头连线下缘,用中指、食指两根指头进行,频率为100~120次/min,深度大约为4cm或至少胸廓前后径的三分之一,如图5-22所示。

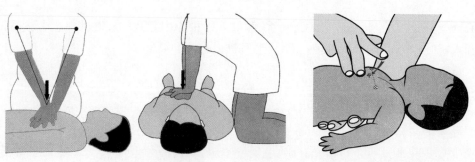

图5-21 心肺复苏胸腔按压　　　图5-22 婴儿胸外按压

B.儿童心肺复苏可以采用单掌按压,按压深度大约为5cm或者至少胸廓前后径三分之一。

C.老人的骨质脆弱,要尤其注意力度问题,在其胸廓能承受的范围内,应用力按压。

(3)第三步:打开气道。

①进行胸外按压后,患者可能会出现呕吐的情况,这时需要安检人员打开患者气道,清

理其口腔异物,如呕吐物、痰液、血液等。

②安检人员可用双手扶住患者头部,使其偏向一侧以利于液体状异物的顺势流出,也可以将食指或小指包上纱布、手帕,从口腔中掏取异物,并取出患者假牙,以防其脱落滑入气道造成窒息。

③当患者丧失意识后,舌根容易黏附于咽部后壁,造成气道阻塞。需用以下手法开通气道:用一只手压住前额,另一只手中指和食指指尖对齐,将患者下颌向上抬起,让头部充分后仰,至下颌角与耳垂连线与地面垂直,但要避免压迫颈部软组织,如图 5-23 所示。

(4)第四步:人工呼吸。

①安检人员将一只手按压在患者前额处,使其头向后仰,同时用这只手的拇指、食指捏紧患者的鼻孔;另一只手的食指和拇指上提下颌,保持患者气道通畅。然后,安检人员用口唇严密包住患者口唇,平稳向内吹气,如图 5-24 所示。

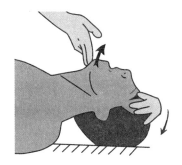 

图 5-23　打开气道　　　　　图 5-24　人工呼吸

②如果吹气有效,患者胸部会鼓起,并随着气体呼出而下降。吹气后,口唇分开,并松开捏鼻子的手指,使气体呼出,同时安检人员侧头呼吸新鲜空气进行第二次吹气,每次吹气时间持续 1s,避免过多过快吹气。

③特殊情况需注意。

A. 婴儿体型较小,应用嘴密封婴儿的口鼻,采用对口鼻吹气的方式。

B. 基于卫生或心理原因,人工呼吸时可用呼吸面罩或防护膜相隔,如果不愿意人工呼吸,也可单纯持续不间断胸外按压,亦可达到救助效果。

4)自动体外除颤器(AED)

自动体外除颤器(Automated External Defibrillator,AED)是一种便携式的医疗设备,它可以诊断特定的心律失常,并且给予电击除颤,是可被非专业人员使用的用于抢救心脏骤停患者的医疗设备。自动体外心脏除颤器,于伤者脉搏停止时使用。然而它并不会对无心率且心电图呈水平直线的伤者进行电击,其通过电击使致命性心律失常终止(如室颤、室扑等),之后再通过心脏高位起搏点兴奋重新控制心脏搏动从而使心脏恢复跳动。在心跳骤停时,只有在最佳抢救时间的"黄金 4min"内,利用 AED 对患者进行除颤和心肺复苏,才是最有效制止猝死的办法。AED 的使用步骤如下。

(1)接通电源。

当取得 AED 后,将 AED 放置在患者身边,打开 AED 的盖子,将电极板插头插入 AED 主机插孔,并开启电源;需注意准备 AED 的同时,要持续对患者进行心肺复苏。

(2)安放电极片。

首先应解开患者衣物,并保证患者胸部干燥无遮挡,贴电极片,使电极片充分接触皮肤即可,将两块电极片分别贴在患者左侧乳头外侧和右侧胸部上方,如图 5-25 所示;保持胸部干燥,如患者为溺水者,应擦干胸部,再贴电极片;确保胸部皮肤无遮挡,若患者胸前毛发较多,需使用除颤器中携带的剃刀剃除毛发(紧急情况可忽略此操作),同时女性患者应脱去内衣,再使用除颤器。

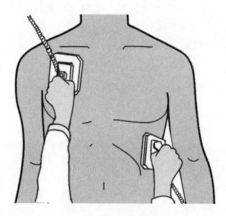

图 5-25　自动体外除颤器电极片贴放位置

(3)除颤。

按照语音提示操作 AED,等待 AED 分析心律,分析心律时避免 AED 接触患者,导致分析不准确;分析完毕后,AED 将会发出是否进行除颤的建议,提醒并确认所有人均没有接触患者后,按下"放电"键,进行除颤。

(4)心肺复苏。

除颤完成后,如果患者还没有恢复呼吸及心跳,应继续对其进行 2min 心肺复苏操作,并再次使用 AED 除颤。心肺复苏术 + AED 重复操作,直到医护人员赶到(具体 AED 使用方法,请根据 AED 型号,按提示操作)。

注意事项如下。

①8 岁以上患者选用成人电极片;8 岁以下儿童,优先使用小儿电极片,若没有小儿电极片,应选择除颤器上的"小儿模式"。

②若患者装有心脏起搏器,电极片应距起搏器至少 2.5cm。

5.3.5　现场救助注意事项

(1)在现场切忌随意搬动受伤人员,只有在给受伤人员包扎、止血、固定等后方可搬运。一般采用平卧体位,但对昏迷受伤人员可采取侧卧体位。

(2)在现场切忌贸然拔出深扎在受伤人员体内的异物、匕首等,也不要回纳暴露在外的骨折断端及溢出体外的肠管及大网膜。

(3)在烧伤创面上不要涂抹任何油膏及药物。

（4）不要盲目先上止血带，只有在其他止血方法无效时，才可使用止血带。

（5）胸、腹部受伤的患者在明确诊断前，不要给其饮水、进食，也不要给大面积烧伤的患者饮水。

（6）不要在没有医护人员及专人护理下，转送危重、昏迷受伤人员，也不要随意在马路截停车辆，转送危急受伤人员。

回顾

一、填空题

1. 城市轨道交通突发事件应急处置的人员组成有_____、_____、_____、_____。
2. 安检点附近出现无人认领或来历不明的可疑物品时可采取_____、_____、_____ 3 种方法识别。
3. 城市轨道交通突发事件应急处置报告的原则是_____、_____、_____。
4. 中暑的症状分为_____中暑、_____中暑和_____中暑 3 种。
5. 常用的止血方法有_____、_____、_____ 3 种。

二、选择题

1. 指压止血法仅限于无法止住伤口出血或者准备敷料包扎伤口的情况，施压时间切勿超过（　　）min。
   A. 15　　　　　B. 25　　　　　C. 35　　　　　D. 45
2. 心肺复苏时胸外按压心脏的频率为每分钟（　　）次，连续按压心脏（　　）次后，人工呼吸（　　）次。
   A. 60~80；20；1　　　　　　B. 80~100；25；1
   C. 100~120；30；2　　　　　D. 120~140；35；3
3. 在进行止血带止血法时，使用止血带的时间越短越好，最长不宜超过（　　）。
   A. 1h　　　　　B. 2h　　　　　C. 3h　　　　　D. 4h

三、简答题

1. 请列举突发事件的种类。
2. 请简述大客流的应急处置方法。
3. 请简述常用止血方法中加压包扎法的处置方法。
4. 请简述低压电源触电脱离电源的方法。
5. 请简述中暑的救助方法。

第6章
防火防涝安全知识

导读

◆ 知识目标

城市轨道交通系统的消防安全工作要落实《中华人民共和国消防法》中明确规定的"预防为主,防消结合"方针。工作人员要了解城市轨道交通火灾的特点,熟悉燃烧的基础知识,掌握火灾的预防、救援和人员疏散的方法,熟练掌握灭火器材的性能及使用方法。认真贯彻各项防火措施,从源头上预防火灾的发生和发展。一旦发生火灾能够及时有效地进行扑救、疏散,最大限度地减少火灾造成的财产损失和人员伤亡。火灾是城市轨道交通可能遇到的主要灾害之一,城市轨道交通消防安全是社会公共安全的一个重要组成部分。因此,建立一支全员参与、分工明确、快速处置的志愿消防队伍,是确保城市轨道交通系统高效、优质、安全运营的重要保障。

◆ 案例分析

1. 案例描述

1987年11月18日晚上,英国伦敦地铁国王十字圣潘克拉斯站内发生大火,火灾发生时正值下班期间,造成31人死亡的重大伤亡事故。火焰从木质的自动扶梯底部燃起,有人声称在18时30分左右就报告过闻到怪异气味,而消防局是在19时36分接到的报警。火势很快就从自动扶梯蔓延到了售票大厅,许多乘客因浓烈的烟雾被困在售票厅内,有毒的气体使得许多人昏迷乃至窒息。而刚下车的乘客发现大火后便乘车离开。进出车站的车辆所引起的空气流动助长了火焰的蔓延,却不足以驱散有毒气体。消防员在19时42分赶到现场后,立即开始扑灭火焰、帮助乘客逃离。但因事发突然,没有地铁站的地图和配发防毒面具,灭火工作并不顺利,1名消防员殉职。大约在第二天凌晨1时30分,火焰才被彻底扑灭。火灾造成31人死亡、60余人受伤,死亡原因多为吸入过量有毒气体。

2. 案例分析

该案例导致产生严重后果的原因有:该地铁站的工作人员未能正确认识到木制器材存在的火灾隐患,火灾发生时地铁站缺乏相应的灭火器材,工作人员欠缺灭火技能,地铁站通道狭小、出口有限等独特结构助长火灾的蔓延。

3.案例思考

(1)城市轨道交通车站中容易导致火灾的安全隐患有哪些？火灾的特点有哪些？

(2)当车站火灾发生时如何正确自救逃生？

(3)灭火器的种类有哪些？如何正确使用？

6.1 火灾预防与扑救

6.1.1 城市轨道交通火灾特点及起因

1)城市轨道交通火灾特点

(1)人员密集流量大。

城市轨道交通系统通常在高峰时段经历大量的人员流动,当发生火灾时,人员疏散变得更加困难,乘客在紧急情况下容易惊慌,进而相互拥挤可能造成踩踏伤亡,引发严重后果。

(2)逃生通道有限。

城市轨道交通工具和车站设施通常设计有一定数量的逃生通道,但可能存在通道数量有限、通道宽度狭窄等情况,极易阻碍乘客迅速逃离火灾现场,增加了逃生的困难。

(3)空间狭小封闭环境。

城市轨道交通工具的内部空间通常相对狭小,火灾在这类封闭环境中容易快速蔓延,增加了火势扩大及人员伤亡的风险。

(4)烟雾和有害气体。

火灾产生的烟雾和有害气体对人体健康构成威胁。在城市轨道交通系统中,烟雾和有害气体的产生和扩散更容易导致人员呼吸系统出现问题,引起中毒。

(5)系统瘫痪和交通拥堵。

一旦发生火灾,城市轨道交通系统可能需要暂停运营,易导致周边区域交通拥堵或混乱。这将会对应急救援工作产生较大影响,同时也增加了扑灭火灾的难度。

城市轨道交通火灾的特点给火灾应急处置提出了更高的要求,包括火灾预防措施、疏散演练、应急救援能力等多方面。同时,加强公众对火灾的预防和自救意识,也是减少城市轨道交通火灾伤害的重要举措。

2)城市轨道交通火灾的起因

(1)人的因素。

人指城市轨道交通所涉及的乘客、操作人员、管理人员及其他在场人员。人的因素是造成火灾事故的主要因素,因人的因素引发的火灾主要来源于以下3方面。

①隧道维修施工过程中进行焊接、切割工作,或者机械碰撞、摩擦引起的火花,都有可能引燃含易燃物的装修材料等而造成火灾。

②乘客吸烟时产生火星或随便乱扔烟头或携带易燃、易爆物品。虽然城市轨道交通运营安全相关乘车规定禁止乘客携带易燃易爆等危险品进入车站,但还是经常会有此类事故发生。

③人为故意纵火或恐怖袭击等其他原因。

(2)物的因素。

物是指发生事故时所涉及的实物。物的因素要比人的因素更为复杂,但物在很大程度上属于可控因素,可通过一些具体措施和可量化指标实施控制。

①城市轨道交通内存在违禁和易燃易爆物品:这些物品多数由乘客携带进入,若能在事故发生前查出,则可以有效防止火灾事故的发生。

②城市轨道交通工程及车辆材料选用不当:如车站建筑装修材料没有采用阻燃无烟材料,列车车身和座椅材料没有进行防火处理,电缆电线没有采用耐火阻燃低烟无卤材料等。

③消防设施设置不当:如没有设置火灾探测器和报警器,缺乏足够的消防设备,导致对火情反应不灵敏而造成火势发展。

④附属设施及装备没有重视安全化处理:为了给乘客在乘车过程中提供便利,城市轨道交通内布置了很多附属设施,包括车站内的垃圾箱、公共厕所等,这些附属设施及装备极易成为恐怖分子蓄意制造火灾和爆炸的渠道。

⑤城市轨道交通电气设备存在隐患:车站、列车内的电气线路、电气设备高度密集,这些电气线路和电气设备在运行中发生短路、过负荷、过热等故障是引发火灾事故的重要因素。

(3)环境因素。

①建筑物内部潮湿、高温、粉尘大等原因可能造成电气设备、线路绝缘性能下降,导致电气设备短路,引起火灾。

②建筑物内部通风不畅、隧道散热不良等原因导致温度过高。

③雷击、地震等不可抗拒的自然环境因素影响,造成系统设备受损,导致事故发生。

④隧道内漏水情况较为常见,地下湿气不易排出,导致地下空间湿度大。

⑤老鼠等小动物啃咬电缆、电线等。

(4)管理因素。

①技术上存在缺陷:有些设备因设计不合理、检修不及时而存在安全隐患。

②劳动组织不合理:运营部门没有制定完善的安全管理操作规范,或者操作流程存在安全隐患等。

③安全教育和技能培训不够:运营部门没有对职工进行系统的安全培训,员工由于违章操作而出现意外事故;没有对乘客和公众进行足够的防火安全教育,乘客的防火意识和应对火灾的能力不强,易诱发安全事故。

6.1.2 火灾的基本知识与防火常识

1)燃烧的本质

燃烧是一种发热发光的化学反应。燃烧过程中的化学反应十分复杂,有化合反应、分解反应等。有的复杂物质燃烧先是受热分解,然后发生氧化反应,通常伴有火焰、发光和(或)发烟现象。

2)燃烧的条件

燃烧的三要素是指可燃物、助燃物、着火源。

（1）可燃物。指凡是能与空气中的氧或其他氧化剂起燃烧反应的物质，如木材、纸张、布料、汽油、酒精、液化石油气等。可燃物按其化学组成，分为无机可燃物和有机可燃物两大类；按其所处的状态，又可分为可燃固体、可燃液体和可燃气体三大类。

（2）助燃物。指凡是能帮助和支持可燃物质燃烧的物质，即能与可燃物发生氧化反应的物质，如空气、氧气、过氧化钠等。在一定条件下，各种不同的可燃物发生燃烧，均有本身固定的最低氧含量要求，氧含量过低，即使其他必要条件已经具备，燃烧也不会发生。

（3）着火源。指凡是供给可燃物与助燃剂发生燃烧反应能量的来源，如明火焰、电火花、雷击等。在一定条件下，各种不同可燃物只有达到一定能量才能引起燃烧。常见的着火源有以下几种。

①明火。明火是指生产、生活中的炉火、烛火、焊接火、吸烟火、撞击、摩擦打火、机动车辆排气管火星、飞火等。

②电弧、电火花。电弧、电火花是指电气设备、电气线路、电气开关及漏电打火、电话、手机等通信工具火花，静电火花（物体静电放电、人体衣物静电打火、人体积聚静电对物体放电打火）等。

③雷击。雷击瞬间高压放电能引燃任何可燃物。

④高温。高温是指高温加热、烘烤、积热不散、机械设备故障发热、摩擦发热、聚焦发热等。

⑤自燃引火源。自燃引火源是指在既无明火又无外来热源的情况下，物质本身自行发热、燃烧起火，如白磷、烷基铝在空气中会自行起火；钾、钠等金属遇水着火；易燃、可燃物质与氧化剂、过氧化物接触起火等。

3）闪燃与闪点

（1）闪燃。是指可燃液体挥发的蒸气与空气混合达到一定浓度遇明火发生一闪即逝的燃烧，或者将可燃固体加热到一定的温度后，遇到明火会发生一闪即灭的闪燃现象。

（2）闪点。是指发生闪燃时的最低温度。闪点越低的液体，其火灾危险性越大。常见的几种易燃或可燃液体的闪点见表6-1。

常见的几种易燃或可燃液体的闪点 表6-1

名称	闪点（℃）	名称	闪点（℃）
汽油	-50	二硫化碳	-30
煤油	38~74	甲醇	11
酒精	12	丙酮	-18
苯	-14	乙醛	-38
乙醚	-45	松节油	35

4）自燃与自燃点

（1）自燃。可燃物在没有外界明火源的作用下，由于受热或本身发热并蓄热而产生的燃烧现象。

（2）自燃点。指发生自燃时的最低温度。自燃点越低的物体，其发生火灾的危险性越大。常见的可燃物在空气中的自燃点见表6-2。

常见的可燃物在空气中的自燃点   表6-2

名称	自燃点(℃)	名称	自燃点(℃)
氢气	400	丁烷	405
一氧化碳	610	乙醚	160
硫化氢	260	汽油	530~685
乙炔	305	乙醇	423

5)爆炸与爆炸极限

(1)爆炸。

爆炸是指物质由一种状态迅速地转变成另一种状态,并在瞬间以机械功的形式释放出巨大的能量,或是气体、蒸气在瞬间发生剧烈膨胀等现象。爆炸最重要的特征是爆炸点周围发生剧烈的压力突变,这种压力突变就是爆炸产生破坏作用的原因。按爆炸物质在爆炸过程中的变化,可分为化学爆炸、物理爆炸和核爆炸。作为燃烧类型之一的爆炸主要是指化学爆炸。

①化学爆炸:由于爆炸性物质本身发生化学变化,产生出大量气体和较高温度而形成的爆炸叫化学爆炸。例如:炸药、可燃气体、粉尘于空气的混合物发生的爆炸。

②物理爆炸:物质因状态或压力发生突变而形成的爆炸叫物理爆炸。例如:蒸汽锅炉、压缩和液化气钢瓶的爆炸。

③核爆炸:由于原子核裂变或核聚变引起的爆炸叫核爆炸,如:原子弹、氢弹的爆炸。

按照爆炸的变化传播速度,化学爆炸可分为爆燃、爆炸、爆震。

①爆燃:爆炸物质的变化速率为每秒数十米至百米,爆炸时压力不激增,没有爆炸特征的响声,无较大破坏力。

②爆炸:爆炸物质的变化速率为每秒百米至千米,爆炸时仅在爆炸点引起压力激增,有震耳的响声和破坏作用。

③爆震:这种爆炸的特点是突然升起极高的压力,其传播是通过超音速的冲击波实现的,每秒可达数千米。

(2)爆炸极限。

可燃气体、可燃液体蒸气或可燃粉尘与空气混合达到一定浓度时,遇火源就会燃烧或爆炸。这个遇火源能够发生燃烧或爆炸的浓度范围,称为爆炸极限。通常用可燃气体在空气中的体积百分比(%)表示。

火灾通常都是一个从小到大、逐步发展、直到熄灭的过程。火灾过程一般可以分为初起、发展、猛烈、下降和熄灭5个阶段。扑救火灾要特别注意火灾的初起、发展和猛烈阶段。

6)火灾的分类及等级

(1)火灾的分类。

根据国家标准《火灾分类》(GB/T 4968—2008)的规定,将火灾分为A、B、C、D、E、F6类。

①A类火灾的燃烧物质具有有机物质性质,指固体物质火灾。如木材、干草、煤炭、棉、毛、麻、纸张等火灾。

②B类火灾的燃烧物质为液体和可熔化的固体物质火灾。如煤油、柴油、原油、甲醇、乙醇、沥青、石蜡、塑料等火灾。

③C类火灾的燃烧物质为气体火灾。如煤气、天然气、甲烷、乙烷、丙烷、氢气等火灾。

④D类火灾的燃烧物质为金属火灾。如钾、钠、镁、钛、锆、锂、铝镁合金等火灾。

⑤E类火灾的燃烧物质为带电火灾。如发动机、电缆、家用电器等火灾。

⑥F类火灾的燃烧物质为烹饪器具内的烹饪物火灾。如动、植物油脂等火灾。

（2）火灾的等级。

根据公安部下发的《关于调整火灾等级标准的通知》，将新的火灾等级标准定为特别重大火灾、重大火灾、较大火灾和一般火灾4个等级，其判定依据见表6-3。

火灾等级判定依据　　　　　　　　　　　　　表6-3

火灾等级	人员死亡	人员重伤	直接财产损失
特别重大	30人以上	100人以上	1亿元以上
重大	10人以上30人以下	50人以上100人以下	5千万元以上1亿元以下
较大	3人以上10人以下	10以上50人以下	1千万元以上5千万元以下
一般	3人以下	10人以下	1千万元以下

注："以上"包括本数，"以下"不包括本数。

7）防火常识

(1)不乱丢烟头，车站范围内严禁吸烟。

(2)不乱接、乱拉电线，电路熔断器切勿用铜线、铁线代替。

(3)城市轨道交通工具及站点附近不放置可燃、易爆物品。

(4)明火照明时不离人，不使用明火照明来寻找物品。

(5)必须使用明火时，使用完要检查明火是否熄灭。

(6)多种大功率电器切忌插在同一插座上使用。尽量少用或不用移动式的电源插座板。

(7)发现燃气泄漏，要迅速关闭电源阀门，打开门窗通风，同时切勿开启室内电源开关。

(8)公共场所严禁存放汽油、酒精、香蕉水等易燃易爆液体。

8）防火的基本方法

(1)控制可燃物：例如，以难燃或不燃材料代替易燃材料，对性质相互抵触的化学危险品采用分仓、分堆存放等措施。

(2)隔绝助燃物：例如，对密闭容器抽真空以排出容器内的氧气，在密闭容器内充入惰性气体等。

(3)消除着火源：例如，在易燃、易爆场所严禁烟火，在有火灾危险的场所严格禁止电焊、气割等动火作业。

6.1.3　消防标志

总结以往的火灾事故，可以看出，往往是在火灾事故发生初期，由于人们看不到消防标志、找不到消防设施，未能采取正确的疏散和灭火措施，造成大量人员伤亡。因此，消防标志不但是消防救援人员处理火险时的好帮手,也是群众在火灾危急关头的救命符。根据《消防安全标志　第1部分:标志》(GB 13495.1—2015)规范,火灾报警装置标志、紧急疏散逃生标志、灭火设备标志、方向辅助标志分别见表6-4~表6-7。

火灾报警装置标志　　　　　　　　　　　　　　　　　　　　　　表6-4

编号	标志	名称	说明
1		消防按钮 FIRE CALL POINT	标示火灾报警按钮和消防设备启动按钮的位置。 需指示消防按钮方位时,应与相关标志组合使用
2		发声警报器 FIRE ALARM	标示发声警报器的位置
3		火警电话 FIRE ALRAM TELEPHONE	标示火警电话的位置和号码。 需指示火警电话方位时,应与相关标志组合使用
4		消防电话 FIRE TELEPHONE	标示火灾报警系统中消防电话及插孔的位置。 需指示消防电话方位时,应与相关标志组合使用

紧急疏散逃生标志　　　　　　　　　　　　　　　　　　　　　　表6-5

编号	标志	名称	说明
1		安全出口 EXIT	提示通往安全场所的疏散出口。 根据到达出口的方向,可选用向左或向右的标志。需指示安全出口的方位时,应与相关标志组合使用

续上表

编号	标志	名称	说明
2		滑动开门 SLIDE	提示滑动门的位置及方向
3		推开 PUSH	提示门的推开方向
4		拉开 PULL	提示门的拉开方向
5		击碎板面 BREAK TO OBTAIN ACECESS	提示需击碎板面才能取到钥匙、工具,操作应急设备或开启紧急逃生出口
6		逃生梯 ESCAPE LADDER	提示固定安装的逃生梯的位置。 需指示逃生梯的方位时,应与相关标志组合使用

灭火设备标志　　　　　　　　　　　　　　　　　　　　表 6-6

编号	标志	名称	说明
1		灭火设备 FIRE-FIGHTING EQUIPMENT	标示灭火设备集中摆的位置。 需指示灭火设备的方位时,应与相关标志组合使用

续上表

编号	标志	名称	说明
2		手提式灭火器 PORTABLE FIRE EXTINGUISHER	标示手提式灭火器的位置。 需指示手提式灭火器的方位时,应与相关标志组合使用
3		推车式灭火器 WHEELED FIRE EXTINGUISHER	标示推车式灭火器的位置。 需指示推车式灭火器的方位时,应与相关标志组合使用
4		消防炮 FIRE MONITOR	标示消防炮的位置。 需指示消防炮的方位时,应与相关标志组合使用
5		消防软管卷盘 FIRE HOSE REEL	标示消防软管卷盘、消火栓箱、消防水带的位置。 需指示消防软管卷盘、消火栓箱、消防水带的方位时,应与相关标志组合使用
6		地下消火栓 UNDERGROUND FIRE HYDRANT	标示地下消火栓的位置。 需指示地下消火栓的方位时,应与相关标志组合使用
7		地上消火栓 OVERGROUND FIRE HYDRANT	标示地上消火栓的位置。 需指示地上消火栓的方位时,应与相关标志组合使用
8		消防水泵接合器 SIAMESE CONNECTION	标示消防水泵接合器的位置。 需指示消防水泵接合器的方位时,应与相关标志组合使用

方向辅助标志 表6-7

编号	标志	含义	说明
1		疏散方向 DIRECTION OF ESCAPE	指示安全出口的方向。 箭头的方向还可分为上、下、左上、右上、右、右下等，可组合使用
2		火灾报警装置或 灭火设备的方位 DIRECTION OF FIRE ALARM DEVICE OR FIREFIGHTING EQUIPMENT	指示火灾报警装置或灭火设备的方位。 箭头的方向还可分为上、下、左上、右上、右、右下等，可组合使用

6.1.4 火灾初期扑救的基本原则及方法

1) 基本原则

遵循"立即报警，救人第一，先控制、后消灭，先重点、后一般"的原则。把握起火后 15min 内的黄金时机。

(1) "立即报警"原则。

《中华人民共和国消防法》明文规定：任何人发现火灾都应当立即报警。人员密集场所发生火灾时，该场所的现场工作人员应当组织、引导在场人员疏散。迅速利用身边的灭火器进行扑救，立即报警，无论火势大小，只要起火就应立即报火警。

(2) "救人第一"的原则。

如果有人员受到火势威胁，首要任务是对被火围困的人员立即开展抢救。人员未救出之前，灭火是为了打开救人通道或减弱火势对人员的威胁。

(3) "先控制、后消灭"的原则。

当火势较大，灭火力量相对较弱，不能立即扑灭时，要把主要力量放在控制火势发展或者防止爆炸、泄漏等危险情况的发生上，防止火势扩大。

（4）"先重点、后一般"的原则。

运用这一原则时，要从火场的全局出发，认真分析火场情况，主要做到以下几点。

①人和物相比，救人是重点。

②贵重物质和一般物质相比，抢救贵重物质是重点。

③火势蔓延猛烈的方面和其他方面相比，控制火势蔓延的方面是重点。

④有爆炸、毒害、倒塌危险的方面和没有这些危险的方面相比，处置有危险的方面是重点。

⑤火场的下风与上风、侧风方向相比，下风方向是重点。

⑥易燃易爆、可燃物质集中区域和这类物质较少的区域相比，这类物品集中区域是重点。

⑦要害部位和其他部位相比，要害部位是重点。

2）灭火方法

（1）冷却法：冷却法是将灭火剂直接喷射到燃烧物上，把燃烧物的温度降低到可燃点以下，使燃烧停止。可燃固体冷却在燃点以下；可燃液体冷却在闪点以下。

（2）窒息法：窒息法是阻止空气流入燃烧区域或用不燃烧的惰性气体冲淡空气，使燃烧物得不到足够的氧气而熄灭。可用湿麻袋、湿棉被、黄沙等不燃物或难燃物覆盖在燃烧物上。将可燃物环境低于最低氧浓度，燃烧不能进行，火灾即被扑灭。可使用消防沙箱对火焰进行覆盖（图6-1），以达到窒息灭火的效果。

图6-1　消防沙箱

（3）隔离法：隔离法是将还在燃烧的物质与未燃烧的物质隔离，中断可燃物质的供给，使燃烧停止。可使用防火卷帘门对火焰进行隔离，如图6-2所示。

图6-2　防火卷帘门

(4)抑制法:抑制法是将有抑制作用的灭火剂喷射到燃烧区域,并参与到燃烧反应过程中去,使燃烧时产生的游离基消失,形成稳定的分子或低活性的游离基,使燃烧停止。

6.1.5 灭火器材的分类及使用

1)灭火器的种类

按照灭火器内所充装的灭火剂种类的不同,可将目前常用的灭火器分为泡沫灭火器、二氧化碳灭火器和干粉灭火器3种。

2)灭火器的结构

灭火器的结构主要由筒体、机头、压力表、阀门、虹吸管、贮气钢瓶、喷射系统、支架(挂钩)、喷嘴(喷管)等组成。简要示意图如图6-3所示。

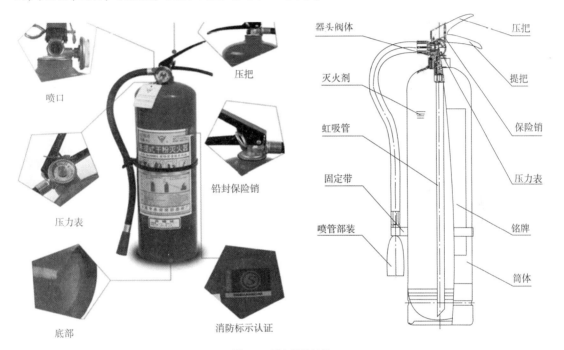

图6-3 灭火器的结构

其中灭火器压力表红、黄、绿色表示的是灭火器瓶内的压力大小,如图6-4所示。

(1)灭火器压力表指针在红色区域时,表明灭火器内的压力过小,已经不能喷出泡沫需要及时补充,或表示灭火器已经无法使用。

(2)灭火器压力表指针在绿色区域时,表明灭火器内的压力处于正常范围,可以正常使用。

(3)灭火器压力表指针处于黄色区域时,表明灭火器内压力过大,可以喷出泡沫,但是有爆炸的风险需及时更换,同时需要到相关的器材店进行泄压。

灭火器上方的铅封和保险销是安全装置,旨在防止灭火器在非紧急情况下被误操作,如图6-5所示。铅封通常用于封存灭火器,以表明其已经过检查并符合使用标准。保险销则是为了防止灭火器在运输或存储过程中意外启动。因此,这些装置对确保灭火器的有效性和安全性至关重要。在紧急情况下需要使用灭火器时,应按照使用说明进行操作。通常,这包括拉开安全别针或保险销,然后按下压力手柄释放灭火剂。在非紧急情况下,不能随意去除铅封或拔掉保险销。如果发现铅封或保险销已损坏或缺失,应立即联系专业人员进行维修或更换。

图6-4 灭火器压力表

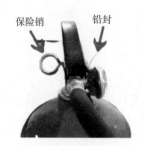

图6-5 灭火器铅封和保险销

3)各类灭火器/设备原理及使用方法

(1)泡沫灭火器。

泡沫灭火器内充装泡沫灭火剂,可分为化学泡沫灭火器和空气泡沫灭火器,主要适用于扑救A类、B类火灾。缺点是易造成污染,不可使用于C类火灾,每4个月需检查一次,药剂每年更换一次。

灭火原理:泡沫灭火器内有两个容器,分别盛放硫酸铝和碳酸氢钠溶液,两种溶液互不接触,不发生任何化学反应(平时避免碰倒泡沫灭火器)。当需要泡沫灭火器时,把灭火器倒立使两种溶液混合在一起,就会产生大量的二氧化碳气体。除了两种反应物外,灭火器中还加入了一些发泡剂。打开开关,泡沫从灭火器中喷出,覆盖在燃烧物品上,使燃着的物质与空气隔离,并降低温度,达到灭火的目的。

当发生火灾时,可手提灭火器筒体上部的提环,迅速奔赴火场。这时应注意不得使灭火器过分倾斜,更不可横拿或颠倒,以免两种药剂混合提前喷出。当距离着火点10m左右,即可将筒体颠倒过来,一只手紧握提环,另一只手扶住筒体的底圈,将射流对准燃烧物。在扑救可燃液体火灾时,如已呈流淌状燃烧,则将泡沫由远而近喷射,使泡沫完全覆盖在燃烧液面上;如在容器内燃烧,应将泡沫射向容器的内壁,使泡沫沿着内壁流淌,逐步覆盖着火液面。切忌直接对准液面喷射,以免由于射流的冲击,反而将燃烧的液体冲散或冲出容器,扩大燃烧范围。在扑救固体物质火灾时,应将射流对准燃烧最猛烈处。灭火时随着火有效喷射距离的缩短,使用者应逐渐向燃烧区靠近,并始终将泡沫喷在燃烧物上,直到扑灭。使用时,灭火器应始终保持倒置状态,否则会中断喷射。

(2)二氧化碳灭火器。

二氧化碳是一种稳定的化合物,不燃烧、不助燃、不导电、不腐蚀、价格便宜,适用于B类、C类火灾。常用于扑救油类、易燃液体、固体有机物、气体和电气设备的初期火灾,但存在使用人员极易冻伤的缺点。

灭火原理:灭火器瓶体内贮存液态二氧化碳,内部的二氧化碳灭火剂喷出时,可使燃烧区氧的浓度迅速下降,当二氧化碳达到足够浓度时,火焰会熄灭,同时由于液态二氧化碳会迅速气化，在很短的时间内吸收大量的热量，因此对燃烧物起到一定的冷却作用，也有助于灭火。

使用方法：将灭火器提到或扛到火场，在距燃烧物5m左右时，放下灭火器，拔出保险销，一手握住喇叭筒根部的手柄，另一只手紧握启闭阀的压把（对没有喷射软管的二氧化碳灭火器，应当把喇叭筒往上扳动70°~90°）直接喷射药剂即可灭火。使用时，不能直接用手抓住喇叭筒外壁或金属连线管，防止手被冻伤。灭火时，当可燃液体呈流淌状燃烧时，应当将二氧化碳灭火剂的喷流由近而远向火焰喷射。如果可燃液体在容器内燃烧时，应当将喇叭筒提起，从容器的一侧上部向燃烧的容器中喷射，但不能将二氧化碳射流直接冲击可燃液面，以防止高压气体将可燃液体冲出容器伤到人员和扩大火势，增加灭火困难。在室外使用二氧化碳灭火器时，应当选择在上风向喷射。在室内窄小空间使用时，灭火后操作者应当迅速撤离，以防窒息。

（3）干粉灭火器。

干粉灭火器内充装的灭火剂是一种干燥、易于流动的细微固体粉末，其从灭火器中喷出，呈现粉雾的形状，具有灭火效力强、速度快、无毒、不腐蚀、不导电、久存不变等优点，适用于扑灭A类、B类、C类火灾及带电火灾。

灭火原理：干粉灭火器内充装的是干粉灭火剂。干粉灭火剂是用于灭火的干燥且易于流动的微细粉末，由具有灭火效能的无机盐和少量的添加剂经干燥、粉碎、混合而成的微细固体粉末组成。干粉灭火器利用压缩的二氧化碳吹出干粉（主要含有碳酸氢钠）来灭火。

使用方法：灭火时使用者站在上风向位置，先打开干粉灭火器封条，上下摇晃，查看压力表是否正常（绿色为正常状态、红色表示压力不够、黄色表示压力过高），拔出保险销，一手握干粉灭火器压把，一手握软管喷头，将喷头对准火焰根部，用力按下压把左右移动喷射，熄灭后用水冷却降温除烟。干粉灭火器运输及喷射姿势如图6-6所示。

图6-6 干粉灭火器运输及喷射姿势图

干粉灭火器扑救可燃、易燃液体火灾时，应对准火焰要部扫射；如果被扑救的液体火灾呈流淌燃烧时，应对准火焰根部由近而远，并左右扫射，直至把火焰全部扑灭。如果可燃液体在容器内燃烧，使用者应对准火焰根部左右晃动扫射，使喷射出的干粉流覆盖整个容器开口表面；当火焰被赶出容器时，使用者仍应继续喷射，直至将火焰全部扑灭。在扑救容器内可燃液体火灾时，应注意不能将喷嘴直接对准液面喷射，防止喷流的冲击力使可燃液体溅出扩大火势，增加灭火困难。如果当可燃液体在金属容器中燃烧时间过长，容器的壁温已高于扑救可燃液体的自燃点，此时极易造成灭火后再复燃的现象，若与泡沫类灭火器联用，则灭火效果更佳。

(4) 气溶胶灭火器。

气溶胶灭火器分为热气溶胶和冷气溶胶两种(冷气溶胶灭火器还处于研究阶段)，常用于扑灭 B 类、C 类及带电设备的初期火灾。

灭火原理：气溶胶灭火剂生成的气溶胶中气体与固体产物的比约为 6∶4，其中固体颗粒主要是金属氧化物、碳酸盐或碳酸氢盐、炭粒以及少量金属碳化物，气体产物主要是氮气、少量的二氧化碳和一氧化碳。固体颗粒气溶胶同干粉灭火剂一样，是通过若干种机理发挥灭火作用的，如吸热分解的降温作用、气相和固相的化学抑制作用以及惰性气体使局部氧含量下降等。

使用方法：打开气溶胶灭火器的压缩气瓶开关，拉出输粉软管，将喷头对准火源，打开喷头的球阀开关后，气溶胶灭火剂向火源方向高速射出。

注意事项如下。

①气溶胶灭火剂在达到灭火浓度时，有快速扑灭油气大火的能力。室内使用时，为使气溶胶灭火剂射入室内后快速达到灭火浓度，应关闭有关口盖，保持室内空间的密闭性，阻止外界气流进入以及阻止气溶胶灭火剂大量逸出。

②气溶胶灭火剂的灭火能力强，但阻止复燃的能力弱。扑灭室内喷射型漏油引发的火灾后，需要维持气溶胶灭火剂的灭火浓度，阻止燃油被炽热部件再次点燃，待热部件的温度下降至煤油燃点以下后，复燃才不会发生。此过程中要维持室内气溶胶灭火剂的灭火浓度。

③气溶胶灭火剂射出后受风的影响很大，在扑灭室外火灾时，人员持气溶胶灭火剂要位于顺风方向，边喷射边向火源靠近，使气溶胶灭火剂射流高速射向火焰根部，形成灭火高浓度，实现快速灭火目的。

各类灭火器外观如图 6-7 所示。

a) 干粉灭火器　　　b) 二氧化碳灭火器　　　c) 气溶胶灭火器　　　d) 泡沫灭火器

图 6-7　各类灭火器外观

(5)消火栓的使用。

消火栓主要由消防水源(市政供水或消防水池)、消防水管、室内消防栓箱(包括消防水带、水枪、消防软管卷盘)、室外消火栓、消防水泵、消防水泵控制器等组成,如图6-8所示。

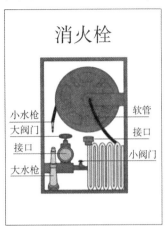

图6-8　消火栓

使用消火栓时,应打开消火栓箱门,取下水带水枪,将水带一头连接在消火栓栓口上,将水带另一头与水枪连接,打开消火栓阀门,用水枪水柱对准火焰即可灭火。同时需要注意的是在消火栓箱内设有消火栓泵启动按钮的,应当敲碎按钮玻璃面板,按下启动按钮;室内消火栓宜两人共同操作;在开启消火栓阀门时可适当掌握开启水压的大小。如遇电气火灾,应先断电后再灭火,使用方法如图6-9所示。

①打开或击碎消火栓箱门取出消防水龙带并展开

②消防水龙带一头接在消火栓接口上

③消防水龙带另一头接上消防水枪

④打开消火栓上的水阀开关

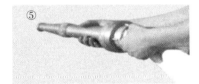
⑤对准火源根部进行灭火

图6-9　消火栓使用方法

6.2　火灾自救与逃生

6.2.1　站场发生火灾的自救与逃生

(1)始终贯彻"救人第一,救人与灭火同步进行"的原则,积极施救。

(2)当火灾发生后,应首先做好乘客的疏散和救护工作。

(3)把握起火初期的关键时刻,在消防人员到来之前积极组织灭火自救工作。

(4)当开展灭火自救工作时,应注意做好个人的防护工作。

(5)消防人员到达现场后,应将灭火任务交给消防人员。

(6)当火势不可控制,可能危及生命安全时,应主动撤离。

(7)在遇到火灾时,要求乘客服从工作人员的指挥,听从事故广播指引,沿疏散标志指示方向出站逃生。

(8)当火灾发生时,严禁使用垂直升降电梯。

6.2.2 车辆发生火灾的自救与逃生

1)车辆在站内发生火灾时的逃生

(1)要求乘客保持镇静。

(2)按压车厢内的紧急情况按钮或紧急通话器,通知驾驶员车厢内发生的情况,如图6-10所示。

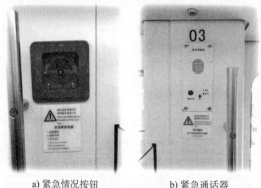

a) 紧急情况按钮　　b) 紧急通话器

图6-10　轨道交通列车紧急情况按钮与紧急通话器

(3)在可能的情况下,使用车载灭火器灭火,车载灭火器位置如图6-11所示。

图6-11　轨道交通列车载灭火器位置图

(4)必要时可拉下紧急解锁手柄,向两侧用力推开车门。

(5)向站外方向疏散乘客。

2）车辆在隧道内发生火灾时的逃生
（1）要求乘客保持镇静。
（2）按压车厢内的紧急情况按钮或紧急通话器，通知驾驶员车厢内发生的情况。
（3）在可能的情况下，使用车载灭火器灭火。
（4）在列车或车辆无法到达前方车站而又需要紧急疏散的情况下，要求乘客听从列车广播指挥。列车或车辆停稳后，驾驶员打开车门时，要求乘客走出列车或车辆、到达隧道内的疏散平台，沿疏散平台向车站方向疏散。

6.2.3　火场逃生方法

（1）绳索自救法：对于单轨列车、轻轨等城市轨道交通工具，可采用绳索直接将其一端拴在门、窗档或重物上，沿另一端爬下。过程中，脚要成绞状夹紧绳子，双手交替往下爬，并尽量采用手套、毛巾将手保护好。

（2）匍匐前进法：由于火灾发生时烟气大多聚集在上部空间，因此在逃生过程中应尽量将身体贴近地面匍匐或弯腰前进。

（3）毛巾捂鼻法：火灾烟气具有温度高、毒性大的特点，一旦吸入后很容易引起人体呼吸系统烫伤或中毒，因此在疏散过程中根据条件，尽可能应用湿毛巾湿衣物等捂住口鼻，以起到降温及过滤的作用，如图 6-12 所示。

图 6-12　毛巾捂鼻法

（4）棉被护身法：用浸湿过的棉被或毛毯、棉大衣盖在身上，确定逃生路线后以最快的速度钻过火场并冲到安全区域。

（5）毛毯隔火法：将毛毯等织物钉或夹在门上，并不断往上浇水冷却，以防止外部火焰及烟气侵入，从而达到抑制火势蔓延速度、增加逃生时间的目的。

6.3　防洪防涝处置方法

6.3.1　地铁内涝形成原因

案例导入

2021 年 7 月 17—23 日，河南省遭遇特大暴雨。受持续强降雨影响，20 日郑州地铁 5 号线五龙口停车场及周边发生了严重积水现象,15时零9分五龙口停车场多处临时围挡发生倒塌,周边涝水通过停车场倒塌挡墙、东南大门迅速汇入五龙口停车场,并经由停车场出入口地铁隧道流向地铁5号线的沙口路、月季公园站。16时起,地铁5号线多处进水。最终郑州地铁5号线04502次列车行驶至海滩寺站至沙口路站上行区间时遭遇涝水灌入,失电迫停,经疏散救援,953人安全撤出,14人死亡。

1)暴雨预警信号标准

暴雨预警信号分4级,分别用蓝色、黄色、橙色、红色表示。在我国,红色暴雨预警信号为最高等级。

(1)蓝色预警:12h内降雨量将超过50mm,或者已经超过50mm且降雨可能持续。

(2)黄色预警:6h内降雨量将超过50mm,或者已经超过50mm且降雨可能持续。

(3)橙色预警:3h内降雨量将超过50mm,或者已经超过50mm且降雨可能持续。

(4)红色预警:3h内降雨量将超过100mm,或者已经超过50mm且降雨可能持续。

2)内涝形成原因

近年来,由于气候变暖及城市快速发展导致的热岛效应、雨岛效应,使得大城市突发性、局地性、高强度的极端暴雨事件呈现明显的增多增强趋势。城市扩张导致的蓄水率下降、径流系数升高、排水系统能力不足等原因也致使城市内涝灾害发生的频率、强度日益加剧,给人民生命财产安全、地下空间防汛、城市交通等都带来了极大风险。以城市轨道交通为例,造成轨道交通内涝灾害的主要原因有以下几点。

(1)轨道交通站点周围市政管线复杂。

城市轨道交通站点周边分布大量的市政管线。其特点是线路复杂,建设年代不一,产权单位众多,口径差异明显,数据不完整,且维护保养普遍不到位,随着地层地质条件在时间推移中的不断变化,整体质量堪忧,断裂、损坏、堵塞现象时有发生。汛期一旦遭遇强降雨,道路区域内的水将长期无法排出,这是地铁被淹的重要风险源。

(2)防汛的应急策略不完善。

一方面是车站内的抢险物资储备不足,现有抢险物资无法满足大水量的应急处置需求,不能及时抽排车站积水;另一方面是抢险方案中无明确的水量判定标准,容易造成抢修时间预测错误的问题。

(3)轨道交通站点本身排水设计落后。

轨道交通站点早期排水设计以50年一遇的降雨条件为标准。近年来,随着极端降雨的增多,轨道交通站点本身的排水设施也略显不足。同时,轨道交通站点的排水措施和标准是根据站内发生火灾时的排水能力设计的,不能满足大量意外进水时的排水需求。这是轨道交通站点内涝灾害的另一个重要原因。

(4)未形成轨道交通建设专门的防汛标准。

目前国内对轨道交通防汛的研究投入较少,尚未形成专门针对城市轨道交通站点建设的系统性防洪预测、预警与防治的技术标准和规范。

(5)应急处置决策失误等其他不可预估的原因。

6.3.2 轨道交通站点防涝设施设备

1)轨道交通站点防洪四道防线

(1)第一道防线是出入口。主要有两项措施,一是出入口地面的标高为450mm;二是加设全铝合金材质的防洪挡板在出入口的位置。挡板会一道道地扣在地铁出入口的凹槽里,起到阻挡雨水进入站厅的作用;另外,在防水侧堆放防汛沙袋,如图6-13所示,缓解雨水或洪水的冲击压力。

图6-13　防汛沙袋

(2)第二道防线设在楼扶梯下端,设置集水坑。集水坑占地 $2m^2$,深 2.5m,在集水坑里设置抽水泵,通过管道和埋设在地表的市政雨水管相连。当第一道防线被突破后,抽水泵会自动进行抽水疏通。

(3)第三道防线设在站厅层,加强站厅层的排水能力。站厅层里每隔 30~40m 设置一个地漏,如图6-14所示,漫进站厅的水会顺着地漏的下水孔和管道到车站两端的泵房里。泵房占地 $6m^2$,地上还有一个面积约 $20m^2$、深 2.5~3m 的集水井,里面同样有抽水泵,将汇流到这里的水排到雨水管道。

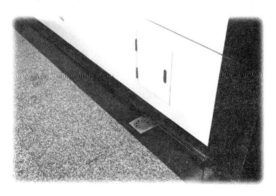

图6-14　地铁防洪地漏

(4)第四道防线设在站台层,在隧道下方设置区间泵房。如果短时间内降水量过大,雨水倒灌到站台层和隧道内,流进隧道的水会沿着隧道两边的排水沟流进区间泵房里,区间泵房通过抽水泵把水先排到车站泵房里,再通过车站泵房输到雨水管道里。以上四道防线的思路主要是"疏"。

除了第一道防线将水堵在站外地面以外,其余均为将进入车站内的水疏排到地面市政排泄系统。事实上,绝大多数的事故均发生在市政排泄系统瘫痪失效的情况下。因此,单纯从地铁建设的角度而言,"堵"不得不成为实际解决方法的选项。

2)车站风亭防洪设计措施

车站地面以上的活塞风井、新风井、排风井会根据防洪水位高程统筹设计,一般风亭高度会高于地面1~2m以上,以达到防洪要求。每个风亭下面,结合站厅层地面都会设置集水井,集水井内有抽水泵,若有水进入风井,也可及时通过抽水泵排出。

6.3.3 防涝措施及职责

1)防涝措施

(1)暴雨期间,各岗位人员应加强巡视,发现情况及时汇报。

(2)发现车站出入口进水,应及时采取设置挡水板、防洪沙袋等防洪设施,防止水涌入站内。

(3)在出入口处地面、楼梯、通道处设置"小心地滑"警示牌,防止乘客摔伤,如图6-15所示。

a) 楼梯处　　　　　　　　　　　　b) 出入口处

图6-15 "小心地滑"警示牌

(4)当出入口发生拥堵时,引导乘客到人少的出入口出站或进入站内,必要时组织工作人员向乘客发放一次性雨具。

(5)需关闭出入口时,设置隔离带、"暂停服务"警示牌,引导乘客由别的出入口出站。

(6)做好乘客的广播。

(7)发现设备故障(区间消防水管破裂、废水泵故障)、水淹轨道,应及时报告行车调度员,安排设备维修人员进行抢修及排水。

2)安检人员的职责

(1)发现车站地面积水持续上涨,有积水进入车站时,可立即报行车值班员。

(2)确认扶梯无人后停止自动扶梯运行,切断电扶梯电源。

(3)在站厅通道和出入口处设置隔离栏杆,张贴关闭出入口告示,并做好乘客服务解释工作,引导乘客从其他出入口进出。

(4)观察水位情况,做好雨水导流工作。

(5)协助运送沙袋,堆砌挡水墙,并在抢险人员指挥下投入抢险。

(6)水灾抢险结束后撤除隔离栏杆及告示,恢复车站正常服务。

回顾

一、填空题

1. 城市轨道交通火灾的特点是人员密集、流量大，_____，狭小空间和封闭环境,产生烟雾和有害气体,易导致系统瘫痪和交通拥堵。
2. 火灾初期扑救的基本原则是"_____、_____、_____、_____"。
3. 燃烧是指_____与氧化剂作用发生的放热反应,通常伴有火焰、发光和(或)发烟现象。
4. 燃烧的三要素是指_____、_____、_____。
5. 火场逃生的方法有_____、_____、_____、_____与_____5种。

二、选择题

1. 根据国家标准《火灾分类》(GB/T 4968—2008)的规定,将火灾分为(　　)类。
   A. 6　　　　　　B. 5　　　　　　C. 4　　　　　　D. 3
2. 用灭火器灭火时,灭火器的喷射口应该对准火焰的(　　)。
   A. 上部　　　　B. 中部　　　　C. 根部　　　　D. 任意部位
3. 在6h内降雨量将超过50mm,或者已经超过50mm且降雨可能持续,所对应的暴雨预警信号为(　　)。
   A. 蓝色预警　　B. 红色预警　　C. 黄色预警　　D. 橙色预警
4. 轨道交通站点防洪措施共有(　　)道防线。
   A. 6　　　　　　B. 5　　　　　　C. 4　　　　　　D. 3

三、简答题

1. 请简述干粉灭火器的使用方法。
2. 请简述消火栓的使用方法。
3. 请简述火灾初期扑救的4种基本灭火方法。
4. 请简述城市轨道交通导致火灾的物的因素。

第7章
安检人员服务礼仪

> **导读**
>
> ### 知识目标
>
> 1. 掌握安检人员服务礼仪的表现形式，熟悉相关礼仪规范。
> 2. 掌握安检人员的职业用语行为规范，在各类工作情况熟练使用礼貌用语。
> 3. 掌握安检各岗位的服务姿势、礼仪规范，并在实际安检工作中灵活运用。
> 4. 掌握安检工作的心理压力调适方法，能够适应并具备调整工作心理状态的能力。
>
> ### 案例分析
>
> 1. 案例描述
>
> （1）某地铁站内，一名乘客反映在地铁站出入口处向工作人员问路时，工作人员表现出不耐烦的态度，反问道："你自己出门不知道查吗？"乘客对这一服务态度表示不满。
>
> （2）乘客刘女士与先生经过安检通道过检，其先生随身携带的行李箱经过通道式X射线安检机检查时，显示图像不清晰且存在需经"防爆检测仪"做进一步检测以排除疑点的不明物品。防暴检测人员接到此通道开机人员的防暴检测指示后，按照防暴检测流程对其箱包进行防爆测试。防暴检测人员在对箱包进行取样时，刘女士对防爆检测表示不理解并反复追问，安检人员未能给予合理、详尽的解释说明。刘女士对安检人员未能及时、耐心的解答其疑问表示不满。
>
> 2. 案例分析
>
> （1）乘客问路属于合理诉求。乘客对车站附近情况不熟悉，向车站工作人员提出问询，工作人员未及时给予乘客帮助，回复乘客的话语明显表现出工作人员的不耐烦。
>
> （2）违反服务相关规定。面对乘客各类问询，工作人员应积极响应，耐心给予答复，服务用语应符合服务规范。此案例中，乘客只是正常问询，工作人员却表现出抵触情绪及冷漠的服务态度，服务用语不规范的同时反映该工作人员严重缺乏岗位责任心和服务意识。
>
> 3. 案例思考
>
> （1）安检人员的基本服务礼仪是什么？该如何做？
> （2）安检人员各个岗位履行安检职责的动作标准规范是什么？

7.1 服务礼仪规范

7.1.1 服务礼仪概述

1)安检人员服务礼仪

根据城市轨道交通行业服务特征,城市轨道交通安检人员的服务礼仪有着不同于其他行业的含义与特征。

城市轨道交通安检服务礼仪是礼仪在城市轨道交通服务行业中的具体运用,是礼仪的一种特殊形式,是体现服务的具体过程和手段,使无形的服务有形化、规范化、系统化。城市轨道交通安检服务礼仪主要是指社会要求城市轨道交通安检人员在自己的工作岗位上所需严格遵守的行为规范,即城市轨道交通安检人员在工作岗位上,通过言谈举止等对服务对象表示尊重和友好的行为规范与惯例。

安检服务礼仪除具有一般服务礼仪的特征外,还具备自身的特征,这些特征决定了它在服务方面的理念和目标。

(1)规范性。需要严格、严谨的服务规范作为指导,以确保服务的质量和水平。

(2)时效性。安检人员及设备为乘客提供的服务要遵循时效性,要做到在短时间内高效地服务乘客。

(3)稳定性。安检不仅仅是城市轨道交通服务与管理的一部分,还承担了社会责任,其服务内容和标准受到社会事件影响。

2)服务礼仪原则

(1)依法守规。每位安检人员都要依法守规,不可违背我国的各项法律法规和安检相关的程序规范,自觉遵守纪律,才能做到依法守规。

(2)自律自修。安检礼仪是为维护和确保乘客的人身安全及财产安全而形成的,本质上是与乘客共同的利益和要求。自律自修须做到严格要求自身,提升自身的职业素质和修养。

(3)尊重他人。尊重他人是安检礼仪的基础。尊重服务对象,就是尊重自己的工作,也是尊重自己。

7.1.2 服务礼仪的表现形式

以重庆市轨道交通集团有限公司运营管理中心归口管理的《安检勤务管理办法》第四章为例,对纪律、服务及行为等标准做出如下规定。

1)着装

安检人员在岗期间应统一穿着工作制服、工作鞋,佩戴标志牌;下班时穿着工作制服,言行举止按在岗标准执行。按规定配套着装,冬、夏制服不得混穿,便服与制服不得混穿,工作制服应熨烫平整,保持服装整洁不缺扣,岗上不挽袖挽裤,着装规范如图7-1所示。

(1)衬衣:男士衬衣纽扣应全部扣上,女士衬衣第一颗领扣可解开,衬衣下摆应束于裤内。

(2)裤子:佩戴黑色皮带,皮带扣朝向正前方,裤脚距地面约1cm左右为宜。

(3)冬装外套:纽扣全部扣上,可根据天气情况在外套内加减衣物,但添加衣物不得外露。

(4)工作鞋:穿黑(深)色皮鞋,鞋带以蝴蝶结形式系牢,保持鞋面光洁、干净,不得踩跟穿着。

(5)工作证:统一用发放的工作证挂绳,端正佩戴胸前,要求工作证上不可悬挂其他物品或不可被其他物品覆盖。

(6)红袖标:保持红袖标干净整洁,统一佩戴在工装左上臂位置,平整固定,不得使用橡皮筋捆扎。

(7)徽章:统一佩戴在工装左胸衣兜处为宜。

a) 男士着装规范　　　　b) 女士着装规范

图 7-1　安检人员着装规范

2)仪容仪表

(1)头发。

①男士遵守头发前发不覆额,侧发不掩耳,后发不触领的原则,不得留长发、大鬓角、剃光头、留怪发。头发梳理整齐,保持干净、整洁,无头屑、油腻感及异味,不得染夸张的发色,切忌使用异味发胶、摩丝。男士发型要求如图 7-2 所示。

图 7-2　男士发型要求

②女士头发前发不遮眉,头发梳理整齐,保持干净、整洁,无头屑、油腻感及异味,不留怪异新潮的发型。头发上不得佩戴饰物,可用黑色钢夹或黑色发箍固定头发,长发应束起盘于发网内,发髻与耳垂平行为宜,不得梳披肩发、刘海不及眉、短发应梳理整齐,不得染夸张的发色。女士发型要求如图7-3所示。

图7-3 女士发型要求

头发梳理得当。在出门上班前、换装前、摘下帽子时、下班回家时及其他有必要的时候,需梳理头发。梳理头发时需注意不宜当众进行,梳理头发不宜直接用手,随身携带一把梳子以备不时之需。断发、头屑不宜随手乱扔。

(2)妆容要求。

①男士应养成洁面的习惯,保持面部清洁,不得蓄须、化妆,要定期修剪鼻毛、不喷香水。

②女士妆容应清爽、干净、自然、精神,不得妆容过浓,不喷味道浓烈的香水。

(3)手部要求。

①勤洗手,手部保持干净、整洁,不可有污渍、笔迹,指甲内不见黑色污垢。

②勤修指甲,不留长指甲,原则上指甲长度不得超过2mm,指甲长度以不超过指尖为宜,不涂颜色艳丽的指甲油,手部不得有文身。

(4)配饰要求。

①男士只能佩戴一枚戒指和手表,不得佩戴颜色夸张的隐形眼镜、耳钉、项链等其他饰品。

②女士只能佩带一枚戒指、手表、一副简洁无坠耳钉,不得佩戴颜色、样式夸张的饰品。

(5)体味要求。

安检人员要勤洗澡,勤换衣袜,应尽量避免身上有过多的烟味、酒味、汗酸味、浓烈香水味。可适当喷洒香水来掩饰不雅的体味,安检人员选择香水的标准是清新淡雅型。使用香水时要注意不宜使之影响本职工作或有碍他人;切勿使用过量,以防产生适得其反的效果。

3)行为举止

安检人员在岗时要精神饱满,举止大方,行为端庄,适时保持笑容;与乘客交谈时保持友善的眼神接触,以及适当的距离;面对乘客咨询时,应面带微笑,耐心接待,实行首问负责制;乘客叙述时,应面向乘客,耐心倾听,并适度点头回应,以示尊敬。

(1)行为规范。

①站姿。抬头、挺胸、收腹、立腰,双目正视前方,身体挺拔、重心平均放在双脚,双臂自然下垂两侧、手指自然弯曲、双腿立直。双肩放松,稍向下沉,身体有向上的感觉,呼吸自然。双腿并拢立直,两脚跟靠紧,脚尖分开呈60°男士站立时,双脚可分开,但不能超过肩宽。双

腿自然并拢时,脚跟靠紧,脚掌分开呈"V"字形,如图 7-4 所示。

为了维持较长时间的站立或稍事休息,标准站姿的脚姿可作变化:

A. 两脚分开,两脚外沿宽度以不超过两肩的宽度为宜。

B. 以一只脚为重心支撑站立,另一只脚稍曲以休息,然后轮换。

②坐姿。双目平视,双腿分开不超过肩宽,脚尖向前,坐姿端正,保持身体自然挺直,坐满椅子的 2/3。男士坐姿:双腿并拢或自然分开,上身挺直坐正,两脚略向前伸,两手分别放在双膝上;女士坐姿:坐正,上身挺直,两腿并拢,两脚同时向左或向右放,两手叠放或分别放在双膝上,如图 7-5 所示。

图 7-4　安检人员站姿　　　　　图 7-5　安检人员坐姿

③蹲姿。与儿童、乘坐轮椅等特殊乘客交流、拾捡物品以及收拾地面东西时,采用蹲姿。下蹲时,应头、胸、膝关节在一个角度,双腿合力支撑身体,避免滑倒。女士安检人员下蹲将腿靠紧,臀部向下,保持蹲姿优美,如图 7-6 所示。

图 7-6　安检人员蹲姿

④行走。上身挺直,双肩平稳,目光平视,下颌微收,面带微笑。步履稳健,行走姿势应

自然大方,速度适中,如无紧急情况,不可跑步。在行进过程中,应主动避让乘客,如遇到乘客求助,应主动停下脚步,转身面向乘客,聆听乘客需求,如图7-7所示。

图7-7　安检人员行走姿势

⑤指引。以手掌示意,不能仅用手指,且引导时手掌心斜向上,四指并拢,大拇指微微弯曲。以肘为轴,前臂自然上抬,臂弯角度135°~180°之间。引导手势使用时,必须面带微笑,言行并举,如图7-8所示。

⑥递物接物。传递过程中,双手接双手还,原则上需要将物品双手递交至乘客手中,待乘客拿稳后再松手,如图7-9所示。

图7-8　安检人员引导姿势

图7-9　安检人员递物接物姿势

(2)禁止行为。

①上岗前不吃有异味的食物,禁止上岗前8h内饮酒。

②严禁在岗位上聊天、高声喧哗、嬉戏打闹、打瞌睡、擅自离岗、串岗、看书、看报、玩游

戏、吃零食等做与岗位工作无关的事情,禁止将个人情绪带到工作上。

③站立时,不东倒西歪、无精打采,禁止背手、双手交叉胸前、抱拳、手插进口袋或手搭在物品上、倚靠墙柱等。

④坐立时,不得背靠椅背、双手交叉胸前、手放入口袋、斜躺、抖腿、跷二郎腿、用手托腮及趴在桌面上、闭目、脱鞋等;禁止左顾右盼,摇头晃脑。

⑤在行进过程中,不与乘客抢道并行。携带工具、器械等行走时,禁止在地面拖拉。

⑥指引不得单指引导乘客,尊重乘客的风俗习惯,禁止对乘客评头论足、指指点点等。

⑦为乘客服务过程中,动作应轻而快,禁止有甩、扔、摔、推、拉、扯等不礼貌举动。

⑧在岗期间不得使用个人电子产品(应急情况下必须使用时除外),如手机、电子手表等。

7.2 服务用语规范

7.2.1 安检人员的语言规范

安检人员的规范用语应当做到:使用普通话,语言表达规范准确,口齿清晰;对乘客的称呼应当礼貌得体;做到"四不说",即不说有伤乘客自尊心的话,不说有伤乘客人格的话,不说教训、埋怨、挖苦乘客的话,不说粗话、脏话和无理的话。做到"请"字开头,"谢"字结尾。

以重庆市轨道交通《安检勤务管理办法》为例,该办法第十七条对语言标准规定如下。

1)语言总则

言谈要态度诚恳、亲切、有问必答;声音大小要适宜,语调平和沉稳,尊重他人,面对乘客时应保持微笑服务。

2)语言规范

(1)工作期间,必须使用普通话交流,不得使用地方语言(服务特殊乘客确需使用地方语言除外)。

(2)与乘客交谈或使用人工广播时,应使用文明服务用语:"您好、请、谢谢、对不起、再见"等,不得称呼乘客为"你"。

(3)与乘客交谈时,应根据乘客的不同身份使用恰当的称呼用语,如"先生、女士、小朋友、老人家"等。如得知乘客姓氏时,应称呼"×先生、×女士"等。

(4)对话时音量适宜,遇环境嘈杂时,应适当靠近乘客,使用与环境相适合的音量。

(5)回答乘客问题时,应面带微笑、语速适中、音量适宜。面对乘客的质疑、刁难时应做好耐心解释,积极沟通、有效化解矛盾。

(6)当乘客遇到困难,应主动为乘客提供满意的解决方案,向乘客描述已采取的行动,询问乘客是否需要进一步帮助;如不能解决,需为乘客提供合理解决途径。

(7)化解冲突或纠纷时,工作人员应竭力预防与乘客发生冲突或纠纷。当发生冲突或纠纷时,当事人或在场的其他工作人员,要全力消解。

7.2.2 礼貌用语与忌语

1）规范称呼

在与受检乘客交流时，首先要使用标准、文明的称呼用语称呼受检乘客，在第一时间赢得受检乘客的好感。对女性受检乘客要根据年龄的不同变换称呼，一般较为妥帖的称呼是"女士"；男性受检乘客可以使用尊称"先生"。对任何受检乘客的指代称呼，一律使用尊称"您"。

（1）恰当的称呼："老师""乘客""同志""师傅""先生""女士"等。

（2）不当的称呼："喂""嘿""老头""那个女的""那个戴帽子的"等。

当清楚对方身份时，既可以以对方的职务相称，也可以以对方的身份相称；当不清楚对方身份时，可采用以性别相称"某先生""某女士"或"××老师"，亦不失为一个权宜之计。

2）礼貌用语与忌语

（1）礼貌用语。

①见面语："您好""早上好""下午好"等。

②感谢语："谢谢""非常感谢""麻烦您了"。

③道歉语："对不起""实在抱歉""非常过意不去""失礼了""对不起，打扰了""对不起，打断一下""请原谅"等。

④赞美语："很好""很不错""太好了""真漂亮"等。

⑤告别语："再见"等。

⑥征询语："请问有什么需要帮助的吗？""请问，您有什么事吗？"等。

⑦应答语："没关系""不客气"等。

（2）忌语。

①冷漠、不耐烦、推脱的语句："不清楚""不知道""说了这么多遍还不清楚""这不关我的事""没看我正忙吗""不归我管""我们也没办法"等。

②斥责、责备的语句："不是说了吗，怎么还问""要说几遍你才明白""把包拿过来""急什么"等。

③讽刺、轻视的语句："你没坐过地铁，不知道要安检吗？""看你就不像个好人""乡巴佬"等。

④蛮横、生硬的语句："不愿意自弃违禁品就不要来""这是公司规定，就是不行""这事不是我管，找别人去""有本事去投诉我啊"等。

7.2.3 安检各岗位情景用语规范

1）引导岗引导乘客进行安检规范用语

"您好，进站请安检，谢谢。"

"无包的乘客，请走无包通道。"

"请有序排队，不要拥挤，注意安全，谢谢。"

"您好，根据规定，请您配合检查，谢谢。"

2）值机岗规范用语

"您好,请将包内的××物品取出确认,谢谢。"

"您好,请将包内的水瓶取出检测,谢谢。"

"谢谢您的配合。"

3）手检岗开包检查规范用语

"对不起,请打开您的包接受检查,谢谢。"

"您好,您的××物品属于易燃物品,不能带进车站,您可以自弃或者改乘其他交通工具,谢谢配合。"

"您好,请携带好随身物品。"

"您好,请问瓶子里装的是什么液体?"

"谢谢您的配合,请通过。"

"您好,您的××物品属于管制刀具类违禁品,需要没收上报,请您配合。"

4）身检岗进行人身检查规范用语

"您好,请将双臂张开,五指分开,谢谢。"

"您好,请转身。"

"您好,请通过,谢谢。"

7.3 服务动作规范

7.3.1 引导岗服务姿势规范

引导岗服务姿势规范见表7-1。

引导岗服务姿势规范　　　　　　　　　　　　　　　表7-1

使用时机	动作说明
无乘客通过	 标准站姿,跨立或者立正

续上表

使用时机	动作说明
乘客徒手进站	使用语:"请进站"。同时身体向左(右)侧转体约60°,左(右)脚配合向左(右)打开约60°,左(右)手小臂抬起与大臂呈约90°夹角,手掌摊开与地面保持约45°夹角,掌心向上,往身后进站通道做出引导,完成动作后,迅速恢复为标准站姿
乘客携带箱包进站	使用语:"您好,请安检"。同时身体保持不动,抬起左(右)手,小臂与大臂呈约90°夹角,手掌摊开向安检设备方向做出引导,待乘客走向安检设备后收回手势,恢复为标准站姿
乘客拒绝安检	使用语:"您好,请配合安检"。同时左(右)脚向左(右)平行迈出约一步的距离,同时向左(右)侧抬起手臂,与肩同高,与地面平行,五指并拢,掌心向前,以阻止乘客强行进站,乘客配合安检后,恢复为标准站姿

7.3.2 值机岗服务姿势规范

值机岗服务姿势规范见表 7-2。

值机岗服务姿势规范　　　　　　　　　　表 7-2

使用时机	动作说明
无物品过安检机	标准坐姿
乘客物品过安检机	标准坐姿,仔细观察屏幕读图
发现乘客携带可疑物品	使用语:"您好,请将包内的××物品,取出来检查"。同时身体保持不动,抬起左(右)手,五指并拢,掌心向前,指向可疑包裹,待乘客做出开包动作后,迅速恢复为标准坐姿

续上表

使用时机	动作说明
发现乘客携带重大违禁物品	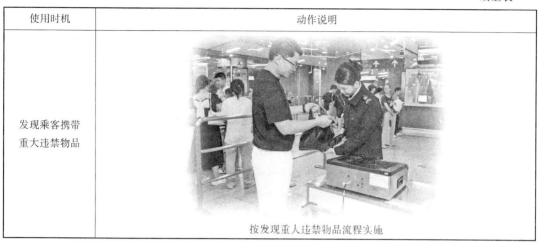 按发现重大违禁物品流程实施

7.3.3 手检岗服务姿势规范

手检岗服务姿势规范见表7-3。

手检岗服务姿势规范　　　　　　　　　　　　　　　表7-3

使用时机	动作说明
无乘客通过	标准站姿
乘客主动接受手检	标准站姿,双手接过乘客的物品,待检查结束后,双手归还

续上表

使用时机	动作说明
乘客未主动接受手检	 使用语:"您好,请配合检查"。同时身体保持不动,左(右)手向正前方伸展,小臂与大臂呈约90°夹角,五指并拢,掌心向前,待乘客做出开包动作后,恢复为标准站姿
经检查确认安全	使用语:"谢谢配合"。同时身体向左(右)侧转体约60°,左(右)脚配合向左(右)打开约60°,左(右)手小臂抬起与大臂呈约90°夹角,手掌摊开与地面保持约45°夹角,掌心向上,指向前进方向,完成动作后,迅速恢复为标准站姿

7.3.4 身检岗服务姿势规范

身检岗服务姿势规范见表7-4。

身检查岗服务姿势规范　　　　　　　　　　　　　　　表 7-4

使用时机	动作说明
无乘客通过	标准站姿
乘客通过	使用语:"您好,请上前接受检查"。同时标准站姿,左臂向正前方抬起,左前臂与左上臂呈约 90°夹角
乘客接受身检	使用语:"您好,请将双臂张开,五指分开,谢谢"。同时使用金属探测器,顺着身体的形状,从上到下,从左到右,通过触摸按压的方式进行检查

注意:操作过程中与乘客保持恰当的距离,注意语言和动作的配合,做好面部表情的管理。

7.4 心理压力调适

7.4.1 安检过程中乘客的心理状态

安检人员情绪的产生,主要体现在与乘客的交往过程中。乘客的行为、语言都可能会影响到安检人员的情绪。因此,安检人员应当了解乘客心理的变化以及变化的原因,及时采取有效的应对措施,化解问题,为乘客提供优质的服务。

1)安检过程中影响乘客心理的原因

(1)安检环境。安检现场环境是否整洁、有序,检查设备设施是否齐全、设备能否正常使用等都会使乘客产生不同的心理感受。

(2)安检服务。安检人员工作过程中的服务态度、仪容仪表、姿态表情和服务语言都会影响到乘客的心理感受。

2)乘客的心理需求

(1)安检时间需求。遇到高峰时段,人流量剧增的情况下,部分乘客会因为赶时间而情绪稍显急躁,甚至可能十分冲动。对此,安检人员要高度重视人流量较大情况下的安全检查,及时采取措施组织好人流,提高检查效率,稳住乘客情绪。

(2)安全需求。安全需求是乘客最重要的需求,安检人员要严格查堵危险品、禁止限制携带物品及可疑人员,杜绝漏检的现象,最大限度地满足乘客的安全需要。

(3)舒适需求。由于安全检查是特殊形式的服务,开包检查时可能会引起乘客不满,这种情况下,安检人员一定要取得乘客同意,热情周到。这样,乘客的心理才能得到一些平衡。

(4)自尊需求。乘客期望受到人格尊重。安检人员要理解、尊重乘客的自尊需求,在安检过程中不要说伤害乘客自尊心的话和做伤害乘客自尊心的举动,尤其是对伤、残等特殊乘客。

7.4.2 安检服务的心理压力

安检服务的心理压力主要来自以下几个方面。

(1)安全压力:安检人员的工作是确保乘客和物品的安全,因此需要对所有进站的乘客和物品进行仔细检查,一旦漏检或误判,可能会造成严重后果。这种责任感和压力常常会让安检人员感到心理疲惫和焦虑。

(2)人际压力:安检人员的日常工作需要与许多乘客打交道,有些乘客可能情绪不稳定或者对安检有抵触情绪,这时候安检人员需要发挥职业能力,保持镇定,冷静应对。这种人际压力容易让安检人员感到疲惫和恼怒。

(3)工作压力:因为旅游高峰期和节假日等特殊时段,安检人员需要面对大量的乘客和行李,工作量压力让安检人员需要长时间保持高度的集中和警觉,导致疲劳和身体压力。

总之,安检服务的工作压力大,需要安检人员保持坚强的心理承受能力和应对能力。他们需要在面对压力的时候保持冷静、沉着、专业,以保障乘客和物品的安全。

7.4.3 安检工作心理压力调适

1）确立合理的工作目标

目标是人们行动的预期结果,是行动的方向、奋发向上的外部动力。人无目标就会丧失斗志,但工作目标的确要建立在员工工作能力的基础上,目标太高,超出了其能力和心理承受范围,往往事与愿违,不仅无法实现目标,还会造成巨大的心理压力。因此,安检人员在确立工作目标时要进行合理定位,使目标既有激励作用,能激励自己努力工作,积极向上,又要避免目标定得过高,远远超出自己的实际工作能力,造成过重的心理负担。

2）拥有积极乐观的心态

安检人员拥有积极乐观的心态,工作中就能充满激情,焕发斗志,永不气馁,不向困难低头,增强抗压能力。正向思维指的是人们遇到困难、挫折或者挑战时,不被负面情绪所左右,不责怪自己、抱怨他人;正面迎接挑战,积极思考解决问题的方法,它可使人们远离消极心态。因此,安检人员要学会正向思维,善于发现事情积极、有利的一面,在工作中遇到困难,少抱怨,学会用乐观的意念鼓励自己,给自己打气,并竭尽全力地战胜困难和解决难题,自然就能拥有成功、自信、积极的心态。

3）提升业务能力

过硬的业务能力能使安检人员在工作中游刃有余,工作起来得心应手、轻松自如,即使遇到难题也能迎刃而解,不会产生过大的心理压力。因此,安检人员要树立终身学习的理念,不断学习、充实自己,虚心向同事请教;工作中善于思考,潜心钻研业务,善于发现问题和解决问题,以提升自己的业务能力,提高工作效率,从容应对工作中出现的各种问题,减轻心理压力。企业要提供定期培训、交流的机会,使安检人员有条件不断学习新知识,掌握新技能;或者通过"传帮带"的形式,使青年员工迅速成长起来,尽快适应工作,提升自己的能力。

4）形成良好的生活习惯

增加身体活动量,适度的锻炼有利于身心健康,有助于减少身体紧张和疲劳感。选择适合自己的身体活动和运动方式,如散步、瑜伽、跑步等,可以有效地缓解心理压力。同时,饮食、睡眠和作息规律对心理健康也非常重要,养成良好的习惯,可以有效地改善心理状态。最后,对于感到过度压力的人来说,放松是非常重要的。通过学习深呼吸、冥想、放松肌肉等放松技巧,可以缓解身体和心理上的紧张感。

安检人员应尽量避免压力堆积而影响到自己的身体健康和工作效率,寻找适合自己的方式来调整自己的心理状态,更好地应对工作中的压力。心理压力一定程度上是不可避免的,但学习如何缓解和管理压力,可以帮助安检人员更好地面对各种挑战和压力,并提高身体和心理的健康水平。

回顾

一、填空题

1.安检服务的心理压力主要来自于_____、_____和_____。

2. 当清楚对方身份时，既可以对方的_____相称，也可以对方的_____相称。
3. 安检人员的语言规范要做到"_____"字开头，"_____"字结尾。
4. 男士衬衣纽扣应_____，女士衬衣_____领扣可解开。

二、选择题
1. 上岗前不吃有异味的食物，禁止上岗前(　　)h内饮酒。
　A. 2　　　　　B. 4　　　　　C. 8　　　　　D. 12
2. 着装要求中对于徽章的佩戴位置要求为：统一佩戴在工装(　　)衣兜处为宜。
　A. 左胸　　　B. 右胸　　　C. 左手臂　　　D. 右手臂

三、简答题
1. 请简述如何调适安检服务工作的心理压力。
2. 请列举安检人员的禁止行为。
3. 请列举常用的规范称呼和礼貌用语。

第8章
安检人员基础防卫训练

导读

知识目标

1. 掌握基本队列、礼仪及引导标准姿势,能够根据实际情况灵活运用。
2. 掌握体能和防卫基础训练的要领与动作,能够化解实际情况中遇到的冲突问题。
3. 熟练掌握防暴器材的使用方法,牢记使用条件,能够应对小型暴力冲突事件。

案例分析

1. 案例描述

2023年12月9日19时25分,广州地铁9号线发生一起持刀伤人事件。一名19岁男子乘地铁时被小孩撞到,与小孩家长发生口角后,持随身携带的小刀(刀刃长6.5cm,塑料刀柄)伤害小孩家长。随后小孩家长被送往医院治疗,经法医初步鉴定已达轻伤,目前嫌疑人已被刑事拘留,事件未造成人员死亡。

2. 案例分析

城市轨道交通安检人员的职业活动与通常工作岗位的生产劳动相比,具有多样性、复杂性、持久性、繁重性和艰苦性的特点,这就要求安检人员必须具备一定的体能。良好的体能是做好安检工作的基础条件。同时,面对暴力袭击等极端事件时,安检人员及安保人员在民警到来之前,应具备一定的维护现场安全的技能。

3. 案例思考

(1)在面对此类突发事件时,安检人员及安保人员应具备什么样的安防技能?
(2)面对突发事件,如何正确使用防爆器械维护现场安全?

8.1 队列与引导训练

队列训练是按照队列条例所规定的规范动作进行的训练活动,也称制式训练。它具有迅速、准确、协调一致、整齐严肃等特点,其目的在于培养良好的执勤形象、严肃的仪容仪表、协调一致的动作和严格的组织纪律性,以适应城市轨道交通安全检查的行业要求,树立良好的职业形象。

安检引导岗位是安检的第一道关口。敏锐的观察力和反应能力,可以使安检人员能够在客流量大的环境中快速区分需要进行安检的对象。同时,安检人员还需具备良好的执勤姿态,来引导乘客进行安检。标准规范的引导手势能给安检工作带来便利。根据乘客的不同状况,用不同的手势进行引导,可快速区分、快速引导安检对象,保证安检通道的畅通。

8.1.1 队列基本动作

1)立正

立正是安检人员的基本姿势,是队列动作的基础。

(1)口令:立正。

(2)动作要领:听到口令后,两脚跟靠拢并齐,两脚尖向外分开约60°,两腿挺直。小腹微收,自然挺胸。上体正直,微向前倾。两肩要平,稍向后张。两臂自然下垂,手指并拢自然微屈,拇指尖贴于食指的第二节,中指贴于裤缝。头要正,颈要直,口要闭,下颌微收,两眼向前平视。

①选择正确的身体重心支撑点。立正时,既要姿态端正、庄重,还要解决长时间站立的稳固,选择正确的支撑点,是保证"立正"时稳固和持久的重要条件之一,因此,在立正中两脚跟靠拢并齐、两脚尖向外分开约60°时,两脚接触地面形成一个正三角形,同时要注意身体上半身微向前倾。

②控制好身体各部位的协调。第一是要注意膝盖后压、两腿内合与臀部提收三者的协调;第二是注意收腹、挺胸与两肩后张动作三者的协调;第三是注意收下颌、挺颈与头部上顶动作三者之间的协调。

③掌握好正确的手型。对于立正时的手型,既要整齐划一,又要符合人体的生理特点,也就是要依照人体整体特点来加以规范。"手指并拢自然微曲",是人站立时两臂下垂时手的自然形态,因此,立正时要保持手型的正确,拇指尖自然贴于食指的第二节。由于每个人的拇指长短不尽相同,拟指尖贴于食指第二节的具体位置,则不必强求统一,只要不出规定的范围(食指第二节),就符合规定的要求,如图8-1所示。

(3)动作标准及要求:立正动作的训练是培养安检人员良好姿态的基础,要精神振作,姿态端正,着装整齐。做到:三挺、三收、一睁、一顶、一平、一正。

①三挺。

A.挺腿:两腿并拢挺直,膝盖后压,使腿部肌肉紧缩,两腿之间无明显缝隙,两脚尖向外分开约60°。

B.挺胸:腰部挺直,两肩稍向后张,胸部自然向前上方挺出,使胸部衣服平展。

C.挺颈:颈部挺直,贴于后衣领。

②三收。

A.收小腹:小腹微收,同时上提。

图8-1 立正动作

B. 收臀部：臀部肌肉紧缩上提。

C. 收下颌：下颌自然微收。

③一睁：眼睛自然睁大，平视正前方，精力集中，表情自然，有精神。

④一顶：身体向上顶，体重落于两脚分开约60°时所形成的等边三角形的重心上。

⑤一平：两肩要平。

⑥一正：两脚内侧中心点、衣扣线、鼻尖、帽徽在同一垂直线上。

动作如图8-2所示。

2）稍息

（1）口令：稍息。

（2）动作要领：听到口令后，左脚顺脚尖方向伸出约全脚的2/3，两腿自然伸直，上半身保持立正姿势，身体重心大部分落于右脚。

稍息时，出腿、收腿动作要迅速、准确有力，出腿时，膝关节不得弯曲，左脚掌离开地面瞬间腿部肌肉不得放松。稍息后，两腿自然伸直。收脚时，脚跟微抬起，左脚掌离开地面的瞬间，回收腿同时适当用力，迅速收回，恢复立正姿势，如图8-3所示。

图8-2 立正动作

图8-3 稍息动作

（3）动作标准及要求：稍息过程中，身体上半身不晃动，不前倾也不后仰，左脚前伸方向要正确。

3）跨立

（1）口令：跨立。

（2）动作要领：在立正姿势的基础上，听到口令后，左脚向左跨出约一脚之长，两腿挺直；上体保持立正姿势，身体重心落于两脚之间；两手后背，左手握右手腕，拇指根部与外腰带下沿（内腰带上沿）同高；右手手指并拢自然弯曲，右手拇指扣住右手食指第二关节，手心向后，如图8-4所示。

（3）动作标准及要求：跨立时，要保持上半身正直，两手自然后背，两腿伸直，姿态端庄。把握住"两个同时",即跨出(收回)脚与手的动作,做到同时运动和停止,身体重心转移与跨出(收回)脚要同时,以保证动作变换时身体各部位的协调并且做到"两快""两准""一稳""一协调"。

图 8-4 跨立动作

① "两快",即左脚向左跨出的速度要快,两手后背的速度要快。
② "两准",即左脚向左跨出一脚之长的距离要准,左手握右手腕的位置要准。
③ "一稳",即左脚向左跨出和两手后背的同时上半身要保持正直稳固。
④ "一协调",即左脚向左跨出和两手后背的动作要协调一致。

8.1.2 礼仪基本动作

1) 敬礼
(1) 口令:敬礼。
(2) 动作要领:听到口令后,上半身正直,右手取捷径迅速抬起,五指并拢自然伸直,中指微接帽檐右角前约 2cm 处(戴无檐帽或者不戴帽时微接近太阳穴,与眉同高)手心向下,微向外张(约 20°),手腕不得弯曲,右大臂略平,与两肩略成一线,同时注视受礼者,如图 8-5 所示。

2) 礼毕
(1) 口令:礼毕。
(2) 动作要领:听到口令后,将右手迅速放下,恢复成立正姿势。

8.1.3 引导训练

手势是人们在社会活动中不可缺少的动作,是最有表现力的一种体态语言。在城市轨道交通安检中,引导人员、手检人员、开包人员均需要运用手势,指引乘客进行安检。

图 8-5 敬礼

1)运用手势基本要领

城市轨道交通安检人员在与乘客沟通中恰当地运用手势进行表达,可以帮助乘客了解要进行的安检程序,使安检工作顺利进行。运用手势的基本要领如下。

(1)意思准确。安检人员手势必须与语言的内容相一致,不能让乘客难以理解甚至误解。虽然相同的手势在不同的国家、民族会有不同的意思,但手势有一定的规定性和一致性。

(2)简单明了。安检人员的每个手势都力求简单、精炼、清楚、明了,要做到干净利索、优美动人,不要过于烦琐、拖泥带水。

(3)自然大方。安检人员引导手势的使用要自然大方不要过于机械、僵硬。

(4)手势适时。安检人员的手势要在乘客到达安检点前进行,不要等到乘客走到面前才进行手势指引。

2)常见的手势含义

(1)举大拇指手势的含义。

在我国,右手或左手握拳,伸出大拇指,表示"好""了不起"等,有赞赏、夸奖之意;在意大利,伸出大拇指示数时表示数字"1";在希腊,大拇指向上伸出表示"够了",大拇指向下伸出表示"厌恶";在美国、英国和澳大利亚等国,大拇指向上伸出表示"好""行""不错",大拇指向左、右伸则大多是向司机示意搭车。

(2)举食指的含义。

在多数国家中举食指表示数字"1"。在法国则表示"请求提问",在新加坡表示"最重要",在澳大利亚表示"请再来一杯啤酒"。

(3)"V"字形手势的含义。

在世界大多数地方,这个手势在伸手示数时表示"2"。用它表示胜利,相传是第二次世界大战时期英国首相丘吉尔发明的。需要注意的是,表示胜利时,手掌一定要向外,如果手掌向内,就是贬低人、侮辱人的意思。在希腊,做这一手势时,即使手心向外,如手臂伸直,也有对人不恭之嫌。

(4)"OK"手势的含义。

在我国和世界上其他地方表示"赞同""了不起"的意思。

3)引导手势训练

(1)乘客徒手进站。

常用语:"请进站。"

手势示范说明:身体向右侧转体60°,右脚配合向右打开60°,右手小臂抬起与大臂保持90°夹角,手掌摊开与地面保持45°夹角,掌心向上,往身后通道做出引导手势。完成动作后迅速恢复立正姿势。

(2)乘客携带行李进站。

常用语:"请您安检。"

手势示范说明:身体保持不动,抬起右手,小臂与大臂保持90°夹角,小臂与地面保持平行略向上,手掌摊开向安检设备方向做出引导。待乘客走向安检设备后收回手势,恢复立正姿势。

(3)乘客主动打开行李接受安检。

常用语:"谢谢配合,请您进站。"

手势示范说明:迅速敬礼,然后做出"乘客徒手进站"的手势。

(4)乘客携带可疑物品进站。

常用语:"对不起,请您开包。"

手势示范说明:面对乘客迅速敬礼,然后抬起右手,小臂与大臂保持90°夹角,手掌摊开与地面保持45°夹角,掌心向上,指尖向前。乘客做出开行李动作后恢复立正姿势。

(5)乘客携带违禁物品进站。

常用语:"对不起,请您出站。"

手势示范说明:左脚向左平行跨出约一脚的距离,同时迅速向正前方抬起左手与肩同高,五指并拢,掌心向前,以阻止乘客进站。右手沿身体右侧向前抬起约45°,然后向左侧摆动,摆动时不要弯曲肘部,摆动幅度不超过身体左侧。乘客转向后恢复立正姿势。

(6)乘客拒绝安检。

常用语:"对不起,请您配合。"

手势示范说明:右脚向右平行迈出约一脚的距离,同时迅速向右侧抬起手臂与肩同高与地保持平行,五指并拢,掌心向前,以阻止乘客强行进站。乘客服从后恢复立正姿势。

(7)请乘客走近接受身体检查。

常用语:"请上前,接受安检。"

手势示范说明:在跨立姿势的基础上,左臂向正前方抬起,左前臂与左上臂接近垂直。

引导动作注意事项如下。

①注意语言和动作的配合。

②动作过程中注意面部表情,针对不同情况表现出不同表情。

③操作中注意保持与乘客的距离。

8.2 体能与防卫基础训练

8.2.1 体能基础训练

体能即人的身体素质的总称。安检人员的体能是其所表现出来的身体运动能力。只有具备良好的身体素质,才能应对复杂而繁重的安检工作。只有掌握正确的训练方法,才能有效地提高身体素质水平、增强体质,从而提高在工作中应对突发情况的能力。体能训练包括力量、速度、耐力等方面的训练。

1)力量训练

力量的常用训练方法有负重仰卧起坐、负重深蹲、俯卧撑、推举杠铃、跳台阶等。需要强调的是,在锻炼肌肉力量时,务必考虑速度和柔韧性。在锻炼身体力量的同时,要讲究科学的方法,不宜操之过急,欲速则不达,要循序渐进地训练。

2）速度训练

速度是指人体快速运动的能力，包括视觉速度、反应速度和动作速度等。

（1）视觉速度。

视觉的敏锐既是本能动作的基础，又是应变动作的开端。作为一名安检人员，要在人流中快速观察周边事物，及时发现可疑人员或物品。

视觉速度的训练方法有快速阅读、快速清点人数、快速对物品进行分类、快速数清空中飞过的小鸟等。

（2）反应速度。

反应速度是指人体对各种外来刺激进行快速应答的速度。在安检领域，反应速度具体表现为安检人员在执勤中对可疑人员做出准确判断和迅速处理的速度。

反应速度的训练方法有：练习者根据教练的口令（包括声响或手势），做出各种动作反应等。

（3）动作速度。

动作速度是指人体从静止状态转至活动状态时，手和脚等部位的运动速度，动作姿势的精简及肌肉的放松，都可以加快动作速度。同时，动作的弧度越小，速度越快。

动作速度的训练方法有快速跳绳、30m 快跑、加速跑等。

3）耐力训练

耐力是人体持久活动的能力。人体的耐力与心血管系统、神经系统的功能，以及各器官系统的协调能力有着密切的关系。最好的耐力训练方法是跑步。

跑步是在简单的地形上进行的耐力训练项目。它的特点是要求有一定的速度、持久性，同时运动量大。通过较长距离的奔跑，不仅能提高人体的耐力，还能改善呼吸系统和心血管系统的机能，促进新陈代谢。通过重复跑、变速跑等练习可逐步地提高人体的耐力。

4）运动卫生与保健

（1）准备活动。

为了避免在运动或训练中造成肌肉损伤或韧带拉伤，应先进行准备活动。要使肌肉和韧带得到放松，应当选择较轻松且容易做的练习。准备活动不仅有助于放松身体关节，还可防止肌肉损伤。准备活动的动作应当尽可能地和后续训练动作接近。准备活动的时间长短，应根据具体情况而定，一般来说，准备活动以 5~10min 为宜。

总之，准备活动的目的是使身体各部位更协调，降低训练中的伤害。准备活动的内容包括肩部放松、压腿、扭转腰部、活动颈部及脚踝等。

（2）恢复活动。

恢复活动是指在训练结束后进行的恢复性训练，使身体从紧张状态慢慢复原。

8.2.2 防卫基础训练

防卫训练包括防卫的基础技术训练、基本的防守技术训练和基本的解脱技术训练。个人防卫技能训练，能够使安检人员体会、了解防卫的基本技术，掌握动作要领，增强自我防卫意识，提高在实战中协同配合的能力，提高工作中应对突发事件的能力。

1)基本技术训练

基本技术是指在实战中采取合理的站位姿势和保护动作,同时强化安全戒备意识,为下一步攻防格斗做好充分的准备。基本技术的采用必须遵循"三个有利于"原则,即有利于身体重心平稳,有利于向自己有优势的方位移动,有利于自身的防护和攻防技术动作的实施。下文介绍戒备姿势(格斗姿势)和监视姿势两种基本姿势,以及步法训练。

(1)戒备姿势。

戒备姿势是为了躲避和截住对手而保护自己。戒备姿势在防守中起着很重要的作用。利用戒备姿势,可使身体始终处于强有力的状态。

动作要领:立正站立,右脚向后方撤出一大步,两脚开立,右膝微曲,侧身站立,两脚间的距离与肩同宽;左脚微内扣,右脚跟外展35°,脚跟抬起,重心落于两腿之间;可手握拳,左前右后,拳眼均朝后上方;左臂弯曲,肘关节夹角为90°~120°,左拳与鼻同高;右臂弯曲,肘关节夹角小于90°,大臂紧贴右侧肋部;收腹,下颌微收,闭嘴合齿目视对手,如图8-6所示。

动作要点:身体自然放松,含胸拔背,沉肩垂肘,两腿微曲。

图8-6 戒备姿势

(2)监视姿势。

动作要领:两脚开立,左脚在前,右脚在后,两膝略屈,两脚间距离与肩同宽;身体侧45°站立,重心落于两腿之间或稍偏于右腿;双手自然放于体侧,下颌微收,目视对手。

动作要点:身体自然放松,两腿保持一定弯曲度,以便随时启动身体,做防守或进攻动作。

(3)步法(滑步)。

步法训练的目的是调整好有利于自身的攻防距离,破坏对手的进攻路线和距离,达到出奇制胜的效果。步法训练要求做到移动迅速、重心平稳。

动作要领:以格斗姿势站立,前脚(左脚)向前滑半步,后脚跟进半步,上身保持平衡,其他部位要保持原来的格斗姿势。向右、向左、向后滑步与向前滑步动作要领相同。

动作要点:身体自然放松,平稳移动。向前移动,先动前脚;向后移动,先动后脚。移动中保持格斗姿势不变,整体移动。

2）基本防守技术训练

（1）拍挡。

动作要领：格斗姿势站立，用左（右）手臂、手掌曲臂将小臂直线向外推出，由此做横向拍挡。

动作要点：防守时判断要准确，拍挡时小臂尽量垂直，动作幅度要小，速度要快。

（2）躲闪（下潜）。

动作要领：格斗姿势站立，双腿屈膝，收腹含胸，重心下降，双手紧护胸及头，身体垂直向下，以闪躲对方的攻击。

动作要点：幅度不宜过大，动作要突然、迅速；下蹲闪躲要协调，并注意对头部和躯干部位的保护，目视对方。

3）基本解脱技术训练

（1）单臂抓握解脱。

动作要领如下。

①解脱法1：当对手右手由上往下抓握自己的右小臂时，右小臂应由下往上用力回拉，同时身体右转，以解脱对方的抓握。

②解脱法2：当对手右手由下往上抓握自己的右小臂时，右小臂应由上往下用力回拉，同时身体左转，以解脱对方的抓握。

动作要点：动作快速、有力，借助腰的旋转发力。这两个动作的解脱办法都是从对方的拇指一侧解脱。

易犯错误：切记勿用蛮力、抽拉、硬扯等。

（2）双臂抓握解脱。

动作要领如下。

①解脱法1：当对方双手由上往下抓住自己的右小臂时，左手由上而下抓住自己的右手（抱拳），迅速转体。用左手拉和右手肘关节上挑的合力，将右手臂解脱。

②解脱法2：当对方双手由下往上抓住自己的右小臂时，左手应从其双手下方插入，抓住自己的右手（抱拳），迅速转体，用左手和右手的合力下拉，右肘向前上抬，将右手臂解脱。

动作要点：左手抓握要快，转体扭腰，解脱法1的上挑合力要一致，解脱法2的下砸合力要一致。

易犯错误：不要动作缓慢，切记不要单纯用一只手臂的力量。

（3）抓胸解脱。

动作要领：当对方用右手抓住自己胸口的衣服时，应迅速用右手按住其右手背，同时撤右脚，向右转体，用自己的左肩迅速顶撞其右手臂，达到解脱的目的。

动作要点：转体要猛而快，一定要牵动对方的重心。

易犯错误：不要转体缓慢、柔弱，发力不准确。

4）最小作战单元

2014年，公安部、交通运输部联合印发《关于切实加强城市轨道交通安保工作的通知》（公通字〔2014〕28号），要求"公安机关要全力加强城市轨道交通安保工作，抽调警力强化巡查防控。要在地铁车站和重点公交、长途客运车站做到站站有警"。目前,全国已开通地铁的城市中,警务勤务模式分为驻站制、巡站制、驻巡制、接警制4种类型。为进一步增强地铁站点的应急处置力量,提升快速反应能力,应当以地铁每个站点为单位,建立由民警、辅警、保安人员、安检人员、站务人员和保洁人员组成的反恐防暴和应急处突"最小作战单元",明确成员分工,遇到突发事件时指挥员下达集结令,在最短时间内发挥战斗力量。

将"最小作战单元"打造成一个反恐维稳和应急处突的战斗实体,明确"日常车站安防""突发事件先期处置"两方面的岗位职责,配备有线、无线专用通信设备,确保一旦发生恐怖和突发事件,站内的"最小作战单元"可以在1min内到达现场,在增援民警到达之前开展前期处置,预防事态扩大,这样可以极大提高快速反应能力。

(1)成员组成。

成员组成为安检人员、保安人员、特勤人员、保洁人员、站务人员、车控值班员、值班站长、值班民警等。

以民警、值班站长为主导,以辅警、站务人员、安检人员、行车值班员等车站常驻人员为基础,以保安人员、保洁人员、商铺人员等为补充力量,车站全体联动,如图8-7所示。

图8-7 最小作战单元

(2)工作内容及要求。

①构建高效的联动指挥机制。地铁车站"最小作战单元"作为前期处置力量,随突发事件同步启动,车站值班站长行使统一的指挥权和应急处置权(民警到场后指挥权自动移交民警负责),指挥员通过广播、对讲机、电话等联络设备,在最短时间内将情况通报全体成员,各成员按照既定预案迅速前往现场协同处置。

②制定有针对性的预案。根据车站面积、客流、警情、地理环境等特点,科学地制定有针对性的预案,按照"一站一策""一情形一预案"的要求,对突发事件影响程度、车站安全风险系数进行分类划级,并制定多样化的方案措施。

③制定统一规范的处置流程。处置中警企明确各方人员的岗位责任,设置各种情形的处置标准及战术队形,畅通各方力量的信息沟通渠道,避免突发事件处置中"散沙式""窝蜂式"的混乱情况。

8.3 防暴器材使用训练

8.3.1 防暴器材的使用条件

（1）发生精神病患者、酗酒者、泄私愤者危害公民人身安全和公共安全事件时。
（2）发生持械行凶、纵火等个人极端暴力事件时。
（3）发生以暴力方法抗拒执法或采取暴力侵害危及生命时。
（4）发生危害公共安全、社会秩序和公民人身安全的事件时。

8.3.2 防暴器材的使用方法

车站内配置的防暴器材包括防暴棍、防暴钢叉、防卫催泪喷雾、防暴盾牌、防爆毯、防爆围栏、防爆罐及防爆球等，防暴器材柜及微型消防站如图8-8所示。

a) 防暴器材柜　　　　　　　　b) 微型消防站

图8-8　防暴器材柜及微型消防站

1）防暴棍

（1）防卫伸缩棍。

防卫伸缩棍的头部为空心，手把中主要为一钢芯，钢芯前部橡胶内埋设一根钢丝弹簧。在攻击时，其韧性和回弹性好，使用自如，是一种有效的自卫防身和攻击警械。因橡胶材质钝性偏大，虽不易造成划伤，但力量集中纵向压上，易造成内脏损伤，防卫伸缩棍及握持姿势如图8-9所示。

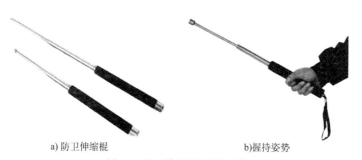

a) 防卫伸缩棍　　　　　　　　b) 握持姿势

图8-9　防卫伸缩棍及握持姿势

注意事项:击打时,不可击打对象的颈部及以上的身体部位。

(2)防暴长棍。

使用方法:如需要使用防暴长棍防卫时,安检人员或安保人员应与违法犯罪分子保持安全距离,利用一寸长一寸强的优势,持防暴长棍戒备,采取移动、虚晃、假戳等战法,防止对方抓住长棍,形成对峙或周旋的状况,等待增援力量共同处置。

持防暴长棍时戒备方法应做到:高马步、双手持棍、后手紧握防暴长棍底部、重心下沉、防暴长棍底部紧贴自己腰髋部。如违法犯罪分子开始向安保人员行凶,可以采取防暴长棍戳击、截击等战法进行反击。防暴长棍及握持姿势如图8-10所示。

a) 防暴长棍　　　　b) 握持姿势

图8-10　防暴长棍及握持姿势

(3)定期检查:防卫伸缩棍每次使用后,需检查一下节与节之间的连接部分。如果发现连接部分变形,甩出后节与节之间有松动的情况,要尽快更换,以免在后续使用中棍节脱出发生危险。防暴长棍每次使用后检查棍身是否发生弯曲,橡胶涂层是否脱落等。同时二者应每半年进行一次装备保养,以保持其使用效果。

(4)清洁保养:保持棍身清洁干燥,不要放在潮湿的环境中,远离化学品及腐蚀性的液体。每次使用或练习完毕后,应用干净的软布对其进行擦拭,清理灰尘杂物,保持棍身的洁净度。若长期不用时,需要涂抹防锈油。

2)防暴钢叉

防暴钢叉系列包括防暴钢叉、U形抓捕器、防暴抓捕器等,防暴钢叉又包括弧形叉、叉杆、齿轮杆。防暴钢叉一般可以伸缩,其长度收缩时一般为102cm,展开时一般为203cm。

如车站现场发现暴力恐怖分子或个人极端手持利刃进行行凶,可采取防暴钢叉进行防卫。使用防暴钢叉时,安检人员或安保人员应与暴力恐怖分子保持安全距离,利用一寸长一寸强的优势,进行持叉戒备。

(1)持叉戒备方法:高马步,双手持叉,后手紧握钢叉底部,重心下沉,钢叉紧贴自己腰髋部,如图8-11所示,并采取警告、震慑、移动、虚晃、佯攻等战法,形成对峙,进行周旋,等待增援力量共同处置。

如增援力量到达现场,在有盾牌等防护装备的配合下,可采取跨步叉击、垫步跨步叉击等战法,叉击对方胸腹部,将暴力恐怖分子叉倒在地或墙壁上,配合盾牌将其控制,直到民警到达现场交由民警处理。

注意:左手抓握时,手不要超过防暴钢叉的中段,防止被防暴对象击伤或被接口处夹伤。

a) 防暴钢叉　　　　　　b) 握持姿势

图 8-11　防暴钢叉及握持姿势

（2）定期检查：需要定期检查防暴钢叉的整体状况和使用状态，包括杆柄的整体性能以及外表有无锈蚀，以确保在使用时能够正常发挥作用。

（3）清洁保养：在使用后，需要对防暴钢叉进行清洁和保养，刷去或擦去防暴叉上的灰尘、沙粒和任何其他颗粒或污染物，以延长其使用寿命和维持性能。清洁时，可以使用清水和洁净剂对其进行表面清洁，同时可定期使用润滑油涂抹叉头组各零件连接处、伸缩舌及尾端解脱柄处，以保持其使用效果。

3）防卫催泪喷雾

（1）防卫催泪喷雾使用方法。

①将喷罐握在手中，依照定向握把装置紧握瓶身，手指紧贴握把处。

②将食指伸进专利防误击掀盖，并将食指接触防滑喷射钮。

③以掀起的防误击掀盖为瞄准器，对准歹徒眉心间。

④当歹徒进入自己的射程范围时，即可将喷雾喷向歹徒脸部。

（2）防卫催泪喷雾的特点。

①喷雾器的填装物为可食性辣椒液，对人体只会产生暂时性的瘫痪，不会造成永久性伤害。

②产品的喷头拥有安全保险盖，可定向喷射，不渗漏、不误触，在黑暗中亦能精准命中目标。

③喷雾器药剂会呈水柱状射出，射程约在 3～4m，可轻易击中攻击者。

④辣椒液的特殊配方可在短时间内经由毛孔渗入皮肤，使攻击者感觉强烈剧痛，或暂时性失明长达 40min 以上。

⑤防卫催泪喷雾产品是目前最有效的个人防护装备，被全球各地执法人员广泛使用，其效果可在短时间内制服 5～10 名歹徒，如图 8-12 所示。

（3）定期检查：定期检查罐体完整性、有无漏液、罐体标明的药剂有效期、喷头处是否有液体凝结堵塞等，保证喷雾正常使用。

（4）清洁保养：每次使用后用湿布或清水清洁罐身残留的药剂，避免腐蚀罐身或刺激皮肤，定期清理喷头处药剂凝结物等。

图 8-12　防卫催泪喷雾

4）防暴盾牌

防暴盾牌是由优质透明聚碳酸酯 PC 材料制成的。防暴盾牌用于镇暴过程中推挤对方和保护自己，可以抵挡硬物钝器及不明液体的袭击，也可以抵挡低速子弹，但是不能抵挡爆炸碎片和高速子弹。

使用方法：通常将防暴盾牌调节带套于左臂弯处，左手握把手，虎口紧靠把手上端，将防暴盾牌朝自己方向倾斜约 15°，防止袭击物撞击盾牌后砸伤自己。防暴盾牌及架持姿势如图 8-13 所示。

a）防暴盾牌　　　　　　　　　b）架持姿势

图 8-13　防暴盾牌及架持姿势

注意事项如下。

①在使用时，盾牌与眉心同高。

②使用者下半身步向前。

③右手顶住盾牌上段，保持盾牌的稳定性。

5）防爆毯及防爆围栏

防爆毯是一种用高强度防弹纤维材料，经过特殊工艺加工制成的一种毯子形状的防爆器材。防爆毯的表面耐磨、防水，它可替代原防爆罐笨重的沙包，能够阻挡易爆物爆炸时产生的冲击波和碎片。目前，城市轨道交通站点所配备的防爆毯主要有毯和围栏两部分组成，其材质采用芳纶纤维、聚乙烯纤维等材料加工而成，如图 8-14 所示。

图 8-14　防爆毯与防爆围栏

（1）尺寸及效果。

防爆毯的尺寸约为 1560mm×1560mm。防爆围栏规格约为直径 42cm、高度 41cm、质量

19.4kg。

一般的防爆毯可防三硝基甲苯(TNT)的质量约为60g,PWFBT-2R型防爆最高防护级别可达到70g的TNT,保护离爆炸源中心1m之外的人员不会受到伤害。

防爆毯与防爆围栏合用能有效地阻挡一定程度的冲击,其冲击相当于一枚国产82-2式手榴弹或等量的爆炸物爆炸时所产生的冲击波和碎片的横向效应。

(2)使用方法。

①当发现爆炸物或可疑爆炸物时,应迅速用防爆围栏罩住该物体。

②注意按印字或箭头方向摆放,不可倒置。将防爆毯盖在防爆围栏顶部,盖防爆毯时应尽量将防爆毯中央对准围栏中央位置。此外,还要注意将有字的一面朝上,不可盖反,如图8-15所示。

图8-15 防爆毯防爆围栏使用方法

③人员应迅速撤离现场,远离爆炸物,并尽快报警,请专业排爆人员排除爆炸物。

④储放时应置于避光、通风、干燥处。

注意:当在车站发现有疑似爆炸物时,不能确定该疑似爆炸物的机械装置,同时不能确定该物品是否可以移动的情况下,可使用防爆毯进行防护。

(3)定期检查。

①定期检查防爆毯与防爆围栏是否出现面料磨损风化、老化、脱落、开裂等情况,若发现应立即更换。

②定期检查防爆毯与防爆围栏内芯是否拉伸过度或长期受到挤压发生变形,应及时更换以防影响使用时的防爆效果。

(4)维护保养。

①防爆毯和防爆围栏属于一次性防护产品,不可重复使用。

②防爆毯与防爆围栏在干燥、通风、避光条件下存放,否则会影响其使用寿命和防爆能力。

③防爆毯与防爆围栏由高强度防弹纤维材料制成,与腐蚀性物品放在一起会造成损坏,且不可洗涤。

6)防爆罐及防爆球

防爆罐是一种可减弱爆炸物品爆炸时对周边人员及物品造成损伤的器材。防爆罐通常为上端开口型的圆柱体,其防爆功能主要体现在对爆炸冲击波的约束、吸收与释放方面。防爆罐的抗爆能力由其能抵御的标准 TNT 当量来衡量,当罐内一定当量的 TNT 炸药引爆后,罐体不能出现倾倒、燃烧和粉尘等现象,可以存在变形,罐体外部面板不得出现开裂、破洞等现象。我国防爆罐的研发已从早期的单一金属结构逐步发展为多种材料复合结构。复合材料能够明显提高防爆罐的防护性能、降低罐体质量。防爆罐按形状划分可分为桶形与球形两种,也称防爆桶和防爆球,根据实际使用情况可配装牵引车。防爆球如图 8-16 所示,防爆罐如图 8-17 所示。

图 8-16　防爆球　　　　　　　　　图 8-17　防爆罐

(1) 使用方法。

①将防爆罐(球)转移现场,打开防爆(球)顶盖。

②由专业排爆人员将可疑爆炸物品放置于防爆罐(球)内筒,内筒半球的球心就是防爆罐的爆心,应尽可能将爆炸物品靠近爆心位置放置。

③盖好顶盖并顺时针旋转一个齿位,直至到转不动为止。

注意:防爆盖起到锁定作用,盖好顶盖可有效地降低爆炸物在爆炸时对外造成的伤害。

④迅速转移放置有可疑爆炸物品的防爆罐(球)至排爆场地。

注意:可疑爆炸物可移动时,请将可疑爆炸物放置在防爆罐(球)中,按照专业人士的转移路线进行转移。

(2) 使用注意事项。

①应尽可能将可疑爆炸物品放置于爆心位置。

②防爆盖顶盖留有泄压缝隙,用于当罐(球)内爆炸物发生爆炸时,排出上方产生强灼热冲击气体。

③操作人员身体应避开防爆盖顶盖上方。

注意:爆炸物品爆炸时都会产生热,防爆罐(球)在防爆盖顶盖留有泄压缝隙,起到排压及保护罐体的作用,同时爆炸物品在罐内爆炸时禁止人员靠近,更不允许站在防爆盖上方。

④使用非封闭车辆转移防爆罐(球)时,应将防爆罐(球)固定,平稳行驶。

⑤操作时应先使用机械手、绳钩组、排爆机械人等专用转移工具以降低危险。

⑥可疑爆炸物未发生爆炸时,检查各部件无损伤后,防爆罐(球)可继续使用。

注意:可疑爆炸物发生爆炸时,应对各部件进行质检。

（3）定期检查。

①定期检查防爆罐(球)外表是否完好,确保其无裂纹、漏油等现象,以确保正常使用。

②防爆罐(球)应定期更换密封垫和密封胶圈,以保证罐体密封性。

③防爆罐(球)应定期进行压力测试和温度测试,以确保其正常运行。

（4）维护保养。

①防爆罐(球)应放置在干燥、避光、防热的环境下,并应保持周围通道通畅。

②防爆罐(球)内不得存放任何其他物品,顶盖禁止覆盖杂物。

③在存储及运输过程中应轻拿轻放,严禁磕碰、撞击、挤压、跌落、划伤,以免损坏罐(球)体。

④防爆罐(球)应定期进行涂漆和防腐处理,以延长其使用寿命。

回顾

一、填空题

1. 运用手势的基本要领是_____、_____、_____和_____。
2. 基本解脱技术有_____解脱、_____解脱和_____解脱。
3. 防暴盾牌可以抵挡硬物钝器及不明液体的袭击,也可以抵挡低速子弹,但是不能抵挡_____和_____。
4. 在使用防爆罐和防爆球进行排爆时,应尽可能将可疑爆炸物品放置于_____位置。

二、选择题

1. 听到"立正"口令后,两脚跟靠拢并齐,两脚尖向外分开约(　　)。
   A. 30°　　　　　B. 45°　　　　　C. 60°　　　　　D. 90°

2. (　　)动作要领是格斗姿势站立,双腿屈膝,收腹含胸,重心下降,两手紧护胸及头,身体垂直向下,以避开对方的攻击。
   A. 拍挡　　　　B. 躲闪(下潜)　　C. 戒备姿势　　D. 监视姿势

3. 防卫伸缩棍在击打时,不可击打对方(　　)以上的部位。
   A. 腿部　　　　B. 腹部　　　　C. 腰部　　　　D. 颈部

4. 左手抓握防暴钢叉时,手不要超过防暴钢叉的(　　),防止被防暴对象击伤或被接口处夹伤。
   A. 中段　　　　B. 尖端　　　　C. 后端　　　　D. 尾端

三、简答题

1. 请简述防暴器材的使用条件及常见的防暴器材种类。
2. 请简述防爆毯和防爆围栏的使用方法。
3. 请简述最小作战单元的工作内容及要求。

第9章
安检相关法律法规及职业道德

导读

知识目标

1. 了解安检相关法律法规的内容,形成安检法制观念,自觉以法律规范言行。
2. 掌握安检人员应具备的法律素养,牢记安检人员的禁止行为,提高职业素养。
3. 具备城市轨道交通安检职业道德,树立科学的职业价值观。

案例分析

1. 案例描述

2022年12月14日,广州某地铁站因张某携带液体进站,安检人员要求张某进行液体检测。张某喝下其自带的瓶装水后,安检人员遂放其进入地铁乘车。而后,张某主张其所喝的瓶装水为自装白开水,因其自身患有肠胃疾病,导致喝完水后引起身体极度不适,同时也给其造成严重的精神刺激和困扰,故向法院起诉被告广州地铁公司侵权,要求赔偿医疗费、误工费、营养费、精神损失费等共计48100元。

广州铁路运输法院经审理认为:

首先,广州地铁公司在进站处设置安检,并要求乘车人如携带液体需通过液体检测仪或"试喝一口"等方式进行检测,是其作为城市轨道交通经营单位所应当履行的安全保障义务,因此安检人员要求张某对其携带的液体进行检测,并不存在过错。

其次,张某提供的检查报告单、门诊病历等证据表明,其早在2020年底至2022年初就已被诊断患有肠胃疾病并多次检查就医,亦早在2020年就有失眠症状被诊断有睡眠障碍。张某主张的医疗费、误工费、营养费、精神损失费等未能提供证据予以证明。

因此,张某的诉请缺乏事实和法律依据,法院不予支持。

2. 案例分析

(1)《中华人民共和国民法典》明确规定,宾馆、商场、银行、车站、机场、体育场馆、娱乐场所等经营场所、公共场所的经营者、管理者或者群众性活动的组织者,未尽到安全保障义务,造成他人损害的,应当承担侵权责任。

(2)《城市轨道交通运营管理规定》明确规定,禁止乘客携带有毒、有害、易燃、易爆、放射性、腐蚀性以及其他可能危及人身和财产安全的危险物品进站、乘车。

(3)《中华人民共和国反恐怖主义法》第三十四条规定，对进入大型活动场所、机场、火车站、码头、城市轨道交通站、公路长途客运站、口岸等重点目标的人员、物品和交通工具进行安全检查。

在交通工具上发生恶性事件，空间非常有限，难以及时疏散或降低伤害，所以安检作为城市轨道交通工具经营管理者能够采取的最有效预防手段，具有合理性、必要性，乘客应当尽可能理解并配合。

3．案例思考

(1)在上述城市轨道交通安检案例中，法院为何支持广州地铁对于瓶装液体请求乘客"试喝"的安检措施？安检措施是否有法可依？

(2)我国有哪些具体法律规定了城市轨道交通具有安全检查的义务？

(3)安检人员又应当遵守哪些法律法规？

9.1 安检相关法律法规

9.1.1 公民的基本权利及义务

公民是指具有一个国家国籍并依据该国宪法和法律享有权利、承担义务的自然人。根据《中华人民共和国宪法》（以下简称《宪法》）规定，凡具有中华人民共和国国籍的人都是中华人民共和国公民。

权利是指人们从事某种行为的可能性。宪法权利是指在宪法规定的范围内，公民从事某种行为的可能性，权利可以放弃。

义务是指人们从事某种行为的必要性。宪法义务是指在宪法规定的范围内，公民从事某种行为的必要性。义务不能放弃，国家以强制力保障公民对国家、社会及他人履行自己的义务。

宪法规定的公民的权利和义务，是公民基本的权利和义务，也是普通法律规定公民权利和义务的基础和依据，因而是公民最重要的权利和义务，是一个国家制度的重要组成部分。

1）安检工作所涉及的公民基本权利

（1）平等权。

《宪法》第三十三条规定："中华人民共和国公民在法律面前一律平等。"这一规定，既是对我国公民平等权的确认，也体现了社会主义法律的基本原则。它包括以下3层含义：第一，任何公民都可平等地享有宪法和法律规定的权利，并应平等地履行宪法和法律的义务，而不因民族、种族、性别、职业、家庭出身、宗教信仰、教育程度、财产状况等外在因素有所差别；第二，国家对公民的合法权利和利益平等地加以保护，对公民的违法行为平等地追究法律责任；第三，任何人不得享有凌驾于法律之上的特权，不得强迫公民履行法律以外的义务或接受法律之外的惩罚。

（2）政治权利和自由。

政治权利和自由是公民极为重要的基本权利，是指公民依法享有参加国家政治生活和国家管理方面的权利和自由。政治权利和自由具体包括如下。

选举权和被选举权。选举权和被选举权是指公民依法享有选举和被选举为国家权力机关的代表或某些国家机关领导人的权利。《宪法》规定,我国年满18周岁的公民,除依法被剥夺政治权利的人以外,都有选举权和被选举权。

政治自由。《宪法》规定,我国公民有言论、出版、集会、结社、游行、示威的自由。这6项自由是公民关心国家大事、表达自己意愿和要求的一种民主权利,也是公民参加国家政治生活的一种形式。当然,公民必须在法律规定的范围内行使这些权利。

(3)人身自由。

人身自由是公民享受其他权利自由的基础。公民的人身自由包括人身自由不受侵犯、人格尊严不受侵犯和住宅不受侵犯,以及与人身自由联系密切的通信自由和通信秘密受法律保护。

(4)宗教信仰自由。

《宪法》第三十六条规定:"中华人民共和国公民有宗教信仰自由。"宗教信仰自由具体包括如下。

公民既有信仰宗教的自由,也有不信仰宗教的自由。有信仰这种宗教的自由,也有信仰那种宗教的自由。在同一宗教里,有信仰这个教派的自由,也有信仰那个教派的自由。有过去信教而现在不信教的自由,也有过去不信教而现在信教的自由。

为了保障公民的宗教信仰自由,《宪法》还规定任何国家机关、社会团体和个人不得强制公民信仰或者不信仰宗教,不得歧视信仰宗教的公民和不信仰宗教的公民。国家保护正常的宗教活动。同时,《宪法》对公民的宗教信仰自由也有一定限制,任何人不得利用宗教进行破坏社会秩序、损害公民身体健康、妨碍国家教育制度的活动。宗教团体和宗教事务不受外国势力的支配。

(5)批评、建议、申诉、控告、检举和取得赔偿权。

我国公民对于任何国家机关和国家工作人员,有提出批评和建议的权利。对于任何国家机关和国家工作人员的违法失职行为,有向有关国家机关提出申诉、控告或检举的权利。但不得捏造或者歪曲事实进行诬告陷害。由于国家机关和工作人员侵犯公民权利而受到损失的人,有依照法律规定取得赔偿的权利。

(6)社会经济权。

社会经济权是指公民享有的经济物质利益方面的权利,它是公民享有其他各项权利和自由的物质基础。

①公民的劳动权利和义务。我国公民有劳动的权利和义务。对公民劳动权的保障就是对公民生存权的保障,因此《宪法》规定国家通过各种途径,创造劳动就业条件,加强劳动保护,改善劳动条件,并在发展生产的基础上,提高劳动报酬和福利待遇。

②劳动者的休息权。我国劳动者有休息的权利。休息权是指劳动者在参加劳动过程中依法享有的休息和休养的权利。休息权和劳动权是密切相关的,休息权是劳动权的必要补充。为了保障劳动者的休息权,《宪法》规定国家发展劳动者休息和休养的设施,规定职工的工作时间和休假制度。

③物质帮助权。物质帮助权是指公民在年老、疾病或者丧失劳动能力的情况下,有从国家和社会获得社会帮助的权利。为了保障实现这项权利,国家发展社会保险、社会救济和医疗卫生事业。

④退休人员的生活保障权。国家依照法律规定实行企事业组织的职工和国家机关工作人员的退休制度,退休人员的生活受到国家和社会的保障。

(7)文化教育权利和自由。

①受教育的权利和义务。我国公民有受教育的权利和义务。它是指国家应当保证公民在各类学校、各种教育机构或者通过其他方式学到科学知识和受到教育,以及公民必须在一定条件下,接受国家规定的教育。

②进行科研、文艺创作和其他文化活动的自由。我国公民有进行科学研究、文学艺术创作和其他文化活动的自由。公民有从事科研、文艺创作和其他文化活动的自由,是公民在科学文化领域中的一项基本权利。

(8)老人、妇女、儿童受国家的保护。

我国妇女在政治、经济、文化、社会和家庭的生活等各方面享有同男子平等的权利。

《宪法》规定,婚姻、家庭、母亲和儿童受国家的保护。禁止虐待老人、妇女和儿童。尊老爱幼是中华民族的传统美德,尊重妇女是近代文明社会的基本要求,也是社会主义精神文明建设的要求。

2)公民的基本义务

(1)维护国家统一和全国各民族团结的义务。

(2)遵守宪法和法律,保守国家秘密,爱护公共财产,遵守劳动纪律,遵守公共秩序,尊重社会公德的义务。

(3)维护祖国安全、荣誉和利益的义务。

(4)保卫祖国,依法服兵役和参加民兵组织的义务。

(5)依法纳税的义务。

除此之外,《宪法》还规定,劳动和受教育既是公民的权利也是公民的义务;父母有抚养教育未成年子女的义务,成年子女有赡养父母的义务等。

9.1.2 安检工作相关国家级法律法规摘录

1)《中华人民共和国刑法》中的相关规定

摘录自2023年12月29日修正的《中华人民共和国刑法》。

第一百一十六条 【破坏交通工具罪】

破坏火车、汽车、电车、船只、航空器,足以使火车、汽车、电车、船只、航空器发生倾覆、毁坏危险,尚未造成严重后果的,处三年以上十年以下有期徒刑。

第一百一十七条 【破坏交通设施罪】

破坏轨道、桥梁、隧道、公路、机场、航道、灯塔、标志或者进行其他破坏活动,足以使火车、汽车、电车、船只、航空器发生倾覆、毁坏危险,尚未造成严重后果的,处三年以上十年以下有期徒刑。

第一百一十八条 【破坏电力设备罪】【破坏易燃易爆设备罪】

破坏电力、燃气或者其他易燃易爆设备,危害公共安全,尚未造成严重后果的,处三年以上十年以下有期徒刑。

第一百一十九条 【破坏交通工具罪】【破坏交通设施罪】【破坏电力设备罪】【破坏易燃易爆设备罪】

破坏交通工具、交通设施、电力设备、燃气设备、易燃易爆设备,造成严重后果的,处十年以上有期徒刑、无期徒刑或者死刑。

【过失损坏交通工具罪】【过失损坏交通设施罪】【过失损坏电力设备罪】【过失损坏易燃易爆设备罪】

过失犯前款罪的,处三年以上七年以下有期徒刑;情节较轻的,处三年以下有期徒刑或者拘役。

第一百二十五条 【非法制造、买卖、运输、邮寄、储存枪支、弹药、爆炸物罪】

非法制造、买卖、运输、邮寄、储存枪支、弹药、爆炸物的,处三年以上十年以下有期徒刑;情节严重的,处十年以上有期徒刑、无期徒刑或者死刑。

【非法制造、买卖、运输、储存危险物质罪】

非法制造、买卖、运输、储存毒害性、放射性、传染病病原体等物质,危害公共安全的,依照前款的规定处罚。

第一百三十二条 【铁路运营安全事故罪】

铁路职工违反规章制度,致使发生铁路运营安全事故,造成严重后果的,处三年以下有期徒刑或者拘役;造成特别严重后果的,处三年以上七年以下有期徒刑。

第一百三十三条 【交通肇事罪】

违反交通运输管理法规,因而发生重大事故,致人重伤、死亡或者使公私财产遭受重大损失的,处三年以下有期徒刑或者拘役;交通运输肇事后逃逸或者有其他特别恶劣情节的,处三年以上七年以下有期徒刑;因逃逸致人死亡的,处七年以上有期徒刑。

第一百三十四条 【重大责任事故罪】

在生产、作业中违反有关安全管理的规定,因而发生重大伤亡事故或者造成其他严重后果的,处三年以下有期徒刑或者拘役;情节特别恶劣的,处三年以上七年以下有期徒刑。

【强令、组织他人违章冒险作业罪】

强令他人违章冒险作业,或者明知存在重大事故隐患而不排除,仍冒险组织作业,因而发生重大伤亡事故或者造成其他严重后果的,处五年以下有期徒刑或者拘役;情节特别恶劣的,处五年以上有期徒刑。

第一百三十四条之一 【危险作业罪】

在生产、作业中违反有关安全管理的规定,有下列情形之一,具有发生重大伤亡事故或者其他严重后果的现实危险的,处一年以下有期徒刑、拘役或者管制:

(一)关闭、破坏直接关系生产安全的监控、报警、防护、救生设备、设施,或者篡改、隐瞒、销毁其相关数据、信息的;

(二)因存在重大事故隐患被依法责令停产停业、停止施工、停止使用有关设备、设施、场

所或者立即采取排除危险的整改措施,而拒不执行的;

(三)涉及安全生产的事项未经依法批准或者许可,擅自从事矿山开采、金属冶炼、建筑施工,以及危险物品生产、经营、储存等高度危险的生产作业活动的。

第一百三十六条　【危险物品肇事罪】

违反爆炸性、易燃性、放射性、毒害性、腐蚀性物品的管理规定,在生产、储存、运输、使用中发生重大事故,造成严重后果的,处三年以下有期徒刑或者拘役;后果特别严重的,处三年以上七年以下有期徒刑。

第一百三十九条　【消防责任事故罪】

违反消防管理法规,经消防监督机构通知采取改正措施而拒绝执行,造成严重后果的,对直接责任人员,处三年以下有期徒刑或者拘役;后果特别严重的,处三年以上七年以下有期徒刑。

第一百三十九条之一　【不报、谎报安全事故罪】

在安全事故发生后,负有报告职责的人员不报或者谎报事故情况,贻误事故抢救,情节严重的,处三年以下有期徒刑或者拘役;情节特别严重的,处三年以上七年以下有期徒刑。

2)《中华人民共和国治安管理处罚法》中的相关规定

摘录自2012年10月26日修正的《中华人民共和国治安管理处罚法》。

第二十三条　有下列行为之一的,处警告或者二百元以下罚款;情节较重的,处五日以上十日以下拘留,可以并处五百元以下罚款:

(一)扰乱机关、团体、企业、事业单位秩序,致使工作、生产、营业、医疗、教学、科研不能正常进行,尚未造成严重损失的;

(二)扰乱车站、港口、码头、机场、商场、公园、展览馆或者其他公共场所秩序的;

(三)扰乱公共汽车、电车、火车、船舶、航空器或者其他轨道交通工具上的秩序的;

(四)非法拦截或者强登、扒乘机动车、船舶、航空器以及其他交通工具,影响交通工具正常行驶的;

(五)破坏依法进行的选举秩序的。

聚众实施前款行为的,对首要分子处十日以上十五日以下拘留,可以并处一千元以下罚款。

第二十五条　有下列行为之一的,处五日以上十日以下拘留,可以并处五百元以下罚款;情节较轻的,处五日以下拘留或者五百元以下罚款:

(一)散布谣言,谎报险情、疫情、警情或者以其他方法故意扰乱公共秩序的;

(二)投放虚假的爆炸性、毒害性、放射性、腐蚀性物质或者传染病病原体等危险物质扰乱公共秩序的;

(三)扬言实施放火、爆炸、投放危险物质扰乱公共秩序的。

第二十六条　有下列行为之一的,处五日以上十日以下拘留,可以并处五百元以下罚款;情节较重的,处十日以上十五日以下拘留,可以并处一千元以下罚款:

(一)结伙斗殴的;

(二)追逐、拦截他人的;

（三）强拿硬要或者任意损毁、占用公私财物的；

（四）其他寻衅滋事行为。

第三十条 违反国家规定，制造、买卖、储存、运输、邮寄、携带、使用、提供、处置爆炸性、毒害性、放射性、腐蚀性物质或者传染病病原体等危险物质的，处十日以上十五日以下拘留；情节较轻的，处五日以上十日以下拘留。

第三十一条 爆炸性、毒害性、放射性、腐蚀性物质或者传染病病原体等危险物质被盗、被抢或者丢失，未按规定报告的，处五日以下拘留；故意隐瞒不报的，处五日以上十日以下拘留。

第三十二条 非法携带枪支、弹药或者弩、匕首等国家规定的管制器具的，处五日以下拘留，可以并处五百元以下罚款；情节较轻的，处警告或者二百元以下罚款。

非法携带枪支、弹药或者弩、匕首等国家规定的管制器具进入公共场所或者轨道交通工具的，处五日以上十日以下拘留，可以并处五百元以下罚款。

第四十三条 殴打他人的，或者故意伤害他人身体的，处五日以上十日以下拘留，并处二百元以上五百元以下罚款；情节较轻的，处五日以下拘留或者五百元以下罚款。

有下列情形之一的，处十日以上十五日以下拘留，并处五百元以上一千元以下罚款：

（一）结伙殴打、伤害他人的；

（二）殴打、伤害残疾人、孕妇、不满十四周岁的人或者六十周岁以上的人的；

（三）多次殴打、伤害他人或者一次殴打、伤害多人的。

第五十条 有下列行为之一的，处警告或者二百元以下罚款；情节严重的，处五日以上十日以下拘留，可以并处五百元以下罚款：

（一）拒不执行人民政府在紧急状态情况下依法发布的决定、命令的；

（二）阻碍国家机关工作人员依法执行职务的；

（三）阻碍执行紧急任务的消防车、救护车、工程抢险车、警车等车辆通行的；

（四）强行冲闯公安机关设置的警戒带、警戒区的。

阻碍人民警察依法执行职务的，从重处罚。

3）《中华人民共和国反恐怖主义法》中的相关规定

摘录自2015年12月27日通过的《中华人民共和国反恐怖主义法》。

第二十三条 发生枪支等武器、弹药、危险化学品、民用爆炸物品、核与放射物品、传染病病原体等物质被盗、被抢、丢失或者其他流失的情形，案发单位应当立即采取必要的控制措施，并立即向公安机关报告，同时依照规定向有关主管部门报告。公安机关接到报告后，应当及时开展调查。有关主管部门应当配合公安机关开展工作。

任何单位和个人不得非法制作、生产、储存、运输、进出口、销售、提供、购买、使用、持有、报废、销毁前款规定的物品。公安机关发现的，应当予以扣押；其他主管部门发现的，应当予以扣押，并立即通报公安机关；其他单位、个人发现的，应当立即向公安机关报告。

第三十四条 大型活动承办单位以及重点目标的管理单位应当依照规定，对进入大型活动场所、机场、火车站、码头、城市轨道交通站、公路长途客运站、口岸等重点目标的人员、物品和交通工具进行安全检查。发现违禁品和管制物品，应当予以扣留并立即向公安机关报告；发现涉嫌违法犯罪人员，应当立即向公安机关报告。

第三十五条 对航空器、列车、船舶、城市轨道车辆、公共电汽车等轨道交通运输工具，营运单位应当依照规定配备安保人员和相应设备、设施，加强安全检查和保卫工作。

第八十八条 防范恐怖袭击重点目标的管理、营运单位违反本法规定，有下列情形之一的，由公安机关给予警告，并责令改正；拒不改正的，处十万元以下罚款，并对其直接负责的主管人员和其他直接责任人员处一万元以下罚款：

（一）未制定防范和应对处置恐怖活动的预案、措施的；

（二）未建立反恐怖主义工作专项经费保障制度，或者未配备防范和处置设备、设施的；

（三）未落实工作机构或者责任人员的；

（四）未对重要岗位人员进行安全背景审查，或者未将有不适合情形的人员调整工作岗位的；

（五）对轨道交通运输工具未依照规定配备安保人员和相应设备、设施的；

（六）未建立公共安全视频图像信息系统值班监看、信息保存使用、运行维护等管理制度的。

大型活动承办单位以及重点目标的管理单位未依照规定对进入大型活动场所、机场、火车站、码头、城市轨道交通站、公路长途客运站、口岸等重点目标的人员、物品和交通工具进行安全检查的，公安机关应当责令改正；拒不改正的，处十万元以下罚款，并对其直接负责的主管人员和其他直接责任人员处一万元以下罚款。

9.1.3 部门及行业相关法律法规

1）《城市轨道交通运营管理规定》的相关规定

摘录自于2018年5月14日经中华人民共和国交通运输部令2018年第8号通过，于2018年7月1日起施行的《城市轨道交通运营管理规定》。

第三十六条 禁止乘客携带有毒、有害、易燃、易爆、放射性、腐蚀性以及其他可能危及人身和财产安全的危险物品进站、乘车。运营单位应当按规定在车站醒目位置公示城市轨道交通禁止、限制携带物品目录。

这条规定明确了乘客的义务，以及城市轨道交通运营单位的权利和责任，是城市轨道交通安检工作的依据。

2）以重庆市为例，《重庆市轨道交通条例》的相关规定

摘录自于2011年3月25日经重庆市第三届人民代表大会常务委员会第二十三次会议审议通过，自2011年6月1日起施行的《重庆市轨道交通条例》。

第三十七条 在车站、列车、其他轨道交通设施以及轨道交通与市政设施连接的通道内，禁止下列行为：

（一）堆放杂物、乱停放车辆、揽客拉客、追逐打闹、擅自摆摊设点和派发宣传品及其他营销宣传活动；

（二）便溺、吸烟、随地吐痰、吐口香糖、乱扔果皮、纸屑等废弃物；

（三）随意涂写、刻画、张贴或者悬挂物品；

（四）携带活畜禽和猫、狗等宠物进入轨道交通车站或车内；

（五）伪造、毁坏、遮盖、擅自移动轨道交通导向标志或服务标志；

（六）乞讨、卖艺；

（七）其他影响轨道交通公共场所容貌、环境卫生和运营秩序的行为。

第三十八条 禁止下列危害轨道交通运营安全的行为：

（一）非法拦截、强行上下或扒乘列车；

（二）擅自进入轨道、隧道、桥梁或其他有警示标志的轨道交通禁入区域；

（三）擅自操作有警示标志的按钮和开关装置，非紧急状态下动用紧急或安全装置；

（四）妨碍或破坏车门、安全门功能等影响轨道交通系统设备正常工作的行为；

（五）在轨道上放置、丢弃障碍物，向列车、维修工程车以及其他设施投掷物品；

（六）在已运营（含试运营）轨道交通线路沿线妨碍行车视线的行为；

（七）翻越或毁坏轨道交通隔离围墙、护栏、护网等安全防护设施；

（八）携带易燃、易爆、有毒、放射性、腐蚀性等危险品进站乘车和进入轨道交通设施区域；

（九）其他影响或危害轨道交通安全运营的行为。

9.2　安检人员法律素养和禁止行为

9.2.1　安检人员应具备的法律素养

1）法律素养的体现

安检人员的法律素养是指安检人员在法律意识、法治观念、法律知识水平、守法状况等方面应具备的品质。

由于安检人员不属于国家执法人员，对其法律素养的要求主要体现在法律意识和知法守法的层面。安检人员的法律意识和法治观念是其法律素养的重要体现。法律意识越强，其学法和守法的自觉性就越高，法律素养也就越好。安检人员的法律意识既与法律水平有关，也与一定的社会背景密切相关。安检人员的守法状况是法律素养中的行为表现，集中反映了其法律素养的高低。因此，守法状况既是衡量安检人员法律素养的标准，又是其法律意识、法律知识水平的最终体现。

安检人员的法律素养是其依法服务的基础。只有具备较高的法律素养，才能提升服务质量，从而树立良好的企业形象。

在工作中，有的安检人员往往习惯于按上级的指示办事，重权力，重人情关系，而轻视国家法律，这就容易导致知法犯法或不知法而违法的现象发生。因此，应当加强对安检人员的法制教育，通过定期或不定期的法律知识岗位培训，增强其法律意识。这样，对安检人员学习掌握法律知识，严格依法办事，具有较强的促进作用。

2）安检人员的法律特征

城市轨道交通运营企业的安检队伍具有行政法规的执行权而无处罚权，这是城市轨道交通安检的法律特征。城市轨道交通安检队伍是保障城市轨道交通安全的带有服务性质并具有专业技术的职工队伍,执行法律及有关行政法规和规章规定。安检带有行政执法的性质,但安检部门大多属于企、事业单位的一个机构,不属于行政机关,所以它不具有行政处罚权,即不具有拘留、罚款的权利。而公安部门执行安检任务时,具备行政处罚权。

9.2.2　安检人员的禁止行为

1) 限制他人人身自由、搜查他人身体

限制他人人身自由是指以拘押、禁闭或以其他强制方法在一段时间内将公民强制约束在一定的空间内,不准其自由行动、对外联络的一种临时剥夺其人身自由的行为。根据我国有关法律的规定,对公民人身自由的限制,只能由公安机关、人民检察院、人民法院等司法机关在法定权限内实施。非法限制他人人身自由是指无权实施限制他人人身自由行为的单位和个人,以及有权实施限制他人人身自由行为的法定机关超越职权、违反程序、超过法定时间限制他人人身自由的行为。安检人员在提供安检服务过程中,不得以任何理由限制或变相限制他人人身自由。如果发现嫌疑人有违法犯罪嫌疑,可以报警,由公安机关依法查处;如果发现正在实施违法犯罪的嫌疑人,则可以依法将其扭送公安机关。

根据《中华人民共和国刑事诉讼法》的规定,搜查是指侦查人员对犯罪嫌疑人,以及其他可能隐藏罪犯或者可作为证据的人身、物品、住处和其他地方进行搜索、检查的一种侦查行为。其目的在于收集犯罪证据,查获犯罪人。搜查应由人民检察院的有关负责人批准,由侦查人员执行。安检人员在提供安检服务过程中,任何时候都不得以任何理由、任何形式对他人身体实施搜查。

2) 侮辱、殴打他人

侮辱、殴打他人都是严重侵害他人人身权利的行为,侵犯的是他人的人格尊严权和名誉权。人格尊严权和名誉权是公民的基本人身权利,受宪法保护。侮辱是指通过一定的言行使对方人格或名誉受到损害,蒙受耻辱。殴打是指以击打、捆绑等暴力手段施加于他人的行为。在提供安检服务过程中,无论是安检从业单位或安检人员自作主张侮辱、殴打他人的,还是应客户要求、受客户指使侮辱、殴打他人的,都是被严格禁止的行为。

3) 扣押、没收他人证件、财物

扣押是指侦查机关或法定的行政机关依法强行扣留与案件有关的物品、证件、文件的一种侦查措施和行政强制措施。没收是指行政执法主体依法将违反行政法规的行政相对人违法所得收归国有的制裁形式。扣押、没收都是法定机关的执法行为。在提供安检服务过程中,安检从业单位及安检人员不得扣押、没收他人的任何证件和财物。

4) 阻碍执行公务

阻碍执行公务是指以暴力、威胁或者其他手段,阻碍国家工作人员依法执行公务的行为。安检人员不得自行或受客户单位的指使对到客户单位执行工商检查、税务检查、生产安全检查、卫生检查、质量检查等公务活动的公务人员进行阻挠或设置障碍进行变相阻挠,妨碍其依法执行公务。

5) 参与追索债务,采用暴力或者以暴力相威胁的手段处置纠纷

追偿债务应当依法通过协商、调解、申请仲裁、提请人民法院调解或裁判,不得私自强行

追索债务,否则,可能侵害他人的合法权益。安检从业单位和安检人员不得以任何理由参与追索债务。

纠纷是指当事人之间因债务、语言不合、观点不同、利益冲突等引起的争吵、厮打等行为。暴力是指通过施加力量致其身体受损的行为。暴力的形式有击打、捆绑、冻饿、电击、刀刺、强光照射、非法拘禁等。以暴力相威胁是指行为人以施加暴力为威胁,强迫对方接受某种条件。对于一般的民间纠纷,安检人员可以在当事人自愿的情况下进行调解,而不能通过暴力或以暴力相威胁等手段强行胁迫当事人接受调解。

6) 删改或者扩散监控影像资料、报警记录

监控设备与系统在使用过程中形成的监控影像资料和报警记录,是及时排查、解决监控区域的纠纷,查破各种治安、刑事案件的原始资料。这些监控影像资料有可能涉及国家秘密、商业秘密或个人隐私,涉及公共利益或客户的合法利益,因此,安检从业单位及安检人员不得向外扩散,不得随意复制、播放、传播、查阅监控影像资料,也不得提供给无关人员观看,不得私自向媒体提供,更不得通过网络等途径对外扩散。

7) 侵犯个人隐私,泄露涉密信息

隐私是指不愿告人的或不愿公开的个人事务。个人隐私受法律保护。安检人员在工作中要注意保护他人隐私,不得随意谈论和泄露他人情况,不得私自拆看他人信件,不得随意进入他人的私人领域,未经他人许可不得介入其私人事务。

涉密信息是指安检人员在安检服务过程中涉及的国家秘密、商业秘密、企业信息以及单位明确要求保密的事项。安检人员在安检服务过程中对涉密信息要按照有关保密规定,严守秘密,不得泄露给不应知悉的人员,不得将涉密信息公布于众,同时还要防止他人窃密。

9.3 安检人员职业道德

9.3.1 职业道德的基本知识

1) 职业道德的含义

职业道德是指人们在职业生活中应该遵循的基本道德,即一般社会道德在职业生活中的具体体现,包括职业品德、职业纪律、专业胜任能力及职业责任等。职业道德既是本行业人员在执业活动中正确处理职业内部、职业之间、职业与社会之间、人与人之间关系应当遵循的思想和行为的规范,又是行业对社会履行的道德责任和义务。

2) 职业道德的特点

职业道德的特点主要表现在4个方面,即具有适用范围的特殊性、历史的继承性和发展的稳定性、表达形式的多样性以及严格的纪律性。

(1) 适用范围的特殊性。

职业道德是调整职业活动中各种关系的行为规范。每种职业都担负着一种特定的职业责任和职业义务。职业责任和义务因行业而异,由此形成各自个性特征鲜明的职业道德的具体规范。行业的不同,造成了职业道德适用范围的千差万别,即每一种职业道德都只能规

范本行业从业人员的职业行为。从安检行业来看,安检人员的职业道德主要体现在安检人员与受检乘客之间的职业道德关系上。

(2)历史的继承性和发展的稳定性。

职业道德与职业生活紧密相连,是在长期实践过程中形成的,具有不断发展和世代延续的特征。其中的管理员工的方法和与服务对象打交道的方法,更具有一定的历史继承性。与此同时,各行业从业人员在长期的社会职业实践中形成了稳定的职业心理。

(3)表达形式的多样性。

职业道德的内容千差万别,各种职业从突出自身特点出发,要求都较为具体、细致,因此其表达形式也就多种多样。建议多采用制度、守则、公约、承诺、誓言、条例,以口号标语之类灵活的形式呈现,这样既易于为从业人员所接受和实行,又易于形成一种职业的道德习惯。

(4)严格的纪律性。

纪律也是一种行为规范,是介于法律和道德之间的一种特殊的规范。它既要求人们能自觉遵守,又带有一定的强制性。就前者而言,它具有道德色彩;就后者而言,它又带有一定的法律色彩。这就是说,一方面遵守纪律是一种美德,另一方面遵守纪律又具有法令的要求。因此,职业道德有时又以制度、章程、条例等形式表达,让从业人员认识到职业道德又具有纪律的规范性。

3)职业道德的社会作用

职业道德是社会道德体系的重要组成部分,一方面它具有社会道德的一般作用,另一方面它又具有自身的特殊作用。具体表现在以下4个方面。

(1)有助于调节从业人员内部以及从业人员与服务对象之间的关系。

职业道德的基本职能是调节职能。一方面,职业道德可以调节从业人员内部的关系,即运用职业道德规范约束职业内部人员的行为,促进职业内部人员的团结与合作。例如,职业道德规范要求各行各业的从业人员都要团结、互助、爱岗、敬业,齐心协力地为本行业、本职业发展服务。另一方面,职业道德又可以调节从业人员与服务对象之间的关系。例如,职业道德规定了制造产品的工人要对用户负责,营销人员要对顾客负责,医生要对患者负责,教师要对学生负责等。

(2)有助于维护和提高本行业的信誉。

一个行业、一个企业的信誉,也就是它们的形象、信用和声誉,是指企业及其产品与服务在社会公众中的信任程度。提高企业的信誉主要靠产品和服务的质量,而从业人员的职业道德水平高是产品和服务质量的有效保证。从业人员的职业道德水平直接影响产品和服务的质量。

(3)促进本行业的发展。

行业、企业的发展有赖于卓越的经济效益,而卓越的经济效益源于出众的员工素质水平。员工素质主要包含知识、能力、责任心3个方面,其中责任心是最重要的。而职业道德水平高的从业人员,其责任心也是极强的。因此,职业道德能促进本行业的发展。

(4)有助于提高全社会的道德水平。

职业道德是社会道德的主要内容。一方面,职业道德涉及每个从业人员如何对待职业以及如何对待工作,同时也是一个从业人员的生活态度和价值观念的表现,还是一个人的道德意识和道德行为发展的成熟阶段的标志,具有较强的稳定性和连续性。另一方面,职业道德也是一个职业集体甚至一个行业全体人员的行为表现。如果每个行业、每个职业集体都具备优良的道德水准,那么对整个社会道德水平的提高肯定会发挥重要作用。

9.3.2 安检人员职业道德规范

职业道德规范是职业道德的基本内涵,它是人们在长期的职业劳动中反复积累而逐步形成的,也是一定程度上社会对人们在职业劳动中必须遵守的基本行为准则的概括和提炼。职业道德教育的根本任务是提高受教育者的职业道德素养,调整其职业行为,使受教育者能够培养出崇高的敬业精神、严明的职业纪律和高尚的职业荣誉感。

1) 职业道德规范基本要求

安检人员的职业道德规范是社会主义职业道德在城市轨道交通安检职业活动中的具体体现,既是安检人员处理好职业活动中各种关系的行为准则,也是评价城市轨道交通安检人员职业行为好坏的标准。鉴于安检工作的特殊性,安检人员的职业道德规范应首先从观念上解决好以下4个方面的问题。

(1) 树立风险忧患意识。

进入21世纪后,国内外针对公共场所的犯罪活动频发:2014年3月1日,昆明火车站发生暴力恐怖案;2013年6月7日,厦门公交发生纵火案;2011年4月11日,白俄罗斯明斯克"十月"地铁站发生恐怖爆炸事件;2010年3月29日早晨,莫斯科市中心的两座地铁站接连发生爆炸事件;2009年6月5日,成都公交发生纵火案;2005年7月7日,伦敦地铁发生连环爆炸事件;2003年2月18日,韩国大邱地铁发生人为纵火灾难;2011年,美国发生的"9·11"事件,对民众造成的心理影响持续至今。每一位安检人员都必须牢牢树立风险忧患意识,坚决克服松懈、麻痹等心理障碍,保持高度警惕的精神状态,将各种不安全的隐患及时消灭在萌芽状态。

(2) 强化安全责任意识。

任何职业都承担着一定的职业责任,职业道德把忠实履行职业责任作为一条主要的规范,从认识上、情感上、信念上,乃至习惯上养成忠于职守的自觉性,坚决谴责任何人不负责任、玩忽职守的态度和行为,对无视职业责任造成严重损失的,将予以法律制裁。安检工作的每一个岗位,都与乘客的生命财产安全紧密相连。公共安全无小事,失之毫厘,谬以千里,安全责任重如泰山。安检人员必须时刻保持清醒的头脑,正确分析安全形势,明确自身肩负的安全责任,做到人在岗位,心系安全,坚持安检的操作规程一点不松,执行公共安全的指令规定一字不变,履行安检岗位的职责一寸不退,确保公共安全万无一失,让社会公众放心。

(3) 培养文明服务意识。

文明服务,是社会主义精神文明和职业道德的重要内容,也是社会主义社会人与人之间平等团结、互助友爱的新型人际关系的体现。安检工作既有检查的严肃性,又有服务的文明性。安检人员日积月累地与公众交往,一言一行都影响着城市轨道交通安检企业的形象,也影响着国家和民族的声誉。每个安检人员都要自觉摆正安全检查与文明执勤服务的关系,摆正个人形象与国家民族声誉的关系,纠正粗鲁、生硬等不文明的检查行为,做到执勤姿态美、执勤行为美、执勤语言美,规范文明执勤的管理,塑造安检队伍良好的文明形象。

(4) 树立敬业奉献意识。

根据安检职业的特点,要求安检人员必须把确保公众安全放在职业道德规范的首位,要求城市轨道交通安检战线管理人员、安检人员具有强烈的事业心、高度的责任感和精湛的专业技能,具有严格的组织纪律观念和高效的工作作风,具有良好的思想修养和服务态度。从安检岗位所处的特殊环境来看,城市轨道交通安检人员要树立敬业奉献意识,必须正确对待3个考验:一是严峻反恐防暴形势考验。安检队伍是在严峻的安保形势中产生和发展的,年复一年、日复一日地经受住一次次考验。安检人员必须保持高度警惕,守好岗位。二是繁重的岗位考验。安检人员起早贪黑,连续作战,艰苦奋战在一线岗位。三是个人利益得失的考验。在繁重的城市轨道交通安检岗位上,个人的家庭生活、身体状况会受到不同程度的影响,紧张艰苦的工作环境也容易引起思想波动。为了社会的整体利益,为了公众安全的万无一失,每个城市轨道交通安检人员都要在其位,尽其职,正确经受考验,视公众安全为自己的生命,热爱城市轨道交通安检岗位,乐于无私奉献,立足在安检岗位建功立业。

2) 职业道德规范基本内容

城市轨道交通安检人员职业道德规范,要在确保安全的前提下,以全心全意为人民服务为道德原则,把"严格作业标准,保证安全第一"落实在城市轨道交通安检人员的职业行为中,树立敬业、勤业、乐业的良好道德风尚。根据城市轨道交通安检工作的行业特点,安检职业道德规范的基本内容如下。

(1) 爱岗敬业,忠于职守。

爱岗敬业,忠于职守,就是热爱本职工作,忠实地履行职业责任。这就要求安检人员对本职工作恪尽职守,诚实劳动,在任何时候、任何情况都要坚守岗位。

爱岗敬业,忠于职守,是一种崇高的职业情感。所谓的职业情感,就是人们对所从事职业的好恶、倾慕或鄙夷的情绪和态度。爱岗敬业,就职业工作者以正确的态度对待各种职业劳动,努力培养自己对所从事职业的荣誉感、幸福感。爱岗敬业,是为人民服务的基本要求。一个人一旦爱上了自己的职业,他的身心就会融入职业活动中,就能在平凡的岗位做出不平凡的事迹。

爱岗敬业,忠于职守,是社会主义国家对每一个从业人员的起码要求。任何一种职业,都是社会主义建设不可缺少的一部分,都是为人民服务和为社会作贡献的。无论做什么工作,也无论你是否满意这一职业,都必须尽职尽责地做好本职工作。因为任何一种职业都承担着一定的职业责任,只有每一个职业劳动者履行了职业责任,整个社会生活才能有条不紊地进行。因此,我们应当锻造自己高度的职业责任感,以主人翁的态度对待自己的工作,从认识上、情感上、信念上、意志上,乃至习惯上养成"忠于职守"的自觉性。

爱岗敬业,忠于职守,是安检人员最基本的职业道德。它的基本要求如下。

①忠实履行岗位职责,认真做好本职工作。每一位城市轨道交通安检人员都要以忠诚于国家和人民为己任,认真履行自己的职业责任和义务。无论进行人身检查还是行李物品检查,都要做到兢兢业业,忠于职守。

②以主人翁的态度对待本职工作,树立事业心和责任感。城市轨道交通安检工作是确保轨道交通安全,保障公众人身、财产安全的第一道屏障。城市轨道交通安检人员作为奋战在安全一线的保卫工作人员,应当主动为公共安全分忧,自觉为安检岗位操心,牢记"秉持真诚,服务大众"的服务宗旨,做好本职工作,严格查堵违禁品,严格检查可疑人员,一言一行向公众负责,为城市轨道交通安全保驾护航。

③树立以苦为乐的幸福感。每一位城市轨道交通安检人员都要正确对待个人的物质利益和劳动报酬等问题,克服拜金主义、享乐主义和极端个人主义的倾向,乐于为城市轨道交通安检做贡献。

④反对玩忽职守的渎职行为。一名城市轨道交通安检人员在职业活动中是否尽职尽责,不仅直接关系到其自身的利益,而且关系到国家和人民生命财产的安全。玩忽职守、渎职失责的行为,不仅会影响城市轨道交通的正常活动,还会使公共财产、国家和人民利益遭受损失,严重的将构成渎职罪、玩忽职守罪、重大责任事故罪,从而受到法律的制裁。

(2) 钻研业务,提高技能。

职业技能也可称为职业能力,是我们在职业活动中实现职业责任的手段,它包括实际操作能力、处理业务能力、技术能力以及有关的理论知识等。

钻研业务,提高技能,是城市轨道交通安检职业道德规范的重要内容。掌握职业技能,是实现为公众服务任务的基本手段,它与个人能力的大小和知识水平的高低有关,直接关系到城市轨道交通安检工作质量和服务水平,还关系到人民群众的切身利益。城市轨道交通安检工作要求高,难度大,需要安检人员具有强烈的责任心以及灵敏的辨识能力。一方面,从安全检查的对象来看,受检者携带的行李物品多种多样,有的是一般生活用品,有的则可能是管制刀具、炸药、易燃易爆物品、传染类物品、腐蚀性物品,以及一些高科技产品,如精密仪器等。如何准确无误地从各色各样的物品中查出危险品和禁止限制携带物品,仅靠责任心是不够的,还需要有较强的辨识能力等业务技能。因此提高城市轨道交通安检人员业务技能,已成为迫在眉睫的任务。

城市轨道交通安检人员提高业务技能应下功夫抓好3个基本功的教育训练。

①系统的安检基础理论的学习。例如,相关安检法律法规、安检设备工作原理、安检程序、安检的方法等。

②精湛的业务操作技能。无论是通道式X射线安检机检查、各类爆炸物品检测仪、液体检测仪的检查、人身检查、开行李检查,这些都是充满技巧性的工作。每一位城市轨道交通安检人员都应当做到一专多能,在技能上精益求精,努力成为优秀的安检人员。

③灵活的现场应急处置技能。城市轨道交通安检现场是成千上万人员流动的场所,情况复杂多变,意想不到的突发问题随时可见,增强现场应急处置能力显得尤为重要。

(3) 遵纪守法,严格检查。

遵纪守法是指每个从业人员都要遵守职业活动涉及的相关法律法规。严格检查是城市轨道交通安检人员的基本职责和行为准则。遵纪守法,严格检查的内容包括如下。

①要求城市轨道交通安检人员在安检过程中,必须做到依法检查和按照规定的程序进行检查。相关法律法规为安检工作提供了法律依据,也是城市轨道交通安检工作步入法制

化的契机。城市轨道交通安检人员要克服盲目性和随意性的不良习惯,强化法律意识,吃透法律精神,严格依法实施安全检查。

②在实施安检的过程中,城市轨道交通安检人员要做到一丝不苟,全神贯注,严把物品检查、人身检查、开行李检查等各道关口,各个岗位之间要协调配合,将所有危险品、禁止限制携带物品及嫌疑人员摸排出来。

(4)文明执勤,热情服务。

文明执勤,热情服务,是城市轨道交通安检人员职业道德规范的重要内容之一,这充分反映了"秉持真诚,服务大众"的服务宗旨。城市轨道交通安全检查的根本任务,就是为人民服务,为广大公众的安全服务。我们应通过文明的执勤方法、热情的服务形式、认真的服务态度实现这一根本任务。要真正做到文明执勤,就必须从以下三方面着手。

①端正的服务态度。城市轨道交通安检人员要以满腔热情对待工作,以主动、热情、诚恳周到、宽容、耐心的服务态度对待公众,反对冷漠、麻木、高傲、粗鲁、野蛮的恶劣态度。

②文明执勤,规范化服务。城市轨道交通安检人员在执勤时应仪容整洁、举止端庄;站有站相,坐有坐相;说话和气,想公众之所想,忧公众之所忧,树立起公众至上、助人为乐的行业新风。

③正确处理严格检查与文明服务的辩证统一关系,两者是互相紧密联系的整体。我们要用文明执勤姿态、文明执勤举止、文明执勤语言,努力塑造城市轨道交通安检的文明形象,赢得公众的信赖和支持。

(5)团结友爱,协作配合。

团结友爱,协作配合,是处理城市轨道交通安检职业团队内部人与人之间,以及安检单位与协作单位之间关系的职业道德规范,是社会主义职业道德集体主义原则的具体体现,是建立"平等、友爱、互助、协作"新型人际关系和增强整体合力的重要保证。

对城市轨道交通安检这一特定的职业来说,只有搞好安检团队内部人与人之间的团结协作,加强与属地各单位的密切联系与协作配合,形成完善的联动机制,才能为公共安全铸造一道牢固的安全防线。我们讲团结协作,不是无原则的团结,而是真诚的团结,有规范的团结。在与属地管理部门配合协作的时候,应当认清以下几点。

①认清自身岗位职责与管辖范围。什么是自己应该做的,什么是需要由属地管理部门进行处理的,什么是与相关部门进行配合的,这些都需要一一明确,牢记在心,只有这样才能在做好本职工作的同时,配合属地管理部门做好其他各项工作,使各项工作有条不紊地推进。

②认清个人本位主义与集体主义的关系。在工作中,要反对本位主义等不良倾向,遇到任何事情首先应该站在全局角度上进行认识和处理,加强与不同岗位同事的协同配合、岗位联动,加强相关班组、相关环节的信息互通、协同配合。团结奋进不仅是精神状态问题,而是团队的最终目标,通过团结形成强有力的整体,进而不断开拓进取。

3)职业道德养成基本途径

(1)抓好职业理想信念的培养。

良好的职业理想信念和职业道德境界,是城市轨道交通安检人员职业道德养成的思想基础。要坚持用马克思主义道德观和中国特色的社会主义理论武装头脑,用科学的理论教育人,用正确的舆论引导人,用高尚的情操陶冶人。与腐朽的消极的思想观划清界限,自觉抵制错误观念的影响,树立正确的职业理想和人生信念,把个人的人生观、价值观、幸福观与轨道交通安检事业统一起来。

(2)注重职业道德责任的锻炼。

所谓职业道德责任,就是从业人员对社会、集体和服务对象所应承担的社会责任和义务。只有建立职业道德任制,将安检人员职业道德规范落实到岗位,责任意识贯彻落实到安检工作的全过程中,形成层层落实的责任机制,步步到位的工作流程,职业道德规范才能逐步成为每位城市轨道交通安检人员的自觉习惯,职业道德责任才能在每位城市轨道交通安检人员的心中逐步扎根。

(3)加强职业纪律的培养。

职业纪律是职业道德养成的必要手段,是保证职业道德成为人们行为规范的有效措施。职业道德是靠社会舆论、内心信念、传统习惯来调整人与人、人与社会的关系,而职业纪律则是靠强制性手段让人们服从,具有一定的社会约束力。建立一套严明的安检职业纪律约束机制,培养令行禁止的职业纪律,是加速轨道交通安检人员职业道德养成的重要途径。对自觉遵守职业道德成效显著的人员要大力地给予表彰和宣扬,对职业道德严重错位失范,情节影响严重的人员,除进行必要教育引导外,视情节轻重给予纪律处分,以充分发挥职业纪律的惩戒教育和强制约束作用。

(4)强化职业道德行为的修养。

职业道德行为的修养,就是指城市轨道交通安检人员在安检实践活动中,按照职业道德基本原则和规范的要求,在个人道德品质方面自我锻炼、自我改造,形成高尚的道德品质和崇高的思想境界,将职业道德规范自觉转化为个人内心要求和坚定的信念,形成良好的行为和习惯。每一位城市轨道交通安检人员都应自觉地以职业道德规范约束自己的言行,尤其是在别人看不到、听不到的无人监督情况下,仍要严格地约束自己,自觉成为职业道德的模范。

回顾

一、填空题

1. 城市轨道交通运营企业的安检队伍具有行政法规的_____权而无_____权,这是城市轨道交通安检的法律特征。

2. 职业道德的特点主要表现在四个方面,即具有_____性、历史的继承性和发展的稳定性、表达形式的多样性以及_____性。

3. 职业道德的基本职能是_____职能。

二、选择题

1. 下列权利中不属于公民基本权利的是(　　)。
   A. 平等权　　　　　　　　B. 宗教信仰自由
   C. 婚姻自由权　　　　　　D. 环境权

2.下列法律法规中属于部门及行业相关法律法规的是(　　)。
　A.《中华人民共和国刑法》　　　　B.《铁路安全管理条例》
　C.《中华人民共和国反恐怖主义法》　D.《中华人民共和国治安管理处罚法》
3.下列行为中不属于安检人员的禁止行为的是(　　)。
　A.限制他人人身自由,搜查他人身体　B.扣押、没收他人证件、财物
　C.严格落实安检规范　　　　　　　D.阻碍执行公务

三、简答题
1.请简述职业道德养成的基本途径有哪些。
2.请简述公民的基本义务有哪些。
3.请简述职业道德的社会作用。

第 10 章
安检常见问题及应对策略

>
>
> ◆ 知识目标
>
> 了解安检常见的问题并掌握对应的处理方法,提升服务质量。

10.1 客户投诉

10.1.1 客户投诉管理办法

1) 无效投诉

(1) 员工在服务过程中,为坚持工作原则,且无任何处理不当或过错行为的投诉。

(2) 因无法联系乘客、乘客所留联系方式有误或乘客提供的信息与实际情况严重不符的投诉。

(3) 车站设备设施故障引发的投诉,能够举证充分说明因外部、不可抗力等因素且及时采取了有效措施引发的投诉。

(4) 未移交的车站设备设施故障引发的投诉。

(5) 由于其他不可抗原因而引发的投诉。

2) 重大投诉

(1) 一级有效投诉。

① 乘客向大型媒体、主流报刊、上级机构等曝光运营服务负面效应事件的,对公司形象造成较大负面影响的投诉。

② 对乘客有推、拉、打、踢等有肢体冲突的投诉。

③ 着工作服人员在车站、列车上与乘客或员工斗殴的投诉。

④ 利用乘客资料采取不同形式的骚扰、恐吓而引发的投诉。

⑤ 其他产生重大影响的投诉。

(2) 二级有效投诉。

① 讥笑、谩骂乘客,讲有侮辱乘客自尊心和人格的话而引发的投诉(未发生肢体冲突)。

② 发生作弄、欺瞒乘客而引发的投诉。

③由于被投诉人失职,给乘客带来较大经济损失而引发的投诉。
④其他原因导致较大影响的投诉。

3)一般投诉

(1)三级有效投诉。
①与乘客发生争执而引发的投诉。
②因业务不熟,给乘客提供了错误信息而引发的投诉。
③因未按规定开启和关闭设施设备而引发的投诉。
④未按规定使用专用通道而引发的投诉。
⑤提前关站或延误开站而引发的投诉。
⑥在岗期间睡觉、打盹而引发的投诉。
⑦因甩票而引发的投诉。
⑧因上岗时携带(从事)与工作无关的物品(事情)而引发的投诉。
⑨着工作服或佩戴工作证人员违反乘车规定(如翻越闸机等)而引发的投诉。
⑩因向乘客要求提供各种形式的有偿服务的投诉。
⑪其他原因导致的恶劣投诉。

(2)四级有效投诉。
①在公共区域仪容仪表或言行不规范而引发的投诉。
②由于车站清洁卫生问题而引发的投诉。
③在乘客需要发票时,未按照发票使用要求提供而引发的投诉(不可抗原因除外)。
④无故拒收乘客的现金而引发的投诉。
⑤在岗期间长时间交流而引发的投诉(值班站长安排工作除外)。
⑥因票卡金额与乘客需求不符而引发的投诉。
⑦未使用普通话而引发的投诉。
⑧未响应乘客帮助而引发的投诉。
⑨在列车关门提示音未响时,提前拦住乘客不予上车而引发的投诉。
⑩运营期间,未及时对自动售票机加票加币,导致长时间暂停服务而引发的投诉。
⑪工作人员未做好解释工作引起的乘客投诉。
⑫因语言交流、缺乏主动服务意识而引发的投诉。
⑬在车站运营非正常情况下,被投诉人服务态度不好而引发的投诉。
⑭因未严格执行作业流程及操作规程而引发的投诉。
⑮因机电设备设施未及时修复引发的投诉。
⑯因态度问题直接引发的投诉。
⑰因其他原因导致的一般性投诉。
⑱同一月同一车站出现两次及以上同类型的四级有效投诉,第二件按三级有效处理。

10.1.2 客户投诉处理

(1)倾听和理解:安检人员应礼貌、耐心地接受乘客的投诉,认真倾听乘客的投诉内容,给予乘客充分的时间和空间,了解问题的具体情况,包括乘客的诉求、涉及的人员、事件的时间和地点等。

(2)表达同理心:通过言语和非言语的方式,表达对乘客的关心和同情。向乘客传达自己了解他们的困扰,并愿意帮助解决问题。

(3)解释和解答:对乘客的投诉问题进行解释,并提供相关的信息和解答。确保解释清楚问题的原因、安检规定和程序,以及相应的解决方案。

(4)提供解决方案:根据乘客的投诉内容,提供合理、可行的解决方案。包括重新进行安检、提供额外的服务或补偿,或向上级领导提出问题并寻求解决办法。

(5)记录和跟进:将乘客的投诉内容记录下来,并确保相关部门能够及时跟进和处理。与乘客保持沟通,告知他们问题的处理进展和最终结果。

(6)反馈和改进:根据乘客的投诉,对安检程序和服务进行反思和改进。借鉴投诉经验,提升安检人员的专业素养和服务质量,以减少类似问题的发生。

(7)培训和教育:提供必要的培训和教育,提升安检人员的沟通和解决问题的能力。确保他们能够妥善处理投诉,并与乘客建立良好的互动和关系。

10.2 物品移交

10.2.1 乘客物品移交

移交是指安检部门在安全检查工作中遇到的按规定需要移交给公安机关或其他有关部门来审查处理的问题(应当连人带物一起移交)。移交时,要办理好交接手续,清点所有物品。

1)移交公安机关

安检部门对在安检中查获的易燃易爆危险品物品、武器弹药、管制刀具等,应当连人带物移交给公安机关审查处理。移交时,应填写好移交清单,互相签字并注意字迹清晰,不要漏项。

2)移交其他有关部门

安检部门对在安检中查获的贩运的毒品、淫秽物品、伪钞等,应当连人带物移交给相应的部门来审查处理。

10.2.2 移交手续办理程序

移交物品单据是指具有乘客姓名、证件号码、物品名称、数量、经办人、接收人等项目的一式三联单据。移交时,安检部门要填写三联单并让接收人签名后,将第一联留存,第二联交给乘客,第三联交安检部门接收人。移交单据应妥善保管,以便存查。

对乘客遗留的物品,安检部门要登记清楚数量、型号、日期,交专人妥善保管,方便乘客认领。对乘客自弃的物品,安检部门要统一造册,妥善保管,经上级领导批准作出处理。

禁止乘客随身携带的物品安检中查获的枪支、弹药、军(警)用械具类、爆炸物品类、管制刀具、易燃易爆物品、毒害品、腐蚀性物品、放射性物品以及其他危害城市轨道交通安全的物品等,属于国家法律法规禁止携带的物品,应移交给民警公安机关来审查处理,并做违禁物品登记;安检中查获的淫秽物品、毒品、国家保护动物等应将人和物移交给公安机关等相关部门来依法审查处理;安检中查到的禁止随身携带的生活用品,安检人员可请乘客把相关物品交给送行友人带回或自行处理。如果乘客提出放弃、安检人员可将该物品放入乘客自弃物品回收箱(筐)中。

10.3 其他问题及应对策略

10.3.1 乘客不配合安检

(1)保持冷静:保持冷静和专业,严禁与乘客发生口角或争吵。保持礼貌和耐心,努力平息紧张的局面。

(2)解释程序:与乘客沟通并解释安检程序的目的和必要性。说明安检是为了确保公共安全,保障乘客的生命和财产安全。

(3)寻求支持:如果乘客仍不配合,应及时向上级汇报,寻求支持和指导。

(4)隔离乘客:如果乘客的行为可能对他人安全造成威胁,可以采取隔离的措施,将其引导到一个安全的区域,以防止事态进一步恶化。

(5)合规处理:乘客拒不配合,且其行为有违反相关的安全法规,应上报民警处理。

10.3.2 捡到乘客物品

(1)检查物品:首先检查捡到的物品,确保它们不属于危险品或违禁物品。如果发现是危险品或违禁物品,要立即采取相应的安全措施,并立即报告上级或相关部门。

(2)记录信息:记录下物品的详细描述、时间、地点和捡到人员的信息。这些信息将有助于后续的追踪和归还工作。

(3)保管物品:将物品妥善保管,可以放置在指定的收集箱或保管柜中,确保物品的安全性和完整性。

(4)通知乘客:如果可能的话,通过广播或其他适当的方式,通知乘客有关他们丢失物品的信息。乘客前来认领物品时,需让他们提供相关证明以确保物品归属。

10.3.3 乘客受伤

(1)立即提供救助:安检人员应立即向乘客提供力所能及的救助,尽力稳定伤员的伤势和减轻其疼痛。

(2)确认伤势:评估乘客的伤势程度和性质,了解他们所需的医疗救助。如果伤势严重或需要进一步的医疗处理,立即通知医务人员或拨打急救电话。

(3)给予安慰和支持:在等待医疗人员到达之前,给予受伤乘客安慰和支持,提供舒适的环境、帮助联系家人或朋友,或提供其他必要的服务。

(4) 保护现场：确保受伤乘客及周围人员的安全。设置警戒线或警戒区域以防止其他人干扰救助过程。确保没有继续存在的危险或隐患。

(5) 通知上级和医务人员：立即上报车站值班站长，并通知医务人员或联系当地医疗机构请求医疗援助，提供准确的伤情信息和位置详情。

(6) 收集证据：收集与伤人事件相关的信息和证据，记录现场情况、目击证人的联系方式以及任何可能有助于进一步了解事件的细节。

(7) 协助调查：配合调查，提供必要的信息和证词。确保对事件进行适当的记录和报告，以便事后对安检工作进行分析和改进。

(8) 安排后续处理和跟进：确保乘客得到适当的医疗照顾和处理。与相关部门保持沟通，了解乘客的状况，并跟进乘客的情况，以确保其得到必要的关怀和帮助。

10.3.4　安检执行标准不统一

(1) 确认标准：首先，积极与其他安检人员或上级沟通，确认应该遵循的标准，以确保所执行的安检程序与要求一致。

(2) 尊重上级指示：如果上级给出了特定的指示或要求，根据上级的指示执行工作。

(3) 寻求解决方案：如果存在多个版本的安检标准，积极与上级、同事或负责安检的管理人员进行沟通。提出疑问或看法，共同寻找解决方案以达成一致。

(4) 保持一致：在执行安检程序时，与其他安检人员保持一致，避免个人操作或标准的差异。与同事进行有效的沟通和协调，以确保乘客获得一致的待遇和服务。

(5) 提出建议：如果认为安检标准需要进一步明确或修订，可以向上级或管理部门提出建议。提供观点和经验，以促进标准的统一和改进。

(6) 培训和教育：支持和参与针对安检人员的培训和教育活动，以确保安检人员理解和掌握标准，并能够正确执行安检程序。

回顾

一、填空题

1. 移交分为_____和_____两种。
2. 因提前关站或延误开站而引发的投诉属于_____投诉。
3. 由于其他不可抗原因而引发的投诉属于_____投诉。
4. 移交时，安检部门要填写三联单并让接收人签名后，将第一联_____，第二联_____，第三联交_____。

二、简答题

1. 请简述客户投诉处理的方法。
2. 请简述移交手续办理程序。
3. 请简述安检执行标准不统一的处理方法。

附　录

附录1　《城市轨道交通运营管理规定》

(交通运输部令2018年第8号)

第一章　总　　则

第一条　为规范城市轨道交通运营管理,保障运营安全,提高服务质量,促进城市轨道交通行业健康发展,根据国家有关法律、行政法规和国务院有关文件要求,制定本规定。

第二条　地铁、轻轨等城市轨道交通的运营及相关管理活动,适用本规定。

第三条　城市轨道交通运营管理应当遵循以人民为中心、安全可靠、便捷高效、经济舒适的原则。

第四条　交通运输部负责指导全国城市轨道交通运营管理工作。

省、自治区交通运输主管部门负责指导本行政区域内的城市轨道交通运营管理工作。

城市轨道交通所在地城市交通运输主管部门或者城市人民政府指定的城市轨道交通运营主管部门(以下统称城市轨道交通运营主管部门)在本级人民政府的领导下负责组织实施本行政区域内的城市轨道交通运营监督管理工作。

第二章　运营基础要求

第五条　城市轨道交通运营主管部门在城市轨道交通线网规划及建设规划征求意见阶段,应当综合考虑与城市规划的衔接、城市轨道交通客流需求、运营安全保障等因素,对线网布局和规模、换乘枢纽规划、建设时序、资源共享、线网综合应急指挥系统建设、线路功能定位、线路制式、系统规模、交通接驳等提出意见。

城市轨道交通运营主管部门在城市轨道交通工程项目可行性研究报告和初步设计文件编制审批征求意见阶段,应当对客流预测、系统设计运输能力、行车组织、运营管理、运营服务、运营安全等提出意见。

第六条　城市轨道交通工程项目可行性研究报告和初步设计文件中应当设置运营服务专篇,内容应当至少包括:

(一)车站开通运营的出入口数量、站台面积、通道宽度、换乘条件、站厅容纳能力等设施、设备能力与服务需求和安全要求的符合情况;

(二)车辆、通信、信号、供电、自动售检票等设施设备选型与线网中其他线路设施设备的兼容情况;

（三）安全应急设施规划布局、规模等与运营安全的适应性,与主体工程的同步规划和设计情况；

（四）与城市轨道交通线网运力衔接配套情况；

（五）其他交通方式的配套衔接情况；

（六）无障碍环境建设情况。

第七条 城市轨道交通车辆、通信、信号、供电、机电、自动售检票、站台门等设施设备和综合监控系统应当符合国家规定的运营准入技术条件,并实现系统互联互通、兼容共享,满足网络化运营需要。

第八条 城市轨道交通工程项目原则上应当在可行性研究报告编制前,按照有关规定选择确定运营单位。运营单位应当满足以下条件：

（一）具有企业法人资格,经营范围包括城市轨道交通运营管理；

（二）具有健全的行车管理、客运管理、设施设备管理、人员管理等安全生产管理体系和服务质量保障制度；

（三）具有车辆、通信、信号、供电、机电、轨道、土建结构、运营管理等专业管理人员,以及与运营安全相适应的专业技术人员。

第九条 运营单位应当全程参与城市轨道交通工程项目按照规定开展的不载客试运行,熟悉工程设备和标准,察看系统运行的安全可靠性,发现存在质量问题和安全隐患的,应当督促城市轨道交通建设单位(以下简称建设单位)及时处理。

运营单位应当在运营接管协议中明确相关土建工程、设施设备、系统集成的保修范围、保修期限和保修责任,并督促建设单位将上述内容纳入建设工程质量保修书。

第十条 城市轨道交通工程项目验收合格后,由城市轨道交通运营主管部门组织初期运营前安全评估。通过初期运营前安全评估的,方可依法办理初期运营手续。

初期运营期间,运营单位应当按照设计标准和技术规范,对土建工程、设施设备、系统集成的运行状况和质量进行监控,发现存在问题或者安全隐患的,应当要求相关责任单位按照有关规定或者合同约定及时处理。

第十一条 城市轨道交通线路初期运营期满一年,运营单位应当向城市轨道交通运营主管部门报送初期运营报告,并由城市轨道交通运营主管部门组织正式运营前安全评估。通过安全评估的,方可依法办理正式运营手续。对安全评估中发现的问题,城市轨道交通运营主管部门应当报告城市人民政府,同时通告有关责任单位要求限期整改。

开通初期运营的城市轨道交通线路有甩项工程的,甩项工程完工并验收合格后,应当通过城市轨道交通运营主管部门组织的安全评估,方可投入使用。受客观条件限制难以完成甩项工程的,运营单位应当督促建设单位与设计单位履行设计变更手续。全部甩项工程投入使用或者履行设计变更手续后,城市轨道交通工程项目方可依法办理正式运营手续。

第十二条 运营单位承担运营安全生产主体责任,应当建立安全生产责任制,设置安全生产管理机构,配备专职安全管理人员,保障安全运营所必需的资金投入。

第十三条 运营单位应当配置满足运营需求的从业人员,按相关标准进行安全和技能培训教育,并对城市轨道交通列车驾驶员、行车调度员、行车值班员、信号工、通信工等重点岗位人员进行考核,考核不合格的,不得从事岗位工作。运营单位应当对重点岗位人员进行安全背景审查。

城市轨道交通列车驾驶员应当按照法律法规的规定取得驾驶员职业准入资格。

运营单位应当对列车驾驶员定期开展心理测试,对不符合要求的及时调整工作岗位。

第十四条 运营单位应当按照有关规定,完善风险分级管控和隐患排查治理双重预防制度,建立风险数据库和隐患排查手册,对于可能影响安全运营的风险隐患及时整改,并向城市轨道交通运营主管部门报告。

城市轨道交通运营主管部门应当建立运营重大隐患治理督办制度,督促运营单位采取安全防护措施,尽快消除重大隐患;对非运营单位原因不能及时消除的,应当报告城市人民政府依法处理。

第十五条 运营单位应当建立健全本单位的城市轨道交通运营设施设备定期检查、检测评估、养护维修、更新改造制度和技术管理体系,并报城市轨道交通运营主管部门备案。

运营单位应当对设施设备进行定期检查、检测评估,及时养护维修和更新改造,并保存记录。

第十六条 城市轨道交通运营主管部门和运营单位应当建立城市轨道交通智能管理系统,对所有运营过程、区域和关键设施设备进行监管,具备运行控制、关键设施和关键部位监测、风险管控和隐患排查、应急处置、安全监控等功能,并实现运营单位和各级交通运输主管部门之间的信息共享,提高运营安全管理水平。

运营单位应当建立网络安全管理制度,严格落实网络安全有关规定和等级保护要求,加强列车运行控制等关键系统信息安全保护,提升网络安全水平。

第十七条 城市轨道交通运营主管部门应当对运营单位运营安全管理工作进行监督检查,定期委托第三方机构组织专家开展运营期间安全评估工作。

初期运营前、正式运营前以及运营期间的安全评估工作管理办法由交通运输部另行制定。

第十八条 城市轨道交通运营主管部门和运营单位应当建立城市轨道交通运营信息统计分析制度,并按照有关规定及时报送相关信息。

第三章 运营服务

第十九条 运营单位应当按照有关标准为乘客提供安全、可靠、便捷、高效、经济的服务,保证服务质量。

运营单位应当向社会公布运营服务质量承诺并报城市轨道交通运营主管部门备案,定期报告履行情况。

第二十条 运营单位应当根据城市轨道交通沿线乘客出行规律及网络化运输组织要求,合理编制运行图,并报城市轨道交通运营主管部门备案。

运营单位调整运行图严重影响服务质量的,应当向城市轨道交通运营主管部门说明理由。

第二十一条 运营单位应当通过标识、广播、视频设备、网络等多种方式按照下列要求向乘客提供运营服务和安全应急等信息:

（一）在车站醒目位置公布首末班车时间、城市轨道交通线网示意图、进出站指示、换乘指示和票价信息；

（二）在站厅或者站台提供列车到达、间隔时间、方向提示、周边交通方式换乘、安全提示、无障碍出行等信息；

（三）在车厢提供城市轨道交通线网示意图、列车运行方向、到站、换乘、开关车门提示等信息；

（四）首末班车时间调整、车站出入口封闭、设施设备故障、限流、封站、甩站、暂停运营等非正常运营信息。

第二十二条 城市轨道交通票价制定和调整按照国家有关规定执行。

城市轨道交通运营主管部门应当按照有关标准组织实施交通一卡通在轨道交通的建设与推广应用，推动跨区域、跨交通方式的互联互通。

第二十三条 城市轨道交通运营主管部门应当制定城市轨道交通乘客乘车规范，乘客应当遵守。拒不遵守的，运营单位有权劝阻和制止，制止无效的，报告公安机关依法处理。

第二十四条 城市轨道交通运营主管部门应当通过乘客满意度调查等多种形式，定期对运营单位服务质量进行监督和考评，考评结果向社会公布。

第二十五条 城市轨道交通运营主管部门和运营单位应当分别建立投诉受理制度。接到乘客投诉后，应当及时处理，并将处理结果告知乘客。

第二十六条 乘客应当持有效乘车凭证乘车，不得使用无效、伪造、变造的乘车凭证。运营单位有权查验乘客的乘车凭证。

第二十七条 乘客及其他人员因违法违规行为对城市轨道交通运营造成严重影响的，应当依法追究责任。

第二十八条 鼓励运营单位采用大数据分析、移动互联网等先进技术及有关设施设备，提升服务品质。运营单位应当保证乘客个人信息的采集和使用符合国家网络和信息安全有关规定。

第四章　安全支持保障

第二十九条 城市轨道交通工程项目应当按照规定划定保护区。

开通初期运营前，建设单位应当向运营单位提供保护区平面图，并在具备条件的保护区设置提示或者警示标志。

第三十条 在城市轨道交通保护区内进行下列作业的，作业单位应当按照有关规定制定安全防护方案，经运营单位同意后，依法办理相关手续并对作业影响区域进行动态监测：

（一）新建、改建、扩建或者拆除建（构）筑物；

（二）挖掘、爆破、地基加固、打井、基坑施工、桩基础施工、钻探、灌浆、喷锚、地下顶进作业；

（三）敷设或者搭架管线、吊装等架空作业；

（四）取土、采石、采砂、疏浚河道；

（五）大面积增加或者减少建（构）筑物载荷的活动；

（六）电焊、气焊和使用明火等具有火灾危险作业。

第三十一条 运营单位有权进入作业现场进行巡查，发现危及或者可能危及城市轨道交通运营安全的情形，运营单位有权予以制止，并要求相关责任单位或者个人采取措施消除妨害；逾期未改正的，及时报告有关部门依法处理。

第三十二条 使用高架线路桥下空间不得危害城市轨道交通运营安全，并预留高架线路桥梁设施日常检查、检测和养护维修条件。

地面、高架线路沿线建（构）筑物或者植物不得妨碍行车瞭望，不得侵入城市轨道交通线路的限界。沿线建（构）筑物、植物可能妨碍行车瞭望或者侵入线路限界的，责任单位应当及时采取措施消除影响。责任单位不能消除影响，危及城市轨道交通运营安全、情况紧急的，运营单位可以先行处置，并及时报告有关部门依法处理。

第三十三条 禁止下列危害城市轨道交通运营设施设备安全的行为：

（一）损坏隧道、轨道、路基、高架、车站、通风亭、冷却塔、变电站、管线、护栏护网等设施；

（二）损坏车辆、机电、电缆、自动售检票等设备，干扰通信信号、视频监控设备等系统；

（三）擅自在高架桥梁及附属结构上钻孔打眼，搭设电线或者其他承力绳索，设置附着物；

（四）损坏、移动、遮盖安全标志、监测设施以及安全防护设备。

第三十四条 禁止下列危害或者可能危害城市轨道交通运营安全的行为：

（一）拦截列车；

（二）强行上下车；

（三）擅自进入隧道、轨道或者其他禁入区域；

（四）攀爬或者跨越围栏、护栏、护网、站台门等；

（五）擅自操作有警示标志的按钮和开关装置，在非紧急状态下动用紧急或者安全装置；

（六）在城市轨道交通车站出入口5米范围内停放车辆、乱设摊点等，妨碍乘客通行和救援疏散；

（七）在通风口、车站出入口50米范围内存放有毒、有害、易燃、易爆、放射性和腐蚀性等物品；

（八）在出入口、通风亭、变电站、冷却塔周边躺卧、留宿、堆放和晾晒物品；

（九）在地面或者高架线路两侧各100米范围内升放风筝、气球等低空飘浮物体和无人机等低空飞行器。

第三十五条 在城市轨道交通车站、车厢、隧道、站前广场等范围内设置广告、商业设施的，不得影响正常运营，不得影响导向、提示、警示、运营服务等标识识别、设施设备使用和检修，不得挤占出入口、通道、应急疏散设施空间和防火间距。

城市轨道交通车站站台、站厅层不应设置妨碍安全疏散的非运营设施。

第三十六条 禁止乘客携带有毒、有害、易燃、易爆、放射性、腐蚀性以及其他可能危及人身和财产安全的危险物品进站、乘车。运营单位应当按规定在车站醒目位置公示城市轨道交通禁止、限制携带物品目录。

第三十七条 各级城市轨道交通运营主管部门应当按照职责监督指导运营单位开展反

恐防范、安检、治安防范和消防安全管理相关工作。

鼓励推广应用安检新技术、新产品，推动实行安检新模式，提高安检质量和效率。

第三十八条 交通运输部应当建立城市轨道交通重点岗位从业人员不良记录和乘客违法违规行为信息库，并按照规定将有关信用信息及时纳入交通运输和相关统一信用信息共享平台。

第三十九条 鼓励经常乘坐城市轨道交通的乘客担任志愿者，及时报告城市轨道交通运营安全问题和隐患，检举揭发危害城市轨道交通运营安全的违法违规行为。运营单位应当对志愿者开展培训。

第五章 应急处置

第四十条 城市轨道交通所在地城市及以上地方各级人民政府应当建立运营突发事件处置工作机制，明确相关部门和单位的职责分工、工作机制和处置要求，制定完善运营突发事件应急预案。

运营单位应当按照有关法规要求建立运营突发事件应急预案体系，制定综合应急预案、专项应急预案和现场处置方案。运营单位应当组织专家对专项应急预案进行评审。

因地震、洪涝、气象灾害等自然灾害和恐怖袭击、刑事案件等社会安全事件以及其他因素影响或者可能影响城市轨道交通正常运营时，参照运营突发事件应急预案做好监测预警、信息报告、应急响应、后期处置等相关应对工作。

第四十一条 运营单位应当储备必要的应急物资，配备专业应急救援装备，建立应急救援队伍，配齐应急人员，完善应急值守和报告制度，加强应急培训，提高应急救援能力。

第四十二条 城市轨道交通运营主管部门应当按照有关法规要求，在城市人民政府领导下会同有关部门定期组织开展联动应急演练。

运营单位应当定期组织运营突发事件应急演练，其中综合应急预案演练和专项应急预案演练每半年至少组织一次。现场处置方案演练应当纳入日常工作，开展常态化演练。运营单位应当组织社会公众参与应急演练，引导社会公众正确应对突发事件。

第四十三条 运营单位应当在城市轨道交通车站、车辆、地面和高架线路等区域的醒目位置设置安全警示标志，按照规定在车站、车辆配备灭火器、报警装置和必要的救生器材，并确保能够正常使用。

第四十四条 城市轨道交通运营突发事件发生后，运营单位应当按照有关规定及时启动相应应急预案。运营单位应当充分发挥志愿者在突发事件应急处置中的作用，提高乘客自救互救能力。

现场工作人员应当按照各自岗位职责要求开展现场处置，通过广播系统、乘客信息系统和人工指引等方式，引导乘客快速疏散。

第四十五条 运营单位应当加强城市轨道交通客流监测。可能发生大客流时，应当按照预案要求及时增加运力进行疏导；大客流可能影响运营安全时，运营单位可以采取限流、封站、甩站等措施。

因运营突发事件、自然灾害、社会安全事件以及其他原因危及运营安全时，运营单位可以暂停部分区段或者全线网的运营,根据需要及时启动相应应急保障预案,做好客流疏导和现场秩序维护,并报告城市轨道交通运营主管部门。

运营单位采取限流、甩站、封站、暂停运营措施应当及时告知公众,其中封站、暂停运营措施还应当向城市轨道交通运营主管部门报告。

第四十六条 城市轨道交通运营主管部门和运营单位应当建立城市轨道交通运营安全重大故障和事故报送制度。

城市轨道交通运营主管部门和运营单位应当定期组织对重大故障和事故原因进行分析,不断完善城市轨道交通运营安全管理制度以及安全防范和应急处置措施。

第四十七条 城市轨道交通运营主管部门和运营单位应当加强舆论引导,宣传文明出行、安全乘车理念和突发事件应对知识,培养公众安全防范意识,引导理性应对突发事件。

第六章 法律责任

第四十八条 违反本规定第十条、第十一条,城市轨道交通工程项目(含甩项工程)未经安全评估投入运营的,由城市轨道交通运营主管部门责令限期整改,并对运营单位处以2万元以上3万元以下的罚款,同时对其主要负责人处以1万元以下的罚款;有严重安全隐患的,城市轨道交通运营主管部门应当责令暂停运营。

第四十九条 违反本规定,运营单位有下列行为之一的,由城市轨道交通运营主管部门责令限期改正;逾期未改正的,处以5000元以上3万元以下的罚款,并可对其主要负责人处以1万元以下的罚款:

(一)未全程参与试运行;

(二)未按照相关标准对从业人员进行技能培训教育;

(三)列车驾驶员未按照法律法规的规定取得职业准入资格;

(四)列车驾驶员、行车调度员、行车值班员、信号工、通信工等重点岗位从业人员未经考核上岗;

(五)未按照有关规定完善风险分级管控和隐患排查治理双重预防制度;

(六)未建立风险数据库和隐患排查手册;

(七)未按要求报告运营安全风险隐患整改情况;

(八)未建立设施设备检查、检测评估、养护维修、更新改造制度和技术管理体系;

(九)未对设施设备定期检查、检测评估和及时养护维修、更新改造;

(十)未按照有关规定建立运营突发事件应急预案体系;

(十一)储备的应急物资不满足需要,未配备专业应急救援装备,或者未建立应急救援队伍、配齐应急人员;

(十二)未按时组织运营突发事件应急演练。

第五十条 违反本规定第十八条、第四十六条,运营单位未按照规定上报城市轨道交通运营相关信息或者运营安全重大故障和事故的,由城市轨道交通运营主管部门责令限期改正;逾期未改正的,处以5000元以上3万元以下的罚款。

第五十一条 违反本规定,运营单位有下列行为之一,由城市轨道交通运营主管部门责

令限期改正;逾期未改正的,处以1万元以下的罚款:

(一)未向社会公布运营服务质量承诺或者定期报告履行情况;

(二)运行图未报城市轨道交通运营主管部门备案或者调整运行图严重影响服务质量的,未向城市轨道交通运营主管部门说明理由;

(三)未按规定向乘客提供运营服务和安全应急等信息;

(四)未建立投诉受理制度,或者未及时处理乘客投诉并将处理结果告知乘客;

(五)采取的限流、甩站、封站、暂停运营等措施,未及时告知公众或者封站、暂停运营等措施未向城市轨道交通运营主管部门报告。

第五十二条　违反本规定第三十二条,有下列行为之一,由城市轨道交通运营主管部门责令相关责任人和单位限期改正、消除影响;逾期未改正的,可以对个人处以5000元以下的罚款,对单位处以3万元以下的罚款;造成损失的,依法承担赔偿责任;情节严重构成犯罪的,依法追究刑事责任:

(一)高架线路桥下的空间使用可能危害运营安全的;

(二)地面、高架线路沿线建(构)筑物或者植物妨碍行车瞭望、侵入限界的。

第五十三条　违反本规定第三十三条、第三十四条,运营单位有权予以制止,并由城市轨道交通运营主管部门责令改正,可以对个人处以5000元以下的罚款,对单位处以3万元以下的罚款;违反治安管理规定的,由公安机关依法处理;构成犯罪的,依法追究刑事责任。

第五十四条　城市轨道交通运营主管部门不履行本规定职责造成严重后果的,或者有其他滥用职权、玩忽职守、徇私舞弊行为的,对负有责任的领导人员和直接责任人员依法给予处分;构成犯罪的,依法追究刑事责任。

第五十五条　地方性法规、地方政府规章对城市轨道交通运营违法行为需要承担的法律责任与本规定有不同规定的,从其规定。

第七章　附　　则

第五十六条　本规定自2018年7月1日起施行。

附录2　代表性城市轨道交通乘坐管理法律及规范(节选)

《北京市轨道交通运营安全条例》摘录

摘录自由北京市第十四届人民代表大会常务委员会第十五次会议于2014年11月28日通过,自2015年5月1日起施行的《北京市轨道交通运营安全条例》。

第三十一条　运营单位应当对从业人员进行运营安全教育,保证从业人员具备必要的安全运营知识,熟悉安全生产管理制度和操作规程,掌握本岗位安全操作技能。

第三十七条　市交通行政主管部门应当制定本市《轨道交通乘客守则》,对乘客安全乘车行为作出规范。

乘客进站、乘车应当遵守《轨道交通乘客守则》,服从运营单位管理,维护运营安全秩序,保护自身人身财产安全。

运营单位对违反《轨道交通乘客守则》的乘客,有权采取制止、劝离或者拒绝提供服务等措施。

第三十九条　公安机关负责轨道交通安全检查的监督管理,会同交通主管部门、运营单位制定安全检查设备和监控设备设置标准、人员配备标准、检查分类分级标准及操作规范。

运营单位应当依法选择具有保安资质的单位从事安全检查工作,按照公安机关制定的标准和合同约定对安全检查单位实施管理。

安全检查单位应当依照本条例规定对轨道交通进站乘车人员进行安全检查。

第四十条　安全检查人员应当具备轨道交通运营安全基础知识,熟悉安全检查规章制度和安全检查设备设施操作规程,掌握相应的安全检查技能,经公安机关考核合格后方可上岗作业。

安全检查人员实施安全检查时应当遵守下列规定:

(一)佩戴工作证件;

(二)文明礼貌,尊重受检查人;

(三)执行安全检查操作规程;

(四)不得损坏受检查人携带的合法物品。

第四十一条　禁止携带枪支弹药、弩、匕首等管制器具和爆炸性、易燃性、放射性、毒害性、腐蚀性等危险物质进站乘车。禁止携带物品目录由公安机关制定并公告。

第四十二条　进入轨道交通车站的乘车人员应当接受并配合安全检查。

不接受安全检查的,安全检查人员应当拒绝其进站乘车;拒不接受安全检查并强行进入车站或者扰乱安全检查现场秩序的,安全检查人员应当制止并报公安机关依法处理。

发现非法携带法律、法规规定的违禁物品的,安全检查人员应当按照规定处置并及时报告公安机关依法处理。

第四十三条　禁止下列危害轨道交通运营安全的行为:

(一)擅自进入轨道、隧道等高度危险活动区域;

（二）擅自进入控制室、车辆驾驶室等非公共区域；

（三）向车辆、维修工程车或者其他设备设施投掷物品；

（四）在轨道线路上放置、丢弃障碍物；

（五）在高架线路桥下空间、站前广场存放、使用有毒有害、易燃易爆危险物品；

（六）在通风亭周边排放粉尘、烟尘、腐蚀性气体；

（七）在保护区内烧荒、燃放烟花爆竹；

（八）在车站出入口、疏散通道内、闸机口滞留；

（九）强行上下车；

（十）在非紧急状态下动用紧急或者安全装置；

（十一）在车站、车厢或者疏散通道内堆放物品、设置摊点等影响疏散的行为；

（十二）攀爬、跨越护栏护网，违规进出闸机；

（十三）在运行的自动扶梯上逆行；

（十四）在车站、车厢内追逐、打闹或者从事滑板、轮滑、自行车等运动；

（十五）在车站、车厢内乞讨、卖艺；

（十六）在车站、车厢内派发广告等物品；

（十七）其他危害轨道交通运营安全的行为。

《上海市轨道交通管理条例》摘录

摘录自上海市第十五届人民代表大会常务委员会第三十四次会议于 2021 年 8 月 25 日通过的《关于修改〈上海市出版物发行管理条例〉等 3 件地方性法规的决定》第五次修正，自 2021 年 9 月 1 日起施行的《上海市轨道交通管理条例》。

第二十四条 轨道交通企业的驾驶员、调度员、车站值班员等工作人员必须经培训考核后，持证上岗。

轨道交通企业的工作人员应当按照规定统一着装、佩戴标志、礼貌待客、文明服务。

发生公共卫生事件，轨道交通企业的工作人员应当按照规定采取防护管理措施。

第三十一条 在轨道交通设施范围内禁止下列行为：

（一）拦截列车；

（二）擅自进入轨道、隧道等禁止进入的区域；

（三）攀爬或者跨越围墙、栅栏、栏杆、闸机；

（四）强行上下车；

（五）吸烟，随地吐痰、便溺，乱吐口香糖渣，乱扔纸屑等杂物；

（六）擅自涂写、刻画或者张贴；

（七）擅自设摊、停放车辆、堆放杂物、卖艺、散发宣传品或者从事销售活动；

（八）乞讨、躺卧、收捡废旧物品；

（九）携带活禽以及猫、狗(导盲犬除外)等宠物；

（十）携带自行车(含折叠式自行车)进站乘车；

（十一）使用滑板、溜冰鞋；

(十二)违反法律、法规规定的其他行为。

第三十二条 禁止乘客携带易燃、易爆、有毒、有放射性、有腐蚀性以及其他有可能危及人身和财产安全的危险物品进站、乘车。危险物品目录和样式由市公安、交通行政管理部门公告,由轨道交通企业在车站内予以张贴。

轨道交通企业应当按照有关标准和操作规范,设置安全检查设施,并有权对乘客携带的物品进行安全检查,乘客应当予以配合。对安全检查中发现的携带危险物品的人员,轨道交通企业应当拒绝其进站、乘车;不听劝阻,坚持携带危险物品进站的,轨道交通企业应当立即按照规定采取安全措施,并及时报告公安部门依法处理。

公安部门应当对轨道交通安全检查工作进行指导、检查和监督,并依法处理安全检查中发现的违法行为。

《天津市轨道交通运营安全条例》摘录

摘录自由天津市第十七届人民代表大会常务委员会第三十八次会议于2022年12月1日通过,自2023年1月1日起施行的《天津市轨道交通运营安全条例》。

第二十七条 轨道交通运营单位应当配置满足运营需求的从业人员,按照相关标准进行安全和技能培训教育,保证从业人员具备必要的安全运营知识,熟悉有关的安全运营制度和安全操作规程,掌握本岗位安全操作技能。

轨道交通运营单位应当对轨道交通列车驾驶员、行车调度员、行车值班员、信号工、通信工等重点岗位人员进行考核和安全背景审查,考核或者安全背景审查不合格的,不得从事岗位工作。

轨道交通列车驾驶员应当按照规定取得驾驶员职业准入资格。运营单位应当对列车驾驶员定期开展心理测试,对不符合要求的,及时调整工作岗位。

第二十九条 市交通运输管理部门应当制定本市轨道交通乘客守则,对乘客安全文明乘车作出规范。

乘客进站、乘车应当遵守轨道交通乘客守则,服从轨道交通运营单位管理,自觉维护运营安全秩序,保护自身人身和财产安全。对违反轨道交通乘客守则的乘客,轨道交通运营单位有权劝阻和制止,制止无效的,报告公安机关或者交通运输管理部门依法处理。

第三十条 禁止携带易燃、易爆、有毒、放射性、腐蚀性以及其他可能危及人身和财产安全的危险物品进站、乘车。

禁止乘客携带物品目录由市公安机关会同市交通运输管理部门制定并公告,由轨道交通运营单位在车站显著位置公示。

第三十一条 进入轨道交通车站的乘客应当接受并配合安全检查。

不接受安全检查的,安全检查人员应当拒绝其进站乘车;拒不接受安全检查并强行进入车站或者扰乱安全检查现场秩序的,安全检查人员应当制止并报告公安机关依法处理。

发现非法携带法律、法规规定的违禁物品的,安全检查人员应当按照规定处置并及时报告公安机关依法处理。

第三十二条 禁止下列危害轨道交通运营安全的行为:

（一）阻碍列车正常运行或者强行上下车；

（二）擅自进入轨道、隧道等高度危险活动区域或者控制室、车辆驾驶室等非公共区域；

（三）攀爬或者跨越高架、围墙、护栏护网、闸机、屏蔽门等设施；

（四）擅自操作有警示标志的按钮和开关装置，在非紧急状态下动用紧急或者安全装置；

（五）在轨道交通车站出入口五米范围内停放车辆、乱设摊点等，妨碍乘客通行和救援疏散；

（六）在通风口、车站出入口五十米范围内存放有毒、有害、易燃、易爆、放射性和腐蚀性等物品；

（七）在出入口、通风亭、变电站、冷却塔周边躺卧、留宿、堆放和晾晒物品；

（八）在地面或者高架线路两侧各一百米范围内升放风筝、气球等低空飘浮物体和无人机等低空飞行器；

（九）向列车或者其他轨道交通设施设备投掷物品；

（十）在轨道线路上放置、丢弃障碍物；

（十一）在运行的自动扶梯上逆行；

（十二）其他危害轨道交通运营和乘客安全的行为。

《重庆市轨道交通条例》摘录

摘录自于2011年3月25日经重庆市第三届人民代表大会常务委员会第二十三次会议审议通过，自2011年6月1日起施行的《重庆市轨道交通条例》。

第三十二条 轨道交通运营单位应当设置安全检查设施，对乘客携带的物品进行安全检查。对拒绝接受安全检查或者携带危害轨道交通安全的危险品的乘客，有权阻止其进站或者责令其出站；对强行进站或者扰乱安全检查现场秩序的，由公安机关依法处理。

轨道交通运营单位应当在车站明示公安机关规定发布的禁止携带物品目录。

轨道交通运营单位从事安全检查的人员应当统一着装、佩戴工作证件。

第三十七条 在车站、列车、其他轨道交通设施以及轨道交通与市政设施连接的通道内，禁止下列行为：

（一）堆放杂物、乱停放车辆、揽客拉客、追逐打闹、擅自摆摊设点和派发宣传品及其他营销宣传活动；

（二）便溺、吸烟、随地吐痰、吐口香糖、乱扔果皮、纸屑等废弃物；

（三）随意涂写、刻画、张贴或者悬挂物品；

（四）携带活畜禽和猫、狗等宠物进入轨道交通车站或车内；

（五）伪造、毁坏、遮盖、擅自移动轨道交通导向标志或服务标志；

（六）乞讨、卖艺；

（七）其他影响轨道交通公共场所容貌、环境卫生和运营秩序的行为。

第三十八条 禁止下列危害轨道交通运营安全的行为：

（一）非法拦截、强行上下或扒乘列车；

（二）擅自进入轨道、隧道、桥梁或其他有警示标志的轨道交通禁入区域；

（三）擅自操作有警示标志的按钮和开关装置，非紧急状态下动用紧急或安全装置；

（四）妨碍或破坏车门、安全门功能等影响轨道交通系统设备正常工作的行为；

（五）在轨道上放置、丢弃障碍物，向列车、维修工程车以及其他设施投掷物品；

（六）在已运营（含试运营）轨道交通线路沿线妨碍行车视线的行为；

（七）翻越或毁坏轨道交通隔离围墙、护栏、护网等安全防护设施；

（八）携带易燃、易爆、有毒、放射性、腐蚀性等危险品进站乘车和进入轨道交通设施区域；

（九）其他影响或危害轨道交通安全运营的行为。

《广州市城市轨道交通管理条例》摘录

摘录自广州市第十六届人民代表大会常务委员会第二十次会议于2023年10月27日修订通过的《广州市城市轨道交通管理条例》，业经广东省第十四届人民代表大会常务委员会第六次会议于2023年11月23日批准，自2024年1月1日起施行。

第十六条 市交通运输行政主管部门应当依照法律、法规制定城市轨道交通运营服务规范和乘客守则，并向社会公布。

城市轨道交通经营单位应当对不遵守城市轨道交通乘客守则的行为进行劝阻和制止。

第二十一条 禁止下列影响城市轨道交通运营秩序的行为：

（一）非法拦截列车、阻断运输；

（二）擅自进入轨道、隧道、驾驶室或者其他禁入区域；

（三）攀爬或者翻越围墙、围栏、护栏、护网、站台门、闸机、列车等；

（四）强行上下车；

（五）越过黄色安全线或者倚靠站台门（安全门）；

（六）携带电动代步工具（无障碍用途的电动轮椅除外）、自行车（妥善包装且符合携带行李规定的折叠自行车除外）进站乘车；

（七）在车站或者列车内滋事斗殴、猥亵他人、偷窥或者偷拍他人隐私；

（八）未经城市轨道交通经营单位同意，擅自拍摄电影、电视剧、广告等；

（九）不听从现场工作人员引导；

（十）其他影响城市轨道交通运营秩序的行为。

第二十五条 禁止携带易燃、易爆、有毒、放射性、腐蚀性等危险品进入城市轨道交通设施。

公安机关应当会同市交通运输行政主管部门制定违禁物品、限带物品目录。城市轨道交通经营单位应当以方便乘客了解的方式在车站明示违禁物品、限带物品目录。

公安机关应当会同市交通运输行政主管部门对城市轨道交通经营单位安全检查、治安防范进行监督、指导。

城市轨道交通经营单位应当依法进行安全检查，相关人员应当配合。城市轨道交通经营单位对携带违禁物品的，应当先行妥善处置并立即报告公安机关依法处理；对携带限带物品或者拒绝检查的，应当拒绝其进站乘车；对强行进站乘车，或者辱骂、殴打工作人员的，应当予以制止并报告公安机关依法处理。

第三十条　城市轨道交通运营中发生人身伤亡事故时,城市轨道交通经营单位应当先抢救受伤者,保护现场,维持秩序。公安机关应当及时对现场进行勘查、检验,依法处理现场。事故现场处理后,城市轨道交通经营单位应当及时排除障碍,尽快恢复正常运行。

《深圳市城市轨道交通运营管理办法》摘录

摘录自于2015年5月27日深圳市政府五届一百三十五次常务会议审议通过,自2015年9月1日起施行的深圳市人民政府令(第278号)《深圳市城市轨道交通运营管理办法》。

第二十二条　运营单位应当建立培训考核制度,对从业人员进行安全教育和业务技能培训,保证从业人员符合本岗位专业技能要求。

按照国家、广东省和本市规定应当具备相应上岗资格的城市轨道交通驾驶员、调度员、行车值班员等人员,应当按照相关规定进行培训,考核合格后方可持证上岗。

第三十条　精神障碍患者、学龄前儿童进站及乘车的,应当由其监护人陪同。

严重精神障碍患者、有危及他人健康的传染病患者及其他对公共安全有危害的人,不得进站及乘车。

第三十一条　禁止携带以下动物、物品进站乘车:

(一)除盲人乘车时携带的导盲犬及执行任务的军警犬外的其他活体动物;

(二)爆炸性、易燃易爆性、毒害性、腐蚀性、放射性物品及传染病病原体;

(三)除执行公务外的枪械弹药、管制刀具及各类攻击性武器;

(四)易污损、有严重异味或者无包装易碎的物品,未能妥善包装的肉制品及其他妨碍公共卫生的物品;

(五)充气气球、自行车(已折叠且符合行李规范的折叠自行车除外)、尖锐物品等有安全隐患或者影响应急逃生的物品;

(六)重量超过30公斤或者外部尺寸长宽高之和超过1.6米的物品;

(七)其他影响公共安全、运营安全或者乘客人身、财产安全的物品。

禁止入站的物品样式和目录,由市公安机关会同主管部门公告,并由运营单位在车站内予以张贴、陈列。

乘客携带本条第一款第二项、第三项规定的物品的,运营单位应当拒绝其进站乘车,并移送公安机关依法处理;携带本条第一款第一项、第四项至第七项规定的动物或者物品的,运营单位应当拒绝其进站乘车或者责令其出站。

第三十二条　运营单位可以对乘客及其携带的物品进行安全检查。乘客应当接受、配合安全检查;不接受安全检查的,运营单位应当拒绝其进站乘车或者责令其出站。

乘客强行进入城市轨道交通车站或者拒不出站、扰乱安全检查现场秩序的,运营单位应当进行劝阻和制止;违反治安管理规定的,移送公安机关依法处理。

运营单位应当配合公安机关做好治安、反恐工作,确保乘客乘车安全。

第三十三条　在城市轨道交通设施范围内禁止下列行为:

(一)在车站或者列车内滋事斗殴、酒后闹事、猥亵他人或者有其他违反公序良俗的

行为;

(二)妨碍列车正常运行;

(三)擅自进入轨道、隧道、桥梁或者其他有禁止进入标志的区域;

(四)攀爬或者跨越围墙、栅栏、栏杆、闸机、机车、安全门、屏蔽门等设施;

(五)冲抢、阻碍屏蔽门、安全门、列车车门开关或者强行上下车;

(六)在运行的自动扶梯或者活动平台跑动、打闹或者逆向行走;

(七)擅自操作有警示标志的按钮、开关等装置,非紧急情况下动用紧急安全装置;

(八)在车站或者列车内起哄,扰乱乘车秩序;

(九)携带重量超过20公斤或者外部尺寸长宽高之和大于1.4米的大件行李乘坐自动扶梯;

(十)堵塞通道及出入口,或者有其他阻碍、影响乘客顺畅通行的行为;

(十一)抛投物体进入轨道运行区,或者使风筝、气球、飞行模型、孔明灯等进入、飞越城市轨道交通设施范围;

(十二)在车站付费区及列车内饮食,但婴儿饮食除外;

(十三)吸烟、点燃明火、随地吐痰、便溺、乱吐口香糖、乱扔果皮、纸屑等废弃物;

(十四)涂写、刻画、擅自悬挂物品或者张贴、派发传单(广告)、礼品等;

(十五)擅自设摊或者从事销售活动,擅自以营利为目的的招揽搬运行李、物品;

(十六)揽客拉客、乞讨、捡拾垃圾(含报纸)、卖艺、躺卧、踩踏车站及车厢内的座位;

(十七)穿溜冰鞋(板)滑行、追逐打闹,大声喧哗、弹奏乐器、播放音乐等影响乘客乘车的;

(十八)其他违反城市轨道交通运营安全、运营秩序及城市轨道交通设施容貌、环境卫生管理规定的行为。

《杭州市城市轨道交通管理条例》摘录

摘录自于2018年10月30日杭州市第十三届人民代表大会常务委员会第十四次会议通过,于2018年11月30日浙江省第十三届人民代表大会常务委员会第七次会议批准,自2019年3月1日起施行的《杭州市城市轨道交通管理条例》。

第三十三条　市交通运输主管部门应当依法制定城市轨道交通运营服务规范和文明乘车规则,并向社会公布。

城市轨道交通运营单位应当根据运营服务规范向乘客提供服务,保障乘客合法权益。

乘客应当自觉遵守城市轨道交通文明乘车规则,维护城市轨道交通公共秩序。

第三十五条　城市轨道交通运营单位应当按照下列规定设置相应设施,建立管理制度,为乘客出行提供便利:

(一)保持无障碍设施完好、畅通;

(二)在车站配备医疗急救箱等设备;

(三)合理配置车站男、女卫生间和母婴设施;

(四)在列车内设置老、弱、病、残、孕和携带婴幼儿的乘客专座;

（五）提供移动支付进出站设施；

（六）其他便民设施。

第三十九条 禁止下列危害城市轨道交通设施安全的行为：

（一）损坏轨道、路基、车站、隧道、桥梁、高架线路、车辆、排水沟、护栏护网等设施；

（二）损坏、盗用、侵入或者干扰机电、通信、信号、自动售检票、视频监控等设施、设备或者损坏、盗窃电缆；

（三）擅自移动、遮盖、损坏消防警示标志、疏散导向标志、测量设施以及安全防护等设施；

（四）其他危害城市轨道交通设施安全的行为。

第四十条 禁止下列影响城市轨道交通运营安全的行为：

（一）拦截列车、阻断列车运行；

（二）擅自操作有警示标志的按钮、开关装置，非紧急状态下动用应急或者安全装置；

（三）妨碍或者破坏车门、屏蔽门、安全门功能；

（四）在轨道上放置、丢弃障碍物，翻越列车，向列车、工程车、轨道、通风亭、接触网等城市轨道交通设施投掷物品；

（五）在城市轨道交通线路弯道内侧修建影响行车视线的建筑物、构筑物或者种植有碍行车视线的植物；

（六）在高架线路沿线施放无人机、航空模型、风筝、气球等小型航空器和空飘物；

（七）擅自进入控制室、车辆驾驶室、轨道、桥梁、隧道、通风亭或者其他有警示标志的区域；

（八）翻越或者毁坏隔离围墙、护栏、护网、闸机、安全门、屏蔽门等城市轨道交通设施；

（九）在车站、列车、通风亭等城市轨道交通设施内吸烟、用火；

（十）强行上下车；

（十一）在运行的自动扶梯上逆行；

（十二）其他影响城市轨道交通运营安全的行为。

第四十一条 禁止下列影响城市轨道交通公共秩序、公共场所容貌、公共环境卫生的行为：

（一）擅自在车站内摆摊设点；

（二）擅自在车站或者列车内兜售或者派发物品、报纸、广告、宣传品等；

（三）在车站或者列车内随地吐痰、便溺、乱扔果皮、纸屑、包装物等废弃物；

（四）在车站、列车或者其他城市轨道交通设施上任意涂写、刻画、张贴、悬挂物品等；

（五）在车站或者列车内躺卧、乞讨、卖艺及歌舞表演等；

（六）在车站或者列车内使用滑板、溜冰鞋、平衡车；

（七）其他影响城市轨道交通公共秩序、公共场所容貌、公共环境卫生的行为。

第四十二条 禁止携带下列物品进站乘车：

（一）枪支、弹药、管制器具和爆炸性、毒害性、放射性、腐蚀性物质或者传染病病原体等危险物质及其他违禁品、管制物品；

(二)重量、体积等超过城市轨道交通文明乘车规则规定的物品；

(三)犬只、活禽等可能影响他人安全的动物(有识别标志的服务犬除外)；

(四)易燃性、有严重异味、外表尖锐或者其他易污染、损坏设施、易损伤他人的物品。

发现携带前款规定物品的,城市轨道交通运营单位有权拒绝其进站乘车;发现携带前款第一项规定的违禁品、管制物品的,城市轨道交通运营单位应当予以扣留,并立即报告公安机关。

禁止携带进站乘车的物品目录,由市公安机关会同市交通运输主管部门制定并公告。

第四十三条 城市轨道交通运营单位应当设置安全检查设施,按照有关标准和操作规范,对乘客及其携带的物品进行安全检查。乘客应当配合安全检查;拒不配合的,城市轨道交通运营单位可以拒绝其进站乘车,并报告公安机关。

公安机关应当加强对安全检查工作的指导、检查和监督,依法处理安全检查中发现的违法行为。

第四十八条 城市轨道交通运营单位承担运营安全主体责任。

城市轨道交通运营单位应当配备专门的安全生产管理机构和人员,建立安全生产管理制度和操作规程,落实安全防范措施,保障安全运营所必需的资金投入。

城市轨道交通运营单位应当对从业人员进行安全生产教育和培训。城市轨道交通运营单位主要负责人、安全生产管理人员应当经过安全培训,并由市交通运输主管部门对其安全生产知识和管理能力考核合格;列车驾驶、调度、行车值班等岗位的工作人员应当经安全培训考核合格后方可上岗;特种作业人员应当经安全培训依法取得相应资格后方可上岗。

附录3 城市轨道交通禁止限制携带物品

重庆市轨道交通禁止限制携带物品目录

一、禁止携带物品

(一)枪支、子弹(含主要零部件)

1. 军用枪、公务用枪:手枪、步枪、冲锋枪、机枪、防暴枪等以及各类配用子弹;

2. 民用枪:气枪、猎枪、运动枪、麻醉注射枪等以及各类配用子弹;

3. 道具枪、发令枪、钢珠枪、催泪枪、电击枪等以及各类配用子弹;

4. 上述物品的样品、仿制品。

(二)爆炸物品

1. 弹药:炮弹、炸弹、照明弹、燃烧弹、烟幕弹、信号弹、催泪弹、毒气弹、手雷、地雷、手榴弹等;

2. 爆破器材:炸药、雷管、导火索、导爆索、震源弹、爆破剂等;

3. 烟火制品:礼花弹、烟花(含冷光烟花)、鞭炮、摔炮、拉炮、砸炮等各类烟花爆竹,发令纸、黑火药、烟火药、引火线,以及"钢丝棉烟花"等具有烟花效果的制品等;

4. 射钉弹、发令弹等含火药的制品;

5. 上述物品的仿制品。

(三)管制器具

1. 管制刀具:匕首、三棱刮刀、带有自锁装置的弹簧刀(跳刀);刀尖角度小于60度,刀身长度超过150毫米的各类单刃、双刃和多刃刀具;刀尖角度大于60度,刀身长度超过220毫米的各类单刃、双刃和多刃刀具,以及符合上述条件的陶瓷类刀具等;

2. 其他器具:警棍、催泪器、电击器、防卫器、弩、弩箭等。

(四)易燃易爆物品

1. 压缩气体和液化气体:氢气、甲烷、乙烷、环氧乙烷、二甲醚、丁烷、天然气、乙烯、氯乙烯、丙烯、乙炔(溶于介质的)、一氧化碳、液化石油气、氟利昂、氧气(供病人吸氧的袋装医用氧气除外)、水煤气、煤气(瓦斯)等及其专用容器;

2. 易燃液体:汽油(包括甲醇汽油、乙醇汽油)、煤油、柴油、苯、乙醇(酒精)、酒精体积百分含量大于70%或标识不清晰的酒类饮品、1,2-环氧丙烷、二硫化碳、甲醇、丙酮、乙醚、油漆、稀料、松香油及含易燃溶剂的制品等;

3. 易燃固体:红磷、闪光粉、固体酒精、赛璐珞、发泡剂H、偶氮二异庚腈等;

4. 自燃物品:黄磷、白磷、硝化纤维(含胶片)、油纸及其制品等;

5. 遇湿易燃物品:金属钾、钠、锂、碳化钙(电石)、镁铝粉等;

6. 氧化剂和有机过氧化物:高锰酸钾、氯酸钾、过氧化钠、过氧化钾、过氧化铅、过氧乙酸、过氧化氢、氯酸钠、硝酸铵等。

(五)毒害品

氰化物、砒霜、硒粉、苯酚、氯、氨、异氰酸甲酯、硫酸二甲酯等高毒化学品以及灭鼠药、杀虫剂、除草剂等剧毒农药。

（六）腐蚀性物品

盐酸、硫酸、硝酸、氢氧化钠、氢氧化钾、有液蓄电池（含氢氧化钾固体、注有酸液或碱液的）、汞（水银）等。

（七）放射性物品

指含有放射性核素，并且其活度和比活度均高于国家规定豁免值的物品，详见《放射性物品分类和名录（试行）》。

（八）感染性物质

包括可感染人类的高致病性病原微生物菌（毒）种和感染性样本，详见《人间传染的病原微生物名录》中危害程度分类为第一类、第二类的病原微生物。

（九）其他危害列车运行安全的物品

1. 可能干扰列车信号的强磁化物；
2. 硫化氢及有强烈刺激性气味或者有恶臭等异味的物品；
3. 容易引起乘客恐慌情绪的物品；
4. 不能判明性质但可能具有危险性的物品。

（十）法律、行政法规、规章规定的其他禁止携带的物品

二、限制携带物品

（一）民用生活、生产工具

1. 菜刀、水果刀、餐刀、剪刀、工艺刀、工具刀等刀具，菜刀单品刀刃部分在20厘米以下，其他单品刀刃部分在10厘米以下，并且在包装完好或采取其他必要防护措施情况下，单品限量携带1把，累计限量携带不得超过3把；
2. 斧头、锤子、钢（铁）锉、锥子（尖锐物）、铁棍等锐器、钝器，长度在25厘米以下，并且在包装完好或采取其他必要防护措施情况下，单品限量携带1把，累计限量携带不得超过3把。

（二）含有易燃、易爆物质的生活用品

1. 包装密封完好、标识清晰且酒精体积百分含量大于或等于24%、小于或等于70%的酒类饮品累计不超过3000毫升；
2. 香水、花露水、喷雾、凝胶等含易燃成分的非自喷压力容器日用品，单体容器容积不超过100毫升，每种限带1件；
3. 指甲油、去光剂累计不超过50毫升；
4. 冷烫精、染发剂、摩丝、发胶、杀虫剂、空气清新剂等自喷压力容器，单体容器容积不超过150毫升，每种限带1件，累计不超过600毫升；
5. 安全火柴不超过2小盒，普通打火机不超过2个；
6. 标志清晰的充电宝、锂电池数量不超过5块，单块额定能量不超过100Wh（如未直接标注额定能量Wh，则可以按照Wh＝V×mAh/1000计算），含有锂电池的电动轮椅除外；
7. 法律、行政法规、规章规定的其他限制携带的物品。

附录4　城市轨道交通安检禁限带物品图集

重庆通邑轨道交通禁限带物品图册如下二维码。

附录5 城市轨道交通安检人员能力测试评分表

安检能力测试评分表					
姓名：			班级：		
类别		基本技能	测评内容	考核分值	得分
安检设备基础知识	安检机	安检机使用及注意事项	安检机使用前检查流程	10	
			安检机开机流程	10	
			安检机关机流程	10	
			安检图像材质区分	10	
			安检机使用注意事项	10	
	液检仪	液检仪使用及注意事项	液检仪开机流程	10	
			液检仪操作步骤	10	
			液检仪检测方法	10	
安检基础业务知识	图像识别	安检机图像识别	能识别出包裹中的违禁物品	一票否决	
	违禁物品	违禁物品种类	重庆市轨道交通禁止携带物品目录	一票否决	
	管制刀具	管制刀具认定标准	管制刀具认定标准	一票否决	
	重大违禁品	重大违禁品处置	重大违禁品处置流程	一票否决	
车站基本信息	车站基本综合信息	熟知车站基本环境及换乘环境	熟知车站基本环境及换乘环境	10	
消防知识	消防	车站基本消防信息	熟知车站灭火器消火栓疏散通道数量	一票否决	
	器材	器材设施使用方法	车站消防设施设备的操作	一票否决	
	三懂三会	三懂三会四个能力	熟知三懂三会、四个能力	一票否决	
	微型消防站	三知、四会、一联通、处置要在三分钟	三知、四会、一联通、处置要在三分钟具体内容,微型消防人员组成	一票否决	
客服标准	服务质量	服务质量行为标准	安检人员在岗服务质量标准	10	
通用知识	两单两卡	掌握情况	两单两卡的掌握和理解情况	一票否决	
备注： 1."一票否决"项,通过在得分处划"√",未通过划"×"。"一票否决"项1条未通过即为不合格。 2."一票否决"项全部通过,且得分80分以上(含80)为合格。					
得分：		是否合格:合格/不合格		测评日期：	
				测评人：	

附录6　城市轨道交通安检人员实用英语

引导用语

1. Please put your carry-on luggage on the security inspection machine.

请将您的随身行李放在安检机上。

2. Please place your carry-on items on the conveyor belt.

请将您的随身物品放在传送带上。

3. Please step through the metal detector.

请您走过金属探测器。

4. Please put your arms up and stand still.

请举起您的手臂并站好。

5. Please raise your arms for a pat-down search.

请举起您的手臂接受人身检查。

行李物品询问用语

1. Do you have any liquids in your bag?

您的包里有液体吗？

2. Do you have any sharp objects in your bag?

您的包里有任何尖锐物品吗？

3. Do you have any electronic devices with you?

您是否携带有任何电子设备？

4. Are you carrying any restricted items?

您是否携带任何限制物品？

5. Do you have anything valuable in your luggage?

您的行李里有贵重物品吗？

6. Do you have any other questions?

您还有其他问题吗？

行李物品检查用语

1. Your handbag needs to be inspected.

您的手提袋需接受安检。

2. Can you explain the contents of your bag?

请您说明一下行李内的物品。

3. Please show me whatis inside your bag.

请让我看看您的包里有什么。

4. Please step forward and open your luggage.

请上前打开您的行李。

5. Please open your suitcase.

请打开您的手提箱。

6. Please remove them and place them in the bin.

请把它们拿出来放在箱子里。

7. Please empty your pockets into the tray.

请把口袋里的东西都倒进托盘里。

8. May I check your luggage?

我可以检查您的行李吗?

9. Sorry, I need to double-check your luggage.

不好意思,我需要再次检查您的行李。

10. Sorry, wait a moment please. You need to undergo further check.

不好意思,请稍等。您需要接受进一步检查。

11. Please collect your luggage here.

请在这里取您的行李。

12. Please make sure you grab all your belongings.

请确保拿好您的所有行李物品。

13. Please take your bag and proceed to the entrance.

请您带好背包并前往出口处。

拒绝及感谢用语

1. Sorry, your carry-on is too big to bring onboard.

不好意思,您的随身行李太大,不能携带。

2. Sorry, this item cannot be taken on the subway.

不好意思,这件物品不能带上地铁。

3. Sorry, you will need to dispose of that knife.

不好意思,您需要把那把刀处理掉。

4. Sorry, it is strictly prohibited.

不好意思,这是严格禁止的。

5. We apologize for any inconvenience.

对于给您带来的不便,我们深表歉意。

6. Thank you for your patience.

感谢您的耐心等待。

7. We appreciate your cooperation.

感谢您的合作。

附录7 实　　训

实训任务一：交接班作业

姓名		班级/部门	
学号/工号		日期	
任务说明	轨道安检人员需熟知交接班作业内容及注意事项，需清点交接的物品，熟练规范地使用交接班标准用语		
任务目标	1. 掌握轨道安检人员交接班作业需交接的物品。 2. 掌握轨道安检人员交接班作业需交接的内容。 3. 掌握轨道安检人员交接班作业需交接的注意事项		
任务准备	1. 实训地点：安检点实训区 2. 实训设备：通道式X射线安检机、液检仪、金属探测器、对讲机、安检机钥匙等。 3. 知识准备：轨道安检人员分为上岗前交接作业和班中交接作业；交接作业主要包括提前到站、更换制服、整理着装、参加交接班会、文件学习、台账签字等		

	步骤	分步作业	实训记录
任务实施		**上岗前交接作业**	
	到站	提前至少15min到站更换制服、整理着装、确保仪容仪表符合要求	
	参会	参加交接班会，到车控室签到，了解当天工作注意事项和有关重要通知内容	
		班中交接作业	
	准备	主动上交手机，询问在岗交班安检人员是否需要更换备品，如对讲机电量是否充足等	
	▲交接	**1. 按时或提前至安检点进行交接** ①用语： 接班人员口呼："安检人员×××，请求接班。" 交班人员回呼："安检人员×××，请求接班明白，请检查生产工具及设施设备是否完好。" ②共同清点岗位物品，确保通道式X射线安检机、液检仪、金属探测器、对讲机等正常、齐全、完好。 接班人员口呼："生产工具及设施设备完好。" **2. 询问是否有重要事项需要交接** ①用语： 交班人员口呼："早班无任何遗留问题，其他一切正常。" 接班人员口呼："早班无任何遗留问题，其他一切正常，明白，可以接班。" ②如物品不齐、损坏等异常情况需及时向值班站长反馈（交接不清时交班安检人员不允许私自下班离开）	

续上表

	考核内容	考核要求	评分标准	得分
任务考核	实训态度（10分）	态度认真、纪律良好	1. 作业过程中嬉笑打闹扣10分。 2. 无故缺勤实训等情况扣10分	
	过程完整度（30分）	完整执行作业步骤	1. 每缺少一个步骤扣5分。 2. 每缺少一个▲标关键步骤扣20分	
	用语动作规范（30分）	作业过程中按照要求使用规范用语、动作规范、正确、到位	1. 未规范使用或错误使用作业用语，每次扣5分。 2. 作业动作不规范，每次扣5分	
	设备、备品使用情况（10分）	各种设备、备品使用步骤顺序正确、规范、到位、符合相关规定	1. 违规操作实训设备、备品，扣10分。 2. 设备、备品操作不规范，每处扣5分	
	实训心得（20分）	内容紧贴实训任务，如实填写，不得抄袭	1. 报告内容不符合实训任务扣20分。 2. 报告未如实填写扣20分。 3. 内容不全、字数太少、无逻辑等视情况扣分	
	总分			

实训心得（自我评价、总结、反思）	
教师/负责人评语	

实训任务二:禁止、限制携带物品的识别与处置

姓名		班级/部门	
学号/工号		日期	
任务说明	使用安检设备对各种危险品、禁止限制携带物品的结构、外观进行识别与分析,并运用所学技能正确处置		
任务目标	1.能够正确使用各种安检设备。 2.能够正确辨别、分类危险品与禁止、限制携带物品。 3.能够熟练地对检查出的危险品与禁止、限制携带物品进行应急处置		
任务准备	1.实训地点:安检点实训区 2.实训设备:通道式X射线安检机、液检仪、爆炸物毒品检测仪、金属探测器、金属探测门及实训所需危险品和禁止限制携带物品等。 3.知识准备:危险品与禁止、限制携带物品的性质和外部特征;管制刀具的认定标准;危险品与禁止、限制携带物品的应急处置方法		

任务实施	步骤	分步作业	实训记录
	\multicolumn{2}{c}{识别检查作业}	
	操作	按照要求正确使用各种安检设备,包括开关机、预热、检测、结果读取等步骤	
	识别	根据被检物品外观、轮廓、颜色、性状、气味等特征识别并分类各种危险品与禁止限制携带物品	
	\multicolumn{2}{c}{应急处置作业}	
	▲处置	**1.危险品应急处置** ①立即上报值班站长并通知车站民警到场处理。 ②迅速疏散周围乘客,做好现场保护与隔离。 ③选择合适方法安全转移并处理发现的危险品,确保过程中不发生损坏、泄漏事故。 **2.禁止、限制携带物品应急处置** ①迅速识别判断乘客携带的禁止限制携带物品种类、危害,引导乘客自弃该物品或建议换乘其他交通工具。 ②用语: "不好意思,请将包内的××物品取出确认,谢谢。" "不好意思,您的××物品属于禁止限制携带物品,不能带进车站,您可以自弃或者改乘其他交通工具,谢谢配合。" ③对乘客自弃的禁止限制携带物品进行上报、登记、封存处置	

续上表

	考核内容	考核要求	评分标准	得分
任务考核	实训态度 （10分）	态度认真、纪律良好	1. 作业过程中嬉笑打闹扣10分。 2. 无故缺勤实训等情况扣10分	
	过程完整度 （30分）	完整执行作业步骤	1. 每缺少一个步骤扣5分。 2. 每缺少一个▲标关键步骤扣20分	
	用语动作规范 （30分）	作业过程中按照要求使用规范用语、动作规范、正确、到位	1. 未规范使用或错误使用作业用语，每次扣5分。 2. 作业动作不规范，每次扣5分	
	设备、备品使用情况 （10分）	各种设备、备品使用步骤顺序正确、规范、到位，符合相关规定	1. 违规操作实训设备、备品，扣10分。 2. 设备、备品操作不规范，每处扣5分	
	实训心得 （20分）	内容紧贴实训任务，如实填写，不得抄袭	1. 报告内容不符合实训任务扣20分。 2. 报告未如实填扣20分。 3. 内容不全、字数太少、无逻辑等视情况扣分	
	总分			
实训心得 （自我评价、总结、反思）				
教师/负责人评语				

实训任务三：通道式 X 射线安检机操作与判图

姓名		班级/部门	
学号/工号		日期	
任务说明	安检人员能够按照正确的规章流程操作通道式 X 射线安检机，识别各个按键的含义及功能，了解设备各个部分特征和功能；对通道式 X 射线安检机图像中的物品进行判断和识别		
任务目标	1. 能够熟练掌握通道式 X 射线安检机原理、功能、操作。 2. 能够运用相关技能熟练识别通道式 X 射线图像中的物品。 3. 能够对通道式 X 射线安检机进行日常维护和故障排除		
任务准备	1. 实训地点：安检实训区 2. 实训设备：通道式 X 射线安检机、实训所需行李物品、危险品和禁止限制携带物品等。 3. 知识准备：安检人员分为通道式 X 射线安检机操作作业、判图作业和故障维护作业；需具备通道式 X 射线安检机启动、调试、运行等技能，各种识别物品技巧以及常见故障维护技能		

	步骤	分步作业	实训记录
任务实施		通道式 X 射线安检机操作作业	
	运行	正确检查通道式 X 射线安检机外部结构完整性、线缆完好且接地、应急按钮可正常旋起、清空通道，并依次进行开机、登录系统、启动传送带、关机等操作	
	按键	正确识别机身紧急关机按钮、操作区键盘按钮含义和功能，根据不同情况对图像进行灵活调整	
		通道式 X 射线安检机判图作业	
	▲识别	根据显示的通道式 X 射线图像的外观、轮廓、颜色等判断物品性质，并熟练使用判图技巧识别图像	
	▲技巧	使用操作区功能按键对不同通道式 X 射线图像进行综合处理，包括图像放缩、反转、增强、有机物无机物剔除等功能，提高判图准确性	
		通道式 X 射线安检机维护作业	
	检查	对通道式 X 射线安检机进行日常维护，清理异物，发现通道式 X 射线安检机故障并根据现象进行排查，找出故障点	
	维护	运用所学技能对排查出的故障现象，并进行简单维护	

续上表

	考核内容	考核要求	评分标准	得分
任务考核	实训态度（10分）	态度认真、纪律良好	1. 作业过程中嬉笑打闹扣10分。 2. 无故缺勤实训等情况扣10分	
	过程完整度（30分）	完整执行作业步骤	1. 每缺少一个步骤扣5分。 2. 每缺少一个▲标关键步骤扣20分	
	用语动作规范（30分）	作业过程中按照要求使用规范用语、动作规范、正确、到位	1. 未规范使用或错误使用作业用语，每次扣5分。 2. 作业动作不规范，每次扣5分	
	设备、备品使用情况（10分）	各种设备、备品使用步骤顺序正确、规范、到位、符合相关规定	1. 违规操作实训设备、备品，扣10分。 2. 设备、备品操作不规范，每处扣5分	
	实训心得（20分）	内容紧贴实训任务，如实填写，不得抄袭	1. 报告内容不符合实训任务扣20分。 2. 报告未如实填写扣20分。 3. 内容不全、字数太少、无逻辑等视情况扣分	
	总分			
实训心得（自我评价、总结、反思）				
教师/负责人评语				

实训任务四:人身检查与开包(箱)检查

姓名		班级/部门	
学号/工号		日期	
任务说明		使用手持金属探测器对乘客进行人身检查以及开包(箱)检查,检查过程中使用规范用语提升安检服务的能力与形象	
任务目标		1. 正确使用手持金属探测器对乘客进行人身检查,掌握检查要点和注意事项。 2. 正确进行开包(箱)检查,掌握检查要点和注意事项。 3. 熟练运用规范用语,提升服务能力	
任务准备		1. 实训地点:安检实训区 2. 实训设备:金属探测器、行李物品、实训所需模拟危险品及禁止、限制携带物品等。 3. 知识准备:需具备金属探测器使用技能、人身检查要领、开包(箱)检查要领以及其注意事项等相关知识和技能	

任务实施	步骤	分步作业	实训记录
		人身检查作业	
	设备	调试金属探测器,包括检查外观完整性、剩余电量、功能键工作正常,调整合适的灵敏度	
	▲检查	①使用金属探测器对乘客进行人身检查,并注意检查顺序,语言规范,发现可疑物品的处置。发现难以判断可疑物品进行手工检查,注意手工检查技巧、不触碰乘客敏感部位,触摸力度等。 ②用语: "您好,请配合进行人身检查,谢谢。" "您好,请您伸展双臂。" "谢谢您的配合。" "您好,请取出兜中的可疑物,谢谢。"	
		开包(箱)检查作业	
	▲检查	手工进行开包(箱)检查,注意征得乘客允许后在乘客视线中进行,并细致检查包(箱)隔层、暗兜,使用规范语言引导乘客取出行李中的可疑物品,观察乘客神态与动作,对神情不自然或不予配合者着重检查	
	▲处置	①发现可疑物品时,取出进行细致排查,确定为危险品时,迅速进行人物分离,疏散乘客、上报处理。 ②若为禁止限制携带物品则告知乘客自弃或改乘其他交通工具。并注意规范语言。 ③用语: "请上前打开您的行李。" "您好,请将包内的××物品取出确认,谢谢。" "您好,您的××物品属于易燃物品,不能带进车站,您可以自弃或者改乘其他交通工具,谢谢配合。"	

续上表

	考核内容	考核要求	评分标准	得分
任务考核	实训态度 （10分）	态度认真、纪律良好	1. 作业过程中嬉笑打闹扣10分。 2. 无故缺勤实训等情况扣10分	
	过程完整度 （30分）	完整执行作业步骤	1. 每缺少一个步骤扣5分。 2. 每缺少一个▲标关键步骤扣20分	
	用语动作 规范 （30分）	作业过程中按照要求使用规范用语、动作规范、正确、到位	1. 未规范使用或错误使用作业用语，每次扣5分。 2. 作业动作不规范，每次扣5分	
	设备、备品 使用情况 （10分）	各种设备、备品使用步骤顺序正确、规范、到位，符合相关规定	1. 违规操作实训设备、备品，扣10分。 2. 设备、备品操作不规范，每处扣5分	
	实训心得 （20分）	内容紧贴实训任务，如实填写，不得抄袭	1. 报告内容不符合实训任务扣20分。 2. 报告未如实填写扣20分。 3. 内容不全、字数太少、无逻辑等视情况扣分	
			总分	
实训心得 （自我评价、总结、反思）				
教师/负责人评语				

实训任务五:消防器材使用实训

姓名		班级/部门	
学号/工号		日期	
任务说明	发现着火源、查看火情,根据着火情况选择合适的灭火器,正确操作扑灭火源。当火情严重时,在火警到来之前正确使用灭火器辅助灭火,积累防火救火技能,保障公众生命财产安全			
任务目标	1.掌握火灾相关知识和预防常识。 2.能够根据着火特点选用正确的灭火器并熟练操作。 3.掌握火场救援常识和技能			
任务准备	1.实训地点:安检实训区 2.实训设备:干粉灭火器、消防水箱。 3.知识准备:火灾的分类;灭火器、消防栓的使用			

	步骤	分步作业	实训记录
任务实施		**干粉灭火器的使用**	
	▲操作	①灭火时使用者站在上风位置,距离火源 3~5m 处,上下摇晃,查看压力表是否正常(绿色为正常状态、红色表示压力不够、黄色表示压力过高)。 ②拔出保险销,一手握灭火器压把,一手握软管喷头,将喷头对准火焰根部,用力按下压把,左右移动喷射,熄灭后用水冷却降温除烟	
	注意事项	①使用时保持筒身竖直,不能横置。 ②干粉灭火器适用于易燃、可燃液体、气体及带电设备的初起火灾、固体类物质的初起火灾,不能扑救金属火灾	
		消防栓的使用	
	▲操作	①消防水带:打开箱门,取出消防水带并迅速展开,将水带一头接出水口(对齐卡位,旋转连接水带与出水口的卡扣),另一头连接水枪头,一人抱水枪头至火灾现场,对准火焰根部,另一人缓慢开启球阀,查看水带是否卷曲,及时调整。 ②橡胶软管:迅速将橡胶软管拉至事故地点,对准火焰根部,缓慢开启水阀	
	▲灭火	①注意缓慢开启球阀,严禁快速开启,防止水锤现象。 ②橡胶软管盘适用于小型火灾,有两个阀门,软管首、尾端各有一个,先打开首端阀门,拉出软管对准火源后再打开末端阀门	

续上表

	考核内容	考核要求	评分标准	得分
任务考核	实训态度（10分）	态度认真、纪律良好	1. 作业过程中嬉笑打闹扣10分。 2. 无故缺勤实训等情况扣10分	
	过程完整度（30分）	完整执行作业步骤	1. 每缺少一个步骤扣5分。 2. 每缺少一个▲标关键步骤扣20分	
	用语动作规范（30分）	作业过程中按照要求使用规范用语、动作规范、正确、到位	1. 未规范使用或错误使用作业用语，每次扣5分。 2. 作业动作不规范，每次扣5分	
	设备、备品使用情况（10分）	各种设备、备品使用步骤顺序正确、规范、到位、符合相关规定	1. 违规操作实训设备、备品，扣10分。 2. 设备、备品操作不规范，每处扣5分	
	实训心得（20分）	内容紧贴实训任务，如实填写，不得抄袭	1. 报告内容不符合实训任务扣20分。 2. 报告未如实填写扣20分。 3. 内容不全、字数太少、无逻辑等视情况扣分	
	总分			
实训心得（自我评价、总结、反思）				
教师/负责人评语				

实训任务六：安检人员礼仪与引导规范实训

姓名		班级/部门	
学号/工号		日期	
任务说明		设置不同安检工作情景,展示安检人员礼仪,包括规范用语、着装、举止动作等,运用正确的引导姿势指引乘客,提高安检人员职业素养和服务水平	
任务目标		1.掌握安检人员礼仪规范,能够以良好的言行举止进行安检服务。 2.掌握安检人员各个岗位引导规范动作,引导乘客进站,展现良好职业素养与精神风貌	
任务准备		1.实训地点:安检实训区。 2.实训设备:模拟乘客、各个安检岗位模拟情景等。 3.知识准备:安检人员分为规范礼仪作业与规范引导作业;需具备良好的职业礼仪,能够以饱满的精神风貌尽职尽责履行安检工作,使用规范引导动作指引乘客进站	

	步骤	分步作业	实训记录
任务实施		规范礼仪作业	
	礼仪	①规范衣着,整洁面容,做到不佩戴过多首饰,男士发型规整,不留怪异头发,不染奇异发色;女士不披头散发,不留长指甲,勤换洗衣物,身体无异味等。 ②面带微笑,以饱满的精神风貌迎接乘客,做到双手递接物品,耐心听从乘客诉求,不顶撞,避免与乘客发生矛盾。 ③站立时双脚自然成V字形,不歪曲身体,不摇晃,不抖动;坐姿要求端正,不跷二郎腿,不倚靠不趴扶等	
	▲用语	①引导岗规范用语: "您好,进站请安检,谢谢。" "无包的乘客,请走无包通道。" "请有序排队,不要拥挤,注意安全,谢谢。" ②值机岗规范用语: "您好,请将包内的××物品取出确认,谢谢。" "您好,请将包内的水瓶取出检测,谢谢。" "谢谢您的配合。" ③手检岗规范用语: "对不起,请打开您的包接受检查,谢谢。" "您好,您的××物品属于易燃物品,不能带进车站,您可以自弃或者改乘其他交通工具,谢谢配合。" ④身检岗规范用语: "您好,请将双臂张开,五指分开,谢谢。" "您好,请转身。"	
		规范引导作业	
	引导	①能够针对各个岗位运用规范的引导动作指引乘客进站,包括引导岗、值机岗、身检岗、手检岗等。 ②手势规范标准,通俗易懂,不带有歧义,针对不同情形灵活运用,尊重不同的文化风俗,不适用带有侮辱含义的手势,注重大气端庄	

续上表

	考核内容	考核要求	评分标准	得分
任务考核	实训态度（10分）	态度认真、纪律良好	1. 作业过程中嬉笑打闹扣10分。 2. 无故缺勤实训等情况扣10分	
	过程完整度（30分）	完整执行作业步骤	1. 每缺少一个步骤扣5分。 2. 每缺少一个▲标关键步骤扣20分	
	用语动作规范（30分）	作业过程中按照要求使用规范用语、动作规范、正确、到位	1. 未规范使用或错误使用作业用语，每次扣5分。 2. 作业动作不规范，每次扣5分	
	设备、备品使用情况（10分）	各种设备、备品使用步骤顺序正确、规范、到位，符合相关规定	1. 违规操作实训设备、备品，扣10分。 2. 设备、备品操作不规范，每处扣5分	
	实训心得（20分）	内容紧贴实训任务，如实填写，不得抄袭	1. 报告内容不符合实训任务扣20分。 2. 报告未如实填写扣20分。 3. 内容不全、字数太少、无逻辑等视情况扣分	
	总分			

实训心得（自我评价、总结、反思）	

教师/负责人评语	

实训任务七:防暴器材及防卫技巧使用实训

姓名		班级/部门	
学号/工号		日期	
任务说明	了解防暴器材的使用方法,针对模拟的不同突发情形选用合适的器具进行简单防卫,协助民警保护公众生命财产安全		
任务目标	1.了解防暴器材的使用方法,能够迅速采取措施应对突发事件。 2.掌握一定的防卫技巧,应对暴力冲突事件能够进行防卫和反击,保护公众和自身安全		
任务准备	1.实训地点:安检实训区。 2.实训设备:防暴棍、防暴钢叉、防暴盾牌、防爆罐/球、防爆围栏、防爆毯等。 3.知识准备:安检人员分为防暴器械作业与基础防卫作业;需具备基本的使用方法和姿势,能够应对较轻程度的突发暴力事件,以及运用一定的防卫基础技能保护公众和自身的安全		

任务实施	步骤	分步作业	实训记录
	长棍的使用		
	▲操作	使用方法:使用长棍时,高马步,重心下沉,通常左手握住长棍中段,右手抓握长棍的末端,长棍底部紧贴自己的腰髋部。对峙过程中可采取虚晃、假戳、戳击、截击等战法。击打时不可击打对象颈部以上的部位	
	防暴钢叉的使用		
	▲操作	使用方法:使用防暴钢叉时,高马步,重心下沉,通常左手握住防暴钢叉中断、右手抓握防暴钢叉的握把,钢叉紧贴自己的腰髋部。对峙过程中可采取虚晃、假戳、戳击、截击等战法。击打时不可击打对象颈部以上的部位	
	防暴盾牌的使用		
	▲操作	使用方法:高马步,重心下沉,将左手手臂套在挂带里,左手紧握握把,右手顶住盾牌上段,盾牌与眉心同高,朝自己方向倾斜约15°,对峙过程中可采用戒备、格挡、截击等战法	

任务考核	考核内容	考核要求	评分标准	得分
	实训态度 (10分)	态度认真、纪律良好	1.作业过程中嬉笑打闹扣10分。 2.无故缺勤实训等情况扣10分	
	过程完整度 (30分)	完整执行作业步骤	1.每缺少一个步骤扣5分。 2.每缺少一个▲标关键步骤扣20分	
	用语动作规范 (30分)	作业过程中按照要求使用规范用语、动作规范、正确、到位	1.未规范使用或错误使用作业用语,每次扣5分。 2.作业动作不规范,每次扣5分	

续上表

	考核内容	考核要求	评分标准	得分
任务考核	设备、备品使用情况（10分）	各种设备、备品使用步骤顺序正确、规范、到位，符合相关规定	1. 违规操作实训设备、备品，扣10分。 2. 设备、备品操作不规范，每处扣5分	
	实训心得（20分）	内容紧贴实训任务，如实填写，不得抄袭	1. 报告内容不符合实训任务扣20分。 2. 报告未如实填写扣20分。 3. 内容不全、字数太少、无逻辑等视情况扣分	
	总分			
实训心得（自我评价、总结、反思）				
教师/负责人评语				

参考答案

第1章　城市轨道交通安检总论

一、填空题

1. 检查权；拒绝进入权

2. 引导；值机；手检；安全；指挥

3. 责任重大；工作强度高；专业性强；易发生纠纷

4. 通道式X射线安检机；金属探测器；金属探测门；危险液体检测仪；爆炸物及毒品检测仪（任答3项）

5. 常态安检；加强安检；特别安检

6. 安全第一；预防为主；依法实施；按章操作

二、选择题

1. B；2. C；3. D

三、简答题（言之有理即可）

1. （1）城市轨道交通安检是为了确保城市轨道交通系统的安全，防止恐怖袭击、暴力事件和其他犯罪行为的发生。

（2）城市轨道交通安检可以筛查出潜在的隐患，有效地减少安全隐患，防止携带危险品、违禁品进入城市轨道交通工具和站点，保护人民群众的生命财产安全。

（3）城市轨道交通安检可起到一定的威慑作用，对于有意破坏公共秩序和制造骚乱的人员起到遏制作用，提高社会治安水平。

（4）城市轨道交通安检的规范化、高效化可以提高公众对城市轨道交通系统的信任度，增强公众对城市轨道交通系统的使用意愿，扩大城市轨道交通的用户群体，促进城市轨道交通的发展，彰显城市的管理水平和安全保障水平，增强城市形象和公众信心。

2. （1）检查权

①对乘客的人身检查权，包括使用仪器检查、手工检查及对身体的搜索检查；

②对随身携带行李物品的检查权，包括使用相关安检仪器检查以及人工开箱包检查。

（2）拒绝进入权

①在对乘客及行李物品的安全检查过程中，一旦发现有故意隐藏危险品、违禁品及其他限制携带物品等可能用于犯罪活动的乘客时，安检部门有权拒绝乘客进入，并将人与物一并移交公安机关审查处理；

②对怀疑为危险物品，但受客观条件限制又无法认定其性质的，乘客又不能提供该物品性质和可以携带乘坐城市轨道交通工具运输的证明时，城市轨道交通运输企业有权拒绝其进站乘车；

③在安全检查过程中,对于拒绝接受检查的乘客,安检部门有权拒绝其进入安保区域。

3.(1)常态安检模式。常态安检模式主要适用于日常运营,执行标准为"逢包必检、逢液必检"。若遇有突发事件或纠纷等其他情况,应及时联系该城市轨道交通站点的民警。

(2)加强安检模式。加强安检模式主要适用于重要节假日期间,执行标准为"逢包必检、逢液必检、逢疑必检",同时开展人身安全检查工作。

(3)特别安检模式。特别安检模式主要适用于特殊时期,按照政府和公安机关的要求,需要重点防范时,执行标准为"逢包必检、逢液必检、逢人必检",同时开展人身安全检查工作。各安全检查点每班至少增设1名安检人员。安检点的安检工作由民警指导,应有武警、特警等力量参与。

4.可疑情况主要包括6类:
(1)汽油涌、油漆桶、压缩钢瓶等明显的危险品。
(2)盛装液体的桶罐瓶等较大的容器。
(3)没有密封包扎的各种较大口袋。
(4)长度、宽度、体积和随身携带特征不相符的物品。
(5)反季着装、衣冠不整的乘客及其携带的物品。
(6)反复逗留、犹豫不前等与正常乘车行为不符的乘客及其携带的物品。
安检重点关注对象主要包括:
(1)精神恐慌、言行可疑、伪装镇静者。
(2)冒充熟人、假献殷勤、接受检查过于热情者。
(3)表现异常、催促检查或态度蛮横不愿接受检查者。
(4)着装与其身份明显不符或与季节不适宜者。
(5)公安部门、安全检查站所掌握的嫌疑分子和群众检举的嫌疑分子。
(6)上级通报的来自恐怖活动频繁的国家和地区的人员。
(7)在检查中发现有可疑问题者。

第2章　危险品及禁止限制携带物品识别

一、选择题
1. C;2. C;3. B;4. D;5. A
二、简答题(言之有理即可)
1.(1)爆炸品:炸弹、催泪弹、照明弹、燃烧弹、毒气弹、手雷、地雷、手榴弹等。
(2)易燃品:汽油、乙醇(酒精)、煤油、柴油、苯、油漆、甲醇、丙酮、松香油、稀料等。
(3)毒害品:氰化物、三氧化二砷(砒霜)、苯酚、磷化氢、灭鼠药、剧毒农药等。
(4)腐蚀性物品:盐酸、硫酸、硝酸、乙酸、氢氧化钠、氢氧化钾、酸性或碱性蓄电池等。
(5)放射性物品:发光剂、夜光粉、铀、钚、镭等。
(6)感染性物品:细菌、病毒、寄生虫、真菌、病患标本等。
(7)杂项危险物质和物品:以细微粉尘吸入可危害健康的物质、会放出易燃气体的物质、锂电池组等。

2.(1)民用生活生产工具如刀、水果刀、餐刀、剪刀、工艺刀、工具刀等刀具,斧头、锤子、钢(铁)锉、锥子(尖锐物)、铁棍等锐器、钝器;

(2)含有易燃易爆物质的生活用品如酒精、香水、花露水、喷雾、凝胶等含易燃成分的非自喷压力容器日用品,指甲油、去光剂、冷烫精、染发剂、摩丝、发胶、杀虫剂、空气清新剂等自喷压力容器,安全火柴、普通打火机、充电宝、锂电池等。

3.易燃液体及其所挥发的可燃气体,遇火迅速燃烧;所挥发的可燃气体在空气中的浓度达到爆炸极限时,遇火星即发生爆炸;存放密闭容器中的易燃液体,受热后能使容器爆裂而引起燃烧;大量可燃气体扩散到空气中,使人畜中毒或窒息。

4.刀尖角度小于60°,刀身长度超过150mm的各类单刃、双刃和多刃刀具;刀尖角度大于60°,刀身长度超过220mm的各类单刃、双刃和多刃刀具,以及符合上述条件的陶瓷类刀具等。

第3章 安检设施设备及操作

一、填空题

1.频率极高;波长极短;能量很大

2.橙色

3.金属检测区域;非金属检测区域

4.压电效应;电磁感应

5.中

二、选择题

1.B;2.C;3.D;4.D;5.A

三、简答题(言之有理即可)

1.(1)检查通道式X射线安检机的外壳面板、盖板、铅门帘、传送带是否完好,传送带表面是否有开裂现象,入口铅门帘是否有明显间隙和破损。

(2)检查通道内是否有杂物、遗留物品,是否有物体遮挡住光障。

(3)检查3个急停开关是否可按动,并处于旋起状态。

(4)检查设备是否接地。

(5)检查电缆有无损伤,是否连接。如果损伤,严禁通电。

(6)检查显示器、鼠标、键盘是否完好。

2.(1)整体判读法;(2)颜色分析法;(3)形状分析法;(4)功能键分析法;(5)重点分析法;(6)对称分析法;(7)共性分析法;(8)特征分析法;(9)联想分析法;(10)观察分析法;(11)常规分析法;(12)排除法;(13)角度分析法所示;(14)综合分析法。

3.(1)开机前仪器探头部位正面向上,并保持1.5m内无任何障碍物,待显示窗出现"SUCCESS"标志后方可移动仪器进行检测。

(2)紧贴被检测物,不要进行任何方向的移动。

(3)持续按下检索键等待结果出现,待结果出现后,一定要先松开扳机,松开扳机后再将被检测物拿走。

(4)当被检液体安全时,绿色"安全"指示灯亮起,同时屏幕显示"安全"字样;当被检液体为危险液体时,红色"危险"指示灯亮起,同时屏幕显示"危险"字样。

4.(1)金属探测门的自身因素。

(2)探测物因素。

(3)受检者因素。

(4)周围环境因素。

5.(1)安检信息系统:通过搭建线网安检信息平台,将安检机等车站终端设备统一纳入系统管理,打破安检信息孤岛。

(2)AI智能判图:指利用基于深度学习的人工神经网络模型,通过对安检图像进行特征提取及特征融合分析处理,实现对危险液体、管制刀具和枪支器械等违禁品的智能识别与自动实时报警。

(3)信用安检:信用安检是指基于乘客信用体系及人脸识别技术,对乘客实施分类、分级的差异化安检。

(4)安检与票检合一:指在信用安检的基础上,建立安检、票检快捷通道,设计安检票务一体化设备简化乘进站流程,实现"安检+票检"一体化。

(5)安检互信:指乘客在城市轨道交通与市域铁路城际铁路及国铁间换乘时,无需进行二次安检,直接进站。

(6)差异化安检:城市轨道交通乘客差异化安检系统包括两类安检通道(普通安检通道、实名认证快速安检通道),两套系统(乘客身份识别系统、行李精准识别系统)。乘客身份识别系统用于实名认证快速安检通道,实现对乘客身份的确认;两类安检通道安检设备通用安检设备通过行李精准识别系统精确判图,识别行李中是否存在违禁品。

第4章 安检流程及禁止限制携带物品处置

一、填空题

1.头部、肩胛、胸部、手部(手腕)、臀部、腋下、裆部、腰部、腹部、脚部

2.人物分离

3.逢包必检;逢液必查;逢疑必查

4.大件箱包;各种包袋;大容量容器;可疑物品

5.由女性安检人员进行

二、选择题

1.C;2.B

三、简答题(言之有理即可)

1.(1)用通道式X射线安检机检查时,图像模糊不清,无法判断物品性质的。

(2)用通道式X射线安检机检查时,发现有疑似利器、爆炸物、枪或弹状物等危险物品的。

(3)遇有受检乘客携带胶片、计算机软盘等不愿意接受通道式X射线安检机检查时,应进行手工检查。

(4)若受检乘客申明携带的物品不宜接受通道式X射线安检机检查时(如食物、玻璃、

药物、超大超高超重物品等),应进行手工检查。

(5)对乘客声明不宜公开检查的物品,应当征得其同意后,单独实施检查。

(6)复检行李的底部、角部和内外侧小兜等部位,应当要求受检乘客自行打开或取出物品接受检查,并注意观察有无夹层。开行李检查后应重新通过通道式X射线安检机检查。

2.(1)前衣领→右肩→右大臂外侧→右手→右大臂内侧→腋下→右上身外侧→右前胸→腰、腹部→左肩→左大臂外侧→左手→左大臂内侧→腋下→左上身外侧→左前胸→腰、腹部→右膝部内侧→裆部→左膝部内侧。

(2)头部→后衣领→背部→后腰部→臀部→左大腿外侧→左小腿外侧→左脚→左小腿内侧→右小腿内侧→右脚→右小腿外侧→右大腿外侧。

3.①发现可疑物品时,不要将其移动,防止无关人员接触可疑物品。

②应在不引起乘客恐慌的情况下,设置警戒区,疏散乘客。

③能明确判断可疑物品属于违禁品时,按照城市轨道交通处置措施处理。若无法判断可疑物品的属性、威力等情况时,可将此情况上报值班站长及值班民警,配合公安专业人员做好后续工作。

第5章 突发事件应急处置

一、填空题

1.安检部门领导;安检现场执勤的安检人员;安检部门机关职能部门人员;保障车辆的司机

2.看;听;闻

3.快捷;准确;直报;续报

4.先兆;轻症;重症

5.指压止血法;加压包扎法;止血带止血法

二、选择题

1.A;2.C;3.C

三、简答题(言之有理即可)

1.(1)大客流的应急处置;(2)发现无人认领箱包的应急处置;(3)打架斗殴的应急处置;(4)安检现场乘客冲闯的应急处置;(5)机器故障的应急处置;(6)城市轨道交通延误的应急处置;(7)停电的应急处置;(8)精神病患者的应急处置;(9)发现爆炸物的应急处置;(10)犯罪分子携带凶器、炸药、挟持人质的应急处置;(11)新型恐怖威胁的应急处置;(12)毒气袭击的应急处置。

2.(1)当城市轨道交通车站出现大客流情况后,应立即会同车站工作人员共同维持车站秩序,控制出入口和检票口的人流,实施限流、分流、关闭部分卷帘门等措施,及时调集相关力量进行支援。应视情况采取停止售检票、关闭部分出入口等措施。

(2)车站客流组织需合理利用车站空间,扩大乘客等候区域。通过设置栏杆、安排人员引导等方式控制乘客流向,尽量减少客流交叉、对流,确保客流顺畅。

(3)关注扶梯的运行情况,在特别拥挤的扶梯和楼梯口应安排工作人员引导乘客有序进入,以防止乘客被挤伤。在实施客流控制需关停扶梯时,应提前进行广播宣传,提醒乘客注意,确保扶梯上乘客疏散后,方可关停扶梯。关注扶梯和楼梯口乘客上下车动态,灯闪铃响时阻止乘客上下车,防止出现乘客抢上抢下的行为。

(4)控制点的铁马使用扎带固定,应遵循"渐进缩小"原则摆成喇叭口或斜口,不宜垂直控制,有条件或必要时应设置多道控制点。控制点放行前先做广播宣传,逐渐解除拦截,避免通行客流拥挤,造成安全事件。

(5)密切关注客流变动情况,加强与城市轨道交通运营人员的联系,根据现场情况实施跳站运营、关闭车站等应急处置措施,发现可能引起踩踏事件的情况要及时上报。

(6)控制车站出入口和检票口,在最短的时间内将乘客疏散离开车站。

(7)客流控制完毕后,车站需立即回收相关客运物资,不得对客流的正常通行造成干扰。

3. 如果伤口处没有异物,可以先将干净的灭菌纱布、布块、手绢、绷带、敷料或直接用手紧压伤口止血;如果伤口出血较多时,可用纱布、毛巾等柔软物垫在伤口上,再用绷带包扎以增加压力,达到止血的目的。包扎后抬高伤口,增加静脉回流和减少出血。

4. (1)拉。附近有电源开关或插座时,应立即拉下开关或拔掉电源插头。

(2)切。若一时找不到断开电源的开关,应迅速用绝缘完好的钢丝钳或断线钳剪断电线,以断开电源。

(3)挑。对于由导线绝缘损坏造成的触电,安检人员可用绝缘工具、干燥的木棒等将电线挑开。

(4)拽。安检人员可戴上手套或在手上包缠干燥的衣服等绝缘物品拖拽触电者;也可站在干燥的木板、橡胶垫等绝缘物品上,用一只手将触电者拖拽开来。

(5)垫。如果电流通过触电者入地,并且触电者紧握导线,安检人员可设法用干燥的木板塞到触电者身下,与地隔离。

5. (1)转移。立即将患者移至空调室内,没有空调设备时,可在室内放置冰块、电风扇等,尽快使室内温度降至25℃以下。同时使患者平卧并解开衣扣休息,更换被汗水湿透的衣服。

(2)降温。安检人员可用冰水或酒精帮患者擦拭外露皮肤,也可在患者的头部、腋窝、腹沟等处放置冰袋。涂擦清凉油、万金油等。同时按摩四肢及躯干皮肤,促进血液循环以加速散热降温,直至体温降至38℃以下。

(3)补充。给予口服凉盐水、糖盐水、各种含盐的清凉饮料、人丹、藿香正气水等,注意不可急于补充大量水分。掐捏合谷穴、风池穴、太阳穴等穴位,同时保持患者呼吸畅通,改善缺氧状况。

(4)转送。在采取以上各种措施的同时,对于重症患者请安检人员拨打"120"急救电话,尽快将患者送往就近医院治疗。

第6章 防火防涝安全知识

一、填空题

1. 有限逃生通道
2. 立即报警;救人第一;先控制、后消灭;先重点、后一般

3. 可燃物

4. 可燃物;助燃物;着火源

5. 绳索自救法;匍匐前进法;毛巾捂鼻法;棉被护身法;毛毯隔火法

二、选择题

1. A;2. C;3. C;4. C

三、简答题(言之有理即可)

1. 灭火时使用者站在上风位置,先打开封条,上下摇晃,查看压力表是否正常,拔出保险销,一手握灭火器压把,一手握软管喷头,将喷头对准火焰根部,用力按下压把左右移动喷射,熄灭后用水冷却降温除烟。

2. 使用消火栓时,打开消火栓箱门,取下水带水枪,将水带一头连接在消火栓栓口上,将水带另一头与水枪连接,打开消火栓阀门,用水枪水柱对准火焰即可灭火。同时需要注意:在消火栓箱内设有消火栓泵启动按钮的,应当敲碎按钮玻璃面板,按下启动按钮;室内消火栓宜两人操作;在开启消火栓阀门时可适当掌握开启水压的大小。需要注意的是,如遇电气火灾,应先断电后再灭火。

3. (1)冷却法:冷却法是将灭火剂直接喷射到燃烧物上,把燃烧物的温度降低到可燃点以下,使燃烧停止。

(2)窒息法:窒息法是阻止空气流入燃烧区域或用不燃烧的惰性气体冲淡空气,使燃烧物得不到足够的氧气而熄灭。可用湿麻袋、湿棉被、黄沙等不燃物或难燃物覆盖在燃烧物上。将可燃物环境低于最低氧浓度,燃烧不能进行,火灾即被扑灭。

(3)隔离法:隔离法是将还在燃烧的物质与未燃烧的物质隔离,中断可燃物质的供给,使燃烧停止。

(4)抑制法:抑制法是将有抑制作用的灭火剂喷射到燃烧区域,并参与到燃烧反应过程中去,使燃烧时产生的游离基消失,形成稳定的分子或低活性的游离基,使燃烧停止。

4. (1)城市轨道交通内存在违禁和易燃易爆物品。

(2)城市轨道交通工程及车辆材料选用不当。

(3)消防设施设置不当。

(4)附属设施及装备没有重视安全化处理。

(5)城市轨道交通电气设备存在隐患。

第7章 安检人员服务礼仪

一、填空题

1. 安全压力;人际压力;工作压力

2. 职务;身份

3. 请;谢

4. 全部扣上;第一颗

二、选择题

1. C;2. A

三、简答题(言之有理即可)

1.(1)确立合理的工作目标。

(2)拥有积极乐观的心态。

(3)提升业务能力。

(4)形成良好的生活习惯。

2.(1)上岗前不吃有异味的食物,禁止上岗前8h内饮酒。

(2)严禁在岗位上聊天、高声喧哗、嬉戏打闹、打瞌睡、擅自离岗、串岗、看书看报、玩游戏、吃零食等做与岗位工作无关的事,禁止将个人情绪带到工作上。

(3)站立时,不东倒西歪、无精打采,禁止背手、双手交叉胸前、抱拳、手插进口袋或手搭在物品上、倚靠墙柱等。

(4)坐立时,不得背靠椅背、双手交叉胸前、手放入口袋、斜躺、抖腿、跷二郎腿、用手托腮及趴在桌面上、闭目、脱鞋等;禁止左顾右盼,摇头晃脑。

(5)在行进过程中,不与乘客抢道并行。携带工具、器械等行走时,禁止在地面拖拉。

(6)指引不得单指引导乘客,尊重乘客的风俗习惯,禁止对乘客评头论足、指指点点等。

(7)为乘客服务过程中,动作应轻而快,禁止有甩、扔、摔、推、拉、扯等不礼貌举动。

(8)在岗期间不得使用个人电子产品(应急情况下必须使用时除外),如手机、电子手表等。

3.(1)规范称呼

"老师""乘客""同志""师傅""先生""女士"等。当清楚对方身份时,既可以对方的职务相称,也可以对方的身份相称;当不清楚对方身份时,可采用以性别相称"某先生""某女士"或"××老师"。

(2)礼貌用语

①见面语:"您好""早上好""下午好"等。

②感谢语:"谢谢""非常感谢""麻烦您了"。

③道歉语:"对不起""实在抱歉""非常过意不去""失礼了""对不起,打扰了""对不起,打断一下""请原谅"等。

④赞美语:"很好""很不错""太好了""真漂亮"等。

⑤告别语:"再见"等。

⑥征询语:"请问有什么需要帮助的吗?""请问,您有什么事吗?"等。

⑦应答语:"没关系""不客气"等。

第8章 安检人员基础防卫训练

一、填空题

1.意思准确;简单明了;自然大方;手势适时

2.单臂抓握;双臂抓握;抓胸

3.爆炸碎片;高速子弹

4.爆心

二、选择题

1. C;2. B;3. D;4. A

三、简答题(言之有理即可)

1. 使用条件:(1)发生精神病患者、酗酒者、泄私愤者危害公民人身安全和公共安全事件时。

(2)发生持械行凶、纵火等个人极端暴力事件时。

(3)发生以暴力方法抗拒执法或采取暴力侵害危及生命时。

(4)发生危害公共安全、社会秩序和公民人身安全的事件时。

防暴器材种类:防暴棍、防暴钢叉、防卫催泪喷雾、防暴盾牌、防爆毯、防爆围栏、防爆罐及防爆球等。

2.(1)当发现爆炸物或可疑爆炸物时,应迅速用防爆围栏罩住该物体。

(2)注意按印字或箭头方向摆放,不可倒置。将防爆毯盖在防爆围栏顶部,盖防爆毯时应尽量将防爆毯中央对准围栏中央位置。此外,还要注意将有字的一面朝上,不可盖反。

(3)人员应迅速撤离现场,远离爆炸物,并尽快报警,请专业排爆人员排除爆炸物。

(4)储放时应置于避光、通风、干燥处。

3.(1)构建高效的联动指挥机制。

(2)制定有针对性的预案。

(3)制定统一规范的处置流程。

第9章 安检相关法律法规及职业道德

一、填空题

1. 执行权;处罚权

2. 适用范围的特殊;严格的纪律

3. 调节

二、选择题

1. D;2. B;3. C

三、简答题(言之有理即可)

1.(1)抓好职业理想信念的培养。

(2)注重职业道德责任的锻炼。

(3)加强职业纪律的培养。

(4)强化职业道德行为的修养。

2.(1)维护国家统一和全国各民族团结的义务。

(2)遵守宪法和法律,保守国家秘密,爱护公共财产,遵守劳动纪律,遵守公共秩序,尊重社会公德的义务。

(3)维护祖国安全、荣誉和利益的义务。

(4)保卫祖国,依法服兵役和参加民兵组织的义务。

(5)依法纳税的义务。

除此之外,《宪法》还规定,劳动和受教育既是公民的权利也是公民的义务;父母有抚养教育未成年子女的义务,成年子女有赡养父母的义务等。

3.(1)有助于调节从业人员内部以及从业人员与服务对象之间的关系。

(2)有助于维护和提高本行业的信誉。

(3)促进本行业的发展。

(4)有助于提高全社会的道德水平。

第10章 安检常见问题及应对策略

一、填空题

1.移交公安机关;移交其他有关部门

2.三级有效或一般投诉

3.无效

4.留存;交给乘客;安检部门接收人

二、简答题(言之有理即可)

1.(1)倾听和理解。

(2)表达同理心。

(3)解释和解答。

(4)提供解决方案。

(5)记录和跟进。

(6)反馈和改进。

(7)培训和教育。

2.移交物品单据是指具有乘客姓名、证件号码、物品名称、数量、经办人、接收人等项目的一式三联单据。移交时,安检部门要填写三联单并让接收人签名后,将第一联留存,第二联交给乘客,第三联交安检部门接收人。移交单据应妥善保管,以便存查。

对乘客遗留的物品,安检部门要登记清楚数量、型号、日期,交专人妥善保管,方便乘客认领。

对乘客自弃的物品,安检部门要统一造册,妥善保管,经上级领导批准作出处理。

3.(1)确认标准。

(2)尊重上级指示。

(3)寻求解决方案。

(4)保持一致。

(5)提出建议。

(6)培训和教育。

参 考 文 献

[1] 陈宝军,汤旻安.智慧安检在重庆单轨3号线上的应用[J].现代信息科技,2021,5(22):109-113.

[2] 赫楠,张在龙,马卫东,等.城市轨道交通智慧安检系统的构建[J].城市轨道交通研究,2022,25(4):214-216,220.

[3] 付保明,梁君,张宁,等.城市轨道交通智慧安检发展趋势[J].铁路通信信号工程技术,2023,20(10):57-62.

[4] 闵晶晶.城市轨道交通安防集成平台与智慧安检结合建设方案研究[J].智能建筑与智慧城市,2022(9):169-171.

[5] 朱涛涛,王立军.基于CT安检技术的机场智能旅检通道新探索[J].CT理论与应用研究,2020,29(4):447-455.

[6] 李保磊,张萍宇.国外CT型安检设备与技术发展[J].中国安防,2013(6):84-87.

[7] 马卫东,张在龙.浅析国内外主要城市地铁安检形式[J].湖南安全与防灾,2021(7):56-57.

[8] 全国安全防范报警系统标准化技术委员会.城市轨道交通安全防范要求:GA 1467—2018[S].北京:中国标准出版社,2018.

[9] 全国危险化学品管理标准化技术委员会.危险货物包装标志:GB 190—2009[S].北京:中国标准出版社,2009.

[10] 全国危险化学品管理标准化技术委员会.化学品分类和危险性公示 通则:GB 13690—2009[S].北京:中国标准出版社,2009.

[11] 全国危险化学品管理标准化技术委员会.危险货物分类和品名编号:GB 6944—2012[S].北京:中国标准出版社,2012.

[12] 全国危险化学品管理标准化技术委员会.危险货物品名表:GB 12268—2012[S].北京:中国标准出版社,2012.

[13] 赵凯,李新健.如何应对地铁的大面积停电[J].都市快轨交通,2009,22(4):46-49.

[14] 倪硕.南京地铁大面积停电应急处置对策[J].城市轨道交通研究,2013,16(9):144-148.

[15] 姬秀春.关于地铁车站大客流的应对措施研究与探讨[J].科技与创新,2021(8):139-141.

[16] 缪国斌,诸辛迪.专家教您中暑急救方法[J].安全与健康,2022(8):79.

[17] 孙晓超.中暑的急救及护理[J].中国卫生标准管理,2015,6(3):177-178.

[18] 李恩花.人体触电急救知识[J].安全,2008(8):50-52.

[19] 章雪.醉酒患者的急救与护理[J].中国误诊学杂志,2011,11(29):7215.

[20] 周荣斌,程霞.常见有害气体中毒的急救及药物应用[J].中国实用内科杂志,2007(15):1162-1166.

[21] 全国消防标准化技术委员会基础标准分技术委员会.消防安全标志 第1部分:标志:GB 13495.1—2015[S].北京:中国标准出版社,2015.

[22] 王婷,胡琳,谌志刚.2020年"5·22"暴雨致广州地铁被淹的原因及解决对策[J].广东气象,2020,42(4):52-55.

[23] 卢文刚,马夕皓.城市特大暴雨洪涝灾害应急管理——以郑州"7·20"地铁5号线亡人事件为例[J].城市开发,2022(7):76-79.

[24] 蔡承炜.地铁内涝成因分析与对策[J].福建建筑,2022(6):101-104.

[25] 全国消防标准化技术委员会名词术语符号分技术委员会.火灾分类:GB/T 4968—2008[S].北京:中国标准出版社,2009.

[26] 李鹏,吕平,黄微波,等.防爆罐用防爆材料及其性能的研究进展[J].上海涂料,2020,58(5):26-31.

[27] 陈文彪.我国地铁反恐怖工作现状及对策研究[J].铁道警察学院学报,2017,27(1):41-49.

[28] 熊异冰,陈立新,吴嘉伟.广州地铁车站最小作战单元建设的实践与思考[J].铁道警察学院学报,2019,29(6):29-33.

[29] 宋晓,张宁,马卫东,等.城市轨道交通差异化安检实施方案[J].铁路通信信号工程技术,2022,19(8):57-61.